UM PASSO ADIANTE

Adam Alter

Um passo adiante
Como não se sentir empacado na vida e no trabalho

TRADUÇÃO
Cássio de Arantes Leite

Copyright © 2023 by Adam Alter

Grafia atualizada segundo o Acordo Ortográfico da Língua Portuguesa de 1990, que entrou em vigor no Brasil em 2009.

Título original
Anatomy of a Breakthrough : How to Get Unstuck When It Matters Most

Capa
Filipa Damião Pinto | Foresti Design

Preparação
Julia Passos

Índice remissivo
Gabriella Russano

Revisão
Ana Alvares
Luíza Côrtes

Dados Internacionais de Catalogação na Publicação (CIP)
(Câmara Brasileira do Livro, SP, Brasil)

Alter, Adam
   Um passo adiante : Como não se sentir empacado na vida e no trabalho / Adam Alter ; tradução Cássio de Arantes Leite. — 1ª ed. — Rio de Janeiro : Objetiva, 2024.

   Título original : Anatomy of a Breakthrough : How to Get Unstuck When It Matters Most.
   ISBN 978-85-390-0837-7

   1. Autoatualização (Psicologia) 2. Motivação (Psicologia) 3. Realização 4. Sucesso – Aspectos psicológicos I. Título.

24-216692   CDD-158.1

Índice para catálogo sistemático:
1. Realização pessoal e profissional : Psicologia   158.1

Tábata Alves da Silva – Bibliotecária – CRB-8/9253

Todos os direitos desta edição reservados à
EDITORA SCHWARCZ S.A.
Praça Floriano, 19, sala 3001 — Cinelândia
20031-050 — Rio de Janeiro — RJ
Telefone: (21) 3993-7510
www.companhiadasletras.com.br
www.blogdacompanhia.com.br
facebook.com/editoraobjetiva
instagram.com/editora_objetiva
x.com/edobjetiva

Para Sar, Sam e Is, que inspiram meus maiores avanços

Sumário

Introdução: A primeira regra é que você ficará empacado 9

PARTE I: AJUDA

1. Por que ficar empacado é inevitável? 25
2. Siga em frente 41
3. Armadilhas e iscas 57

PARTE II: CORAÇÃO

4. Expire 77
5. Pause antes de dar play 93
6. Falhando direito 108

PARTE III: CABEÇA

7. Auditorias de atrito e a arte da simplificação 127
8. Recombinações e guinadas 146
9. Diversidade e colaboração coletiva 165

PARTE IV: HÁBITO

10. Experimentação 185

11. Explorar e aproveitar 202
12. Ação acima de tudo 219

Conclusão: Cem maneiras de desempacar 233

Agradecimentos 247
Notas 249
Índice remissivo 273

Introdução
A primeira regra é que você ficará empacado

Brianne Desaulniers nasceu em Sacramento, na Califórnia, em 1989.[1] Foi educada em casa por seu pai franco-canadense e sua mãe norte-americana, e era fascinada por egiptologia e magia — mas, acima de tudo, por atuar. Aos seis anos, tornou-se a aluna mais jovem do American Conservatory Theater, de San Francisco, e três anos depois apareceu em um esquete do *Tonight Show with Jay Leno*. Essa breve aparição inspirou outros papéis na TV, começando com participações especiais, depois personagens recorrentes menores e por fim como protagonista em programas populares. Os críticos elogiaram seu trabalho, o que pavimentou o caminho para que atuasse, dirigisse e escrevesse filmes.

Alguns anos depois, Desaulniers — agora conhecida como Brie Larson — se tornou a 74ª mulher a ganhar o Oscar de melhor atriz por seu papel em *O quarto de Jack*. Além da estatueta, Larson ganhou mais de setenta outros prêmios e foi escolhida para o papel principal no blockbuster da Marvel *Capitã Marvel*. A trajetória de Larson parece ter saído de um conto de fadas: um início precoce seguido de dezenas de pequenos passos que culminaram em um sucesso estrondoso.

O problema dessa narrativa é que ela negligencia décadas de frustração. Como tantas pessoas da área, Larson ficou empacada durante anos antes de fazer sucesso. Ela sofreu rejeição e enfrentou inseguranças quanto a sua imagem corporal, admitindo que "se achou feia" durante a maior parte da vida. No âmbito doméstico, seus pais se divorciaram, e sua mãe foi com Larson e a irmã, Milaine, para Los Angeles, com o objetivo de ficar mais perto de Hollywood. "A gente morava num apartamento de um quarto caindo aos pedaços", recordou Larson. "A cama era embutida na parede e cada uma tinha três peças de roupa." Ela fez centenas de testes para dezenas de papéis em comerciais e programas de TV e foi rejeitada.

O que a torna diferente da maioria das grandes estrelas de Hollywood é que Larson é transparente sobre suas dificuldades. Em 13 de agosto de 2020, ela postou um vídeo de catorze minutos no YouTube chamado "Audition Storytime! — part 1" [Histórias de audições — parte 1].[2] "Pensei em falar um pouco sobre meu processo", diz ela para a câmera, "porque acho que na maior parte do tempo o foco fica todo nas coisas em que fui bem-sucedida, e não em como foi difícil e o tanto de rejeição que enfrentei. As pessoas não fazem ideia de quantos trabalhos não consegui. Então achei que podia ser interessante conversar sobre isso."

Esse vídeo e sua sequência registram vinte anos de decepções, desde o primeiro teste de Larson para um comercial de TV, aos sete anos. Em uma sala abarrotada de outras jovens aspirantes a atriz, ela foi dispensada após passar apenas alguns segundos com o diretor de elenco e chorou por ele não ter lhe pedido para apresentar o monólogo que ensaiara. "Mais tarde", conta, "uma diretora de elenco disse à minha agente que eu era tão ruim que ela nunca mais me chamaria para nada. E não chamou mesmo." A partir daí, Larson lista papéis que não conseguiu: *Gossip Girl*, *Jogos vorazes*, *Tomorrowland*, a série de filmes *Guerra nas estrelas*, *A casa inteligente*, *Pequenos espiões*, *The Big Bang Theory*. Larson pontua cada título com uma risada, mas, se você pausar nos momentos certos, perceberá microexpressões de dor. Não são lembranças felizes, e apesar de seu sucesso posterior, elas permanecem.

Em "Audition Storytime — part 2", Larson prossegue, enumerando dezenas de testes fracassados.[3] "Cheguei ao fundo do poço", conta ela, "em *Juno*, *Aos Treze*, *Brink!: Patinadores da alma*, *A casa inteligente*, *Tomorrowland*, *A escolha perfeita*, *Caminhos da floresta*, *Rebelde com causa*, *Peter Pan*, *Halt and Catch Fire*, *The Big Bang Theory*. Ai, meu Deus. É muita desilusão, pessoal. Aqui estou eu, ainda de pé." Larson admite que os números não são nada animadores, mas termina com uma mensagem de esperança. "Escutei *não* em 98%, 99% das vezes. Sei que é difícil entender — imaginar que fiz milhares e milhares de testes."

Larson é um modelo de sucesso como atriz. Obteve prêmios, fama, dinheiro, aclamação da crítica e nome nos créditos. Mas até ela enfrentou obstáculos, segundo suas próprias contas, em 99% do tempo. Os vídeos dela no YouTube atraíram milhares de visualizações e inspiraram dezenas de artigos na imprensa. Foi algo notável por ser tão incomum alguém revelar as imperfeições de uma jornada que de fora parece irretocável. Ficar empacado não é um assunto que atores consagrados, ou quem alcançou o sucesso em qualquer área, costumam discutir em detalhes tão excruciantes, por isso muitas vezes nos sentimos sozinhos e isolados por nossos próprios caminhos parecerem ser tão mais acidentados.

As pessoas ficam estagnadas em todas as áreas da vida que se possa imaginar. Ficam estagnadas em empregos que gostariam de largar e em relações insatisfatórias. Escritores, artistas, compositores, atletas, cientistas e empreendedores empacam. E isso pode durar dias ou até décadas. Às vezes conseguimos avançar; outras vezes, permanecemos atolados a vida toda. Ouvimos falar relativamente pouco sobre esses casos persistentes de estagnação existencial porque somos bombardeados por histórias conhecidas de sucesso. Casos bem-sucedidos nos levam a crer que os outros enfrentam menos barreiras do que nós. De vez em quando, uma estrela como Brie Larson desmistifica essa visão, mas na maior parte do tempo a experiência de ficar empacado parece ser uma falha que atormenta a nós mais do que às outras pessoas. Na verdade, todo mundo enfrenta obstáculos pelo caminho — e ficar empacado é mais uma característica do que uma falha no percurso até o sucesso. Então, por que é tão mais fácil perceber nossas próprias barreiras do que as dos outros?

Por pelo menos dois motivos. O primeiro é a assimetria que existe entre os ventos contrários e os favoráveis, um fenômeno psicológico identificado pelos pesquisadores Shai Davidai e Tom Gilovich.[4] Tal assimetria sugere que prestamos muito mais atenção aos obstáculos (ou ventos contrários) do que às vantagens (ou ventos favoráveis), o que nos leva a acreditar que sofremos muito mais oposição do que de fato ocorre. Davidai e Gilovich ilustram a ideia com uma partida de Scrabble, em que um dos jogadores só tira letras ruins. Imagine tirar as peças U, U, I, I, I, Q e W. A menos que tente pegar novas letras, ele permanecerá muitas rodadas empacado com essas opções. Cada vez que tentar formar uma palavra, irá remoer a má sorte. Por outro lado, peças boas não duram muito. São utilizadas assim que chegam à mão. Isso ocorre também em outros contextos. Se dirigimos durante um congestionamento e pegamos a faixa mais lenta, observamos frustrados as dezenas de carros que passam mais rápido por outra via, ao passo que, se estamos na faixa mais rápida, focamos a estrada. Também dedicamos mais tempo e energia a obstáculos porque essa é a única forma de superá-los. Não podemos melhorar nosso desempenho em Scrabble ou compensar o tempo perdido no trânsito sem tomar uma atitude com base em nossas opções.

Davidai e Gilovich descobriram também que enquanto estamos focados em nossos próprios obstáculos, tendemos a subestimar as dificuldades enfrentadas por outras pessoas. Em um experimento, os pesquisadores pediram que duplas formadas por alunos da Universidade Cornell disputassem um jogo de Trivia. Algumas questões eram extraídas de categorias fáceis — como séries de TV e desenhos animados conhecidos —, enquanto outras eram difíceis, como música barroca e literatura russa. Após o jogo, os participantes tiveram muito mais facilidade em lembrar as perguntas fáceis que seus adversários receberam do que as difíceis — viés que tendiam a não apresentar quando recordavam suas próprias questões. Esse padrão também está presente em outras áreas. Por exemplo, em outro estudo, Gilovich mostrou que as pessoas tendem a acreditar que sofrem muito mais que os outros com impostos e regulamentações — mesmo quando isso está longe de ser verdade.

A segunda razão por que acreditamos na excepcionalidade de nossos obstáculos é a incapacidade de enxergar as dificuldades alheias. Tendemos a lutar em segredo contra os nossos demônios, entre quatro paredes ou em nossa própria cabeça, e o que aparece é o resultado final desse processo. Vemos a estatueta do Oscar recebida por Brie Larson, mas não as décadas de sofrimento antes de sua premiação. Enquanto isso, a mídia concede muito mais atenção a histórias de sucesso estrondoso — Roger Federer e Serena Williams; Jeff Bezos e Mark Zuckerberg; Meryl Streep e Daniel Day-Lewis — do que às dificuldades de bilhões de pessoas, que são mais normais e, portanto, menos interessantes. As redes sociais também estão repletas de histórias brilhantes e populares, e até microinfluenciadores compartilham versões refinadas de suas vidas, destacando os melhores momentos e deixando de lado os percalços. É mais difícil enxergar as dificuldades alheias, o que faz com que passemos a acreditar de forma equivocada que somos mais afligidos por elas do que os demais.

* * *

No início de 2021, a capitalização de mercado do Airbnb passou dos 100 bilhões de dólares, tornando a marca uma das cem maiores empresas de capital aberto do mundo. Seus três cofundadores, Brian Chesky, Joe Gebbia e Nathan Blecharczyk, detinham mais de 13 bilhões de dólares cada. Chesky é o diretor-executivo e o rosto da empresa. Como Brie Larson, ele costuma ser transparente sobre os desafios que o Airbnb enfrentou e as dificuldades encontradas por ele à medida que a empresa crescia.

O Airbnb nasceu de uma necessidade. Chesky e Gebbia se conheceram na faculdade e, após a formatura, Chesky se mudou para Los Angeles, enquanto Gebbia seguiu para San Francisco. Como não encontraram empregos inspiradores após a faculdade, Chesky foi morar no apartamento de Gebbia em San Francisco, para tentarem a sorte como empreendedores de tecnologia. "Quando entrei no carro e segui para San Francisco, tinha mil dólares no banco", recordou Chesky numa entrevista na Universidade Stanford, em 2015.[5]

Isso foi em 2007. Ao chegar a San Francisco, fiquei sabendo que precisava colaborar com 2 mil dólares para o aluguel, e portanto não tinha nem dinheiro suficiente para isso. Ao mesmo tempo, aconteceria na cidade uma conferência de design internacional, e a página do evento mostrava que todos os hotéis nas redondezas estavam lotados.

Imaginamos que os designers que viriam para a conferência precisavam de um lugar para ficar. Nós não tínhamos um centavo, então pensamos em criar uma pousada do tipo *bed and breakfast*. O problema era que não havia nenhuma cama — só três colchões infláveis. Foi aí que pensamos no nome, Air Bed and Breakfast, e nosso primeiro site se chamava airbedandbreakfast.com. Acabamos hospedando três pessoas em casa durante a conferência e, na época, achamos que era um jeito legal e divertido de ganhar dinheiro.

Depois dessa experiência, Joe chamou Nathan Blecharczyk — com quem ele já havia morado —, e decidimos transformar isso numa empresa. A principal ideia era esta: e se desse para reservar a casa de alguém como fazemos com um quarto de hotel em qualquer lugar do mundo?

Da forma como ele conta, parece o típico negócio inconsequente que algumas pessoas começam de forma impulsiva ao terminar a faculdade. Até

Chesky riu no começo da entrevista, admitindo que alguns disseram que "o Airbnb é a pior ideia que já vi dar certo".

No começo, a empresa passou por maus bocados. "Inauguramos o negócio em 2008 em três ocasiões distintas", recordou Chesky. Após a terceira vez, a equipe foi apresentada a quinze investidores-anjos. "Sete não responderam, quatro disseram que 'não se encaixava em seu conceito', um disse que não gostava do mercado e três apenas descartaram a ideia." Chesky e Gebbia financiaram a empresa com alguns cartões de crédito que guardavam em um porta-cartões de beisebol e em pouco tempo estavam afundados numa dívida de mais de 30 mil dólares.

Como Brie Larson, Chesky foi honesto ao falar dos obstáculos que enfrentou. No verão de 2015, ele compartilhou capturas de tela dos e-mails de rejeição em uma postagem no site Medium.[6] Aqui e ali, liam-se frases como "não é algo que faríamos", "não é nossa área de interesse", "a oportunidade de mercado potencial não parece grande o bastante" e "sempre enfrentamos resistência com a categoria viagens". Claro, o Airbnb venceu essas turbulências iniciais e saiu incólume. A equipe se reuniu com dezenas de seus primeiros anfitriões para saber o que funcionava ou não com o produto. Nesse ano, os fundadores moraram em apartamentos oferecidos pelo Airbnb, para experimentar o serviço em primeira mão. Qual tinha sido a diferença entre experiências três estrelas, cinco estrelas e — como Chesky gosta de chamar uma avaliação sublime — "sete estrelas"? O Airbnb começou em Nova York e depois se espalhou para outras cidades norte-americanas. Então os investidores começaram a levar o empreendimento a sério. A empresa levantou 620 mil dólares em 2009, 7 milhões em 2010 e 112 milhões em 2011. A despeito dos inúmeros contratempos, a maioria das pessoas quase sempre vê primeiro o destino bem-sucedido da empresa, em vez de notar os obstáculos enfrentados durante a jornada.

O Airbnb não está sozinho em seu trajeto tortuoso para o sucesso. Tomemos o exemplo de outro titã, a Amazon, e vemos as mesmas dificuldades. Dan Rose gerenciou as divisões de varejo da Amazon de 1999 a 2006 e ajudou a lançar o Kindle. Em setembro de 2020, Rose postou uma série de tuítes, em que recordava como a empresa estava mal das pernas pouco após sua chegada, em novembro de 1999:

> A Amazon foi inaugurada em julho de 1995 e, durante os sete primeiros anos, todo Natal era uma experiência traumática. Cheguei em 1999 e pude vivenciar isso

em primeira mão. No fim de novembro, todos os funcionários da empresa eram enviados aos centros de distribuição para embalar caixas durante seis semanas. Eu observei o seguinte:

Apesar das tentativas de planejamento, a empresa era incapaz de acompanhar a demanda do feriado. Quarenta por cento de todos os pedidos do ano afunilavam em seis semanas, do feriado de Ação de Graças até o Ano-Novo [...]. No Natal de 1995, todos os funcionários, incluindo [o CEO Jeff] Bezos, embalaram caixas durante seis semanas seguidas, jurando depois que nunca mais deixariam isso acontecer. Quando cheguei, em 1999, tinha virado uma tradição anual [...].

Separar itens, embalar caixas, embrulhar presentes durante dez horas todos os dias, seis dias por semana, é um trabalho do cão. Tenho um imenso reconhecimento por quem faz isso. As pernas doem, os olhos ficam embaçados [...]. É exaustivo.[7]

Enfim, Jeff Bezos contratou Jeff Wilke, que salvou a empresa em expansão de si mesma. A experiência prévia de Wilke na indústria lhe deu as ferramentas para transformar os depósitos da Amazon em uma máquina bem regulada, o que permitiu que as opções de entrega no mesmo dia e no dia seguinte fossem cumpridas, impulsionando o serviço de membros Prime. O papel de Wilke foi tão fundamental que ele acabou se tornando o CEO mundial do negócio de consumidores da empresa — posição que fez dele o segundo na linha de comando, atrás apenas do próprio Bezos. Pouco tempo após sua aposentadoria, em janeiro de 2021, Wilke recordou numa entrevista esses dias iniciais, quando o processo de distribuição da Amazon estava emperrado:

Peguei o manual que eu tinha, que vinha da indústria, e implementei no varejo. Na verdade, era a primeira vez que algumas daquelas técnicas foram aplicadas em um contexto de varejo. E felizmente funcionaram, [resultando] em ciclos bem curtos, menos desperdício, menos falhas. Foi isso que nos possibilitou lançar o Prime, que é basicamente uma assinatura para isso.[8]

Focamos primeiro no imenso sucesso da Amazon e deixamos as dificuldades em segundo plano. Mas o que teria acontecido numa outra realidade, em que a empresa não conseguisse superar esses primeiros obstáculos? Nesse universo alternativo, como tantas outras empresas iniciantes, a Amazon poderia ter desmoronado sob o peso de seu próprio êxito. Em seu terceiro ou quarto período de festas, no final da década de 1990, essa Amazon alternativa receberia centenas de milhares de pedidos de livros pela internet. Nessa realidade paralela, a equipe de distribuição seria forçada a trabalhar mais de vinte horas por dia para atender a demanda. Muitos pedidos demorariam a chegar, e os clientes ficariam furiosos. As crianças não receberiam o livro mais recente do Harry Potter na manhã de Natal, e os pais ficariam sem o best-seller de Stephen King lançado no fim do ano. A empresa abriu o capital em maio de 1997, mas em 1998 ou 1999 o preço de suas ações despencaria em consequência das péssimas avaliações.[9] (Mesmo na vida real, muitas avaliações iniciais foram bastante negativas. A *Slate* chamou a empresa de "Amazon.con", trocadilho entre .com e "con", "trapaça" em inglês; e o *Wall Street Journal* a chamou de "Amazon.bomb".) No início da década de 2000, essa Amazon alternativa implodiria. E, como não se tornaria assunto nos principais jornais, sites e avaliações, seus apuros desapareceriam da vista de todos. A empresa teria empacado, mas, como no caso de milhares de negócios que fecham todos os dias, ninguém estaria prestando atenção para documentar seu declínio.

O ponto principal é que as dificuldades dos empreendedores são difíceis de enxergar, independentemente de o negócio ir bem ou fracassar. O sucesso eclipsa as dificuldades que o precederam, enquanto o fracasso é tão comum que tendemos a não notá-lo. Assim, somos expostos de maneira incessante a anedotas e mais anedotas sobre Apple, Google, Facebook, Netflix e um grupo de elite de casos de sucesso igualmente excepcional.

Brie Larson, Airbnb e Amazon são apenas três exemplos, mas ninguém precisa procurar demais. Basta escavar uma ou duas camadas nas histórias de sucesso mais conhecidas da nossa cultura para encontrar protagonistas frustrados. Um jovem Fred Astaire se queixou de ficar estagnado após um produtor em Hollywood rejeitá-lo, dizendo: "Não sabe atuar. Quase careca. Dança pouco".[10] Quando o primeiro estúdio de Walt Disney, Laugh-O-Gram, foi à falência, ele enfrentou cinco anos de inércia antes de desenhar o camundongo que viraria mascote de seu novo estúdio. O pintor fotorrealista Chuck Close passou, em 1988, pelo que chamou de "o evento" — um derrame que o deixou parcialmente paralisado da cintura para baixo. Por décadas suas pinturas hiper-realistas dependeram de movimentos motores finos, que se tornaram impossíveis. Ele ficou desolado no começo, mas, com o tempo, aprendeu a pintar em um estilo novo e expressivo com um pincel atado ao pulso. Ao sair da névoa de tristeza que o envolvia, Close deu a famosa declaração: "Inspiração é para amadores; o restante de nós apenas arregaça as mangas e faz. Se você esperar as nuvens se dissiparem e um raio iluminar seu cérebro, não realiza muita coisa".[11]

Se pensar na minha própria área, a escrita, as histórias de bloqueio crônico são abundantes. Ralph Ellison escreveu o seu clássico best-seller, *O homem invisível*, em 1952 e não conseguiu concluir a continuação antes de falecer em 1994, mais de metade da sua vida depois. Ao longo dessas quatro décadas, ele juntou 2 mil páginas de anotações para o segundo romance que planejava escrever e se queixou com o amigo e escritor Saul Bellow que estava "com um bloqueio do tamanho do Ritz". Harper Lee viveu algo similar.[12] Ela publicou *O sol é para todos* em 1960, aos 34 anos, e a sequência, *Vá, coloque um vigia*, só saiu em 2015, um ano antes de ela morrer aos 89 anos. Embora grande parte do segundo livro tenha sido escrita em meados dos anos 1950, antes da publicação do primeiro, Lee "retocou" o manuscrito durante 55 anos. "Descobri que não consigo escrever", contou a um amigo. "Tenho cerca de trezentos amigos que vivem aparecendo para tomar um café. Tento acordar às seis da manhã, mas é a hora em que todos os pássaros se reúnem."

George R. R. Martin, autor dos livros da série Crônicas de Gelo e Fogo, que inspiraram a série de TV *Game of Thrones*, lançou os três primeiros livros em 1996, 1999 e 2000. O quarto e o quinto chegaram em 2005 e 2011 e, até hoje — mais de uma década depois —, não se tem notícia do sexto e do sétimo livros. Martin é bem honesto sobre as suas dificuldades.[13] "Sei que muita gente por aí está furiosa comigo porque não terminei [o sexto livro]. Eu também estou. Queria ter concluído isso há quatro anos. Queria ter concluído hoje. Mas não o fiz [...]. Que diabos está acontecendo? Preciso terminar esse negócio."

Martin não tem vergonha de falar de seu bloqueio, mas mesmo num caso tão público quanto esse, o sucesso chama mais a atenção do que as dificuldades. No auge da sua audiência, um episódio de *Game of Thrones* atraía cerca de 44 milhões de espectadores. Para esses fãs, a riqueza do mundo criado por Martin e sua habilidade como autor de fantasia eclipsaram os demônios internos do escritor. O que o público vê acima de tudo é um homem cujos livros inspiraram um império do entretenimento da ordem de 3 bilhões de dólares.

O bloqueio criativo é um tormento para os humanos desde que o mundo é mundo, mas sua origem formal remonta ao poeta Samuel Taylor Coleridge. Coleridge comemorou seu aniversário de 32 anos em 1804, queixando-se de que escrever inspirava nele "um terror indefinido e indescritível". Um ano depois, Coleridge sucumbiu ao vício em ópio. "Ai, tristeza e vergonha", escreveu ele, "nada fiz!" Em 1949, um psiquiatra austríaco chamado Edmund Bergler cunhou o termo *bloqueio criativo*, que via sob um prisma freudiano. Bergler acreditava que escritores que não tinham sido amamentados pela mãe quando bebês, ou que foram amamentados com mamadeira, se deparavam com bloqueios sempre que o estresse os forçava a desviar seus valiosos recursos mentais para lidar com o pânico. Hoje, alguns especialistas defendem que o bloqueio criativo não é real — seria produto natural da procrastinação, do planejamento ruim ou da ausência prolongada de boas ideias. Chame como quiser, mas a sensação de ficar empacado na busca pela produção criativa é algo que quase todo escritor conhece.

O mesmo "bloqueio" afeta também outras áreas criativas.[14] Durante a maior parte dos seus 67 anos como pintor, Claude Monet foi um modelo de sucesso produtivo. Entre as décadas de 1860 e 1920, ele pintou cerca de 2500 telas e inspirou o termo "impressionismo". Centenas de ingleses amantes da arte elegeram as pinturas da série "Nenúfares" como as favoritas da Grã-Bretanha.[15] Mas até Monet sofreu com um prolongado bloqueio criativo. No fim da primavera de 1911, sua segunda esposa, Alice Hoschedé, faleceu, deixando o pintor consternado. Monet destruiu dezenas ou talvez até centenas de telas e foi incapaz de pintar durante dois anos. Outros artistas, de Jackson Pollock a Pablo Picasso, descreveram períodos similares de frustração criativa, quando tiveram que lutar muito para produzir uma única obra durante meses ou até anos. Mesmo assim, nós nos lembramos deles, como fazemos também com Coleridge e Monet, mais por seus triunfos do que por suas dificuldades. O que vemos hoje em Brie Larson, no Airbnb, na Amazon e em escritores, artistas e compositores famosos que por vezes se frustraram são as vistosas fotos do "depois". As imagens do "antes", que em geral permanecem ocultas, exibem mais imperfeições. São carregadas de incerteza e ansiedade. Cada um desses casos de sucesso colossal teve grande chance de fracassar antes de enfim sair da estagnação. Para cada história conhecida de sucesso, há centenas de milhares de histórias privadas de frustração.

* * *

No início de 2020, pouco antes do início da pandemia, realizei uma pesquisa on-line com centenas de pessoas. Eu havia lido sobre as frustrações de atores, escritores e empreendedores conhecidos, mas queria saber mais sobre como era a experiência de se sentir estagnado para o restante de nós. Alguns entrevistados viviam na pobreza, mas outros eram obscenamente ricos; uns estavam desempregados, enquanto outros eram titãs dos negócios; alguns se viam como eternos fracassados, mas outros eram campeões olímpicos; uns estavam presos em relacionamentos ruins e carreiras entediantes, enquanto outros eram felizes no casamento e prosperavam no trabalho.

Aprendi pelo menos três coisas com quem teve a gentileza de responder à minha pesquisa.

Primeiro, descobri que a sensação de estagnação é um problema onipresente. Cada pessoa que consultei afirmou no momento estar empacada em pelo menos um aspecto. Uns, em relacionamentos ruins; outros, em carreiras estagnadas; havia os que eram incapazes de perder, ganhar ou manter o peso; outros enfrentavam dificuldade para começar um novo negócio, entrar numa faculdade, saldar dívidas ou economizar para o futuro. Uns procuravam soluções criativas para problemas duradouros; outros sentiam que a solução era óbvia, mas permaneciam "travados, sem sair do lugar".

Cronometrei quanto tempo as pessoas levavam para responder cada pergunta da pesquisa e descobri que, em média, precisavam de menos de dez segundos para identificar um ponto de estagnação. Setenta por cento afirmaram que esse ponto lhes ocorreu "com muita facilidade", porque sugava grande parte da energia mental que gastavam todo dia. Metade passou anos ou décadas empacada, e 80% se sentiu assim durante mais de um mês. Setenta e nove por cento tinham "emoções extremamente negativas" quando pensavam na própria situação e — o que é surpreendente, porque a maioria não era rica — muitos estavam dispostos a gastar milhares de dólares e sacrificar grande parte de seus recursos para se libertarem.

A segunda coisa que descobri é que as pessoas não se dão conta de como é comum nos sentirmos empacados. Muitas afirmaram se sentir solitárias e isoladas, imaginando que o restante do mundo progredia, enquanto elas não saíam do lugar. Sua descrição era uma mistura de ansiedade, incerteza, medo, raiva e apatia. Os psicólogos chamam isso de um caso clássico de ignorância pluralista — a tendência a acreditar que vemos o mundo de maneira diferente dos demais, quando na verdade todos nos sentimos da mesma forma.[16] Por exemplo, se perguntamos a estudantes universitários como se sentem em relação às regras de consumo de bebidas alcoólicas no campus, a maioria afirma acreditar de forma privada que os alunos bebem demais, mas na média se mostram bastante à vontade com as normas para consumo de álcool no campus. O problema se deve ao fato de o comportamento ser visível, mas as atitudes e crenças permanecerem ocultas. A maioria não protesta de forma clara contra o consumo de álcool — e é evidente que alguns abusam da bebida —, assim os alunos acabam achando que seu ponto de vista é incomum. No caso da estagnação, descobri o mesmo padrão: imaginamos que os demais progridem na vida com tranquilidade, e que apenas nós e uma minoria não saímos do lugar.

A terceira coisa que descobri é que os diversos casos de estagnação descritos pelos entrevistados fazem parte de uma de duas categorias: razões impostas por questões externas ou originadas pelo próprio indivíduo. Restrições impostas por questões externas podem ser incontornáveis. Se você quisesse viajar de Nova York a Paris durante a pandemia e as fronteiras estivessem fechadas, ficaria fisicamente empacado; se deseja uma Ferrari, mas não tem dinheiro nem para um Honda usado, está financeiramente empacado. Esses casos de inércia refletem restrições que nem sempre são superáveis e, portanto, estão em boa parte além do escopo deste livro. Também são relativamente incomuns — na pesquisa, descobri com surpresa que a inércia que é de fato insuperável é rara e representa cerca de 10% de todos os casos de imobilidade crônica. As pessoas desejam um monte de coisas que não podem ter, mas são atormentadas pelo que acham que *deveriam* ou *poderiam* ter. Tenho muito mais interesse nesses obstáculos internos — os mais de 90% que são superáveis. Eles podem ser difíceis de vencer, mas estão ao alcance de uma intervenção. Para dar uma ideia de como soam, eis uma pequena amostra da minha pesquisa:

Entrevistado 6: "Tenho trinta e poucos anos. Parece que não consigo guardar dinheiro. Sempre acho um jeito de gastar tudo na hora e não consigo parar. Economizar é impossível pra mim. Vivo ansioso e com medo de como conseguirei viver no futuro".

Entrevistado 107: "Comecei a aprender piano. Estava progredindo, mas nos últimos anos sinto que não melhorei nada. Continuo praticando o básico, mas me sinto estagnado, e isso me preocupa, acho que nunca vou melhorar. Parece que estou perdendo meu tempo".

Entrevistado 384: "Estou preso num emprego ingrato e quero começar meu próprio negócio. Quero dar esse salto, mas me preocupo com minha situação financeira e com a incerteza de tentar algo por conta própria. Pensar nisso me deixa anestesiado e emocionalmente vazio".

Entrevistado 433: "Sou artista. Estou estagnado e parece que não consigo mais melhorar. Preciso praticar — me esforçar ao máximo — para me aprimorar em desenhar retratos e paisagens. Preciso aprender a ser mais criativo e encontrar soluções para os meus problemas".

Dá para perceber a frustração em cada depoimento. O número 6 não tem força de vontade para usar o dinheiro de maneira mais responsável. O número 107 atingiu um efeito platô em seu esforço para aprender uma nova habilidade. O número 384 tem medo de largar um emprego estável, mas maçante, para tentar a sorte em um empreendimento comercial incerto. E o número 443 enfrenta um período de bloqueio criativo. Esses são apenas quatro breves relatos entre centenas de respostas e, sem dúvida, entre bilhões de pessoas em todo o mundo. Todos afirmaram estar dispostos a gastar centenas ou milhares de dólares para sair dessa situação — inclusive, paradoxalmente, o número 6, que apesar da dificuldade em economizar disse que pagaria quinhentos dólares para isso.

Como mostraram os entrevistados, lutar contra a estagnação é vital. As pessoas ficam empacadas na vida doméstica e profissional; financeira e intelectual; íntima e social. Empacam em termos criativos e comerciais; como atletas e como pensadores; sozinhas e em grupo. A ideia de estagnação abrange um leque amplo de contextos e experiências, mas estar empacado, da forma como vejo, significa três coisas: (1) ficamos temporariamente incapacitados de progredir numa área importante para nós; (2) permanecemos sem progredir por tempo suficiente para sentir desconforto psicológico; e (3) nossos hábitos e estratégias atuais não estão resolvendo o problema. Permanecer empacado, portanto, é mais do que um incômodo passageiro que pode ser remediado apenas com o emprego de ideias antigas. Sair dessa situação exige a combinação certa de ferramentas emocionais, mentais e comportamentais, e *Um passo adiante* é um guia estratégico na guerra contra a estagnação — uma guerra dividida em quatro batalhas, que compõem as quatro seções deste livro.

A primeira seção, "Ajuda", desmistifica a experiência de estar empacado. Quando aceitamos que essa condição é universal, estamos preparados para perguntar como ela poderia ser parte do progresso, em vez de uma falha inesperada. Por que ficar empacado parece ser um estado padrão natural, enquanto o progresso consistente é extremamente raro? Por que tantos relatos conhecidos de sucesso começam com períodos prolongados de dificuldades privadas? Por que a trajetória de tanta gente nas mais variadas áreas — empreendedores, atletas, atores, artistas, escritores — é bloqueada por obstáculos?

O enfoque da segunda seção, "Coração", são as consequências emocionais da estagnação. Ela é dolorosa, gera ansiedade e pode ser solitária. Isso acontece porque o atrito isola naturalmente. Ele nos força a nos concentrar de forma intensa em seja lá o que estiver obstruindo nosso caminho, de um jeito que ignoramos com facilidade as outras milhões de pessoas ou empresas frustradas e presas em suas próprias bolhas. Dominar nossa reação emocional à estagnação é um passo fundamental para sair dela. Muitas das nossas respostas intuitivas acabam nos deixando mais empacados do que nos fazem seguir adiante. Às vezes, é necessário desacelerar e questionar nossa própria intuição para pavimentar o melhor caminho a seguir.

A terceira seção do livro, "Cabeça", vai dos estados emocionais alterados às estratégias mentais calculadas. Sair da estagnação depende, em grande medida, de seguir os roteiros mentais corretos. Ficar empacado complica nossa vida, e muitas vezes a melhor maneira de progredir é simplificar o problema, identificar as oportunidades de contornar um caminho existente e entender que a percepção de diversas mentes costuma ser — mas nem sempre — melhor do que nossas ideias isoladas.

A quarta e última seção do livro, "Hábito", foca as ações que levam do ponto de estagnação ao avanço. O princípio mais importante é agir, nem que seja para andar de lado. Isso é o mais importante, porque necessariamente substitui a inércia pelo movimento. Algumas atitudes são mais proveitosas do que outras, e a quarta seção examina as mais frutíferas, bem como em que ordem é melhor colocá-las em prática.

Mas antes de começarmos a trabalhar o coração, a cabeça e os hábitos, precisamos compreender o que significa estar empacado, por que isso é tão comum e em que momento, durante uma experiência prolongada, temos maior tendência a não sair do lugar. Para isso, vou apresentar a obra de um psicólogo americano chamado Clark Hull, que estudou os mecanismos da estagnação.

Parte I

Ajuda

1. Por que ficar empacado é inevitável?

Clark Hull passou sua vida acadêmica estudando ratos em labirintos, o que tem certa justiça poética, pois sua juventude foi repleta de becos sem saída. Aos dezoito anos, Hull foi forçado a entrar para uma seita religiosa (e conseguiu escapar). Lutou contra a febre tifoide e a pólio, uma após outra, e quase perdeu a capacidade de andar e enxergar. "Minha vista ficou tão fraca", recordou, "que minha mãe teve que ler *Os princípios de psicologia* de William James para mim." Hull flertou com a matemática, a física, a química e a engenharia, mas o estalo só veio quando a obra clássica de James o fez enveredar por uma brilhante carreira como pesquisador em psicologia.

Hull passou três décadas lecionando em Yale, onde estudou o comportamento de ratos em labirintos.[1] Ele e seus colegas apostavam um milk-shake para ver qual rato escapava mais rápido. Sua produtividade era inacreditável. Segundo o amigo e colega Carl Hovland, Hull era de longe o psicólogo mais citado no fim da década de 1940 e começo da década de 1950. "O trabalho científico de Hull compreendia [várias] fases", disse Hovland, "cada uma constituía o que outros teriam tido orgulho em considerar a obra de uma vida inteira."

Hull passou décadas observando ratos em labirintos porque, como muitos psicólogos da época, estava interessado em aprendizado e comportamento. Os labirintos permitiam medir a rapidez com que os animais se moviam em um ambiente controlado. Ele testemunhou o mesmo padrão repetidas vezes: os ratos se moviam rápido ao se aproximar da saída, mas iam devagar ou paravam por completo no começo e no meio. O final do labirinto era como um ímã, que os atraía com cada vez mais força conforme se aproximavam dele. Isso acontecia independentemente de os labirintos serem túneis estreitos e retos ou redes complexas de troncos e galhos. Hull chamou esse padrão de *efeito gradiente de meta*. Embora o labirinto fosse plano, os ratos pareciam reagir de forma diferente à medida que avançavam. Era como se fizessem um esforço para subir uma rampa nas partes iniciais, para depois disparar ladeira abaixo quando o objetivo estava à vista.

Nos noventa anos transcorridos desde a descrição desse efeito, os psicólogos mostraram que ele também se aplica às pessoas. Em um artigo publicado em 2006, os pesquisadores apresentam um experimento no qual acompanharam a rapidez com que clientes pagavam por dez xícaras de café para receber a décima primeira de graça.[2] O intervalo entre a primeira e a segunda xícaras era 20% mais longo do que o intervalo entre a nona e a décima, sugerindo que os consumidores ficavam significativamente mais motivados à medida que se aproximavam da décima primeira xícara. Em outro experimento, pessoas que visitavam um site de avaliação de música recebiam um cupom de 25 dólares da Amazon para classificar 51 canções em cinquenta escalas diferentes — totalizando 2550 avaliações. A probabilidade de as pessoas abandonarem a tarefa no começo era quarenta vezes maior do que perto do fim, e, a cada visita ao site, elas avaliavam mais canções. Quem precisou de quatro visitas para completar a tarefa, por exemplo, classificou em média seis canções na primeira visita e dezoito na quarta e última. Como os ratos de Hull, eram mais lentas e propensas a parar quanto mais longe estivessem do objetivo.

A primeira vez que ouvi sobre o efeito gradiente de meta faz mais de vinte anos, quando ainda era aluno da graduação. O professor afirmou ter comprovado o efeito ao realizar os seus próprios experimentos, mas que era mais complicado do que Hull acreditava. A maioria dos ratos acelerava ao se aproximar do fim do labirinto, mas muitos também se moviam desse modo quando era dada a largada. Em vez de correr cada vez mais rápido ao avançar pelo labirinto, pareciam seguir um padrão *rápido-devagar-rápido*. Eram tomados de excitação ao entrar, mas pareciam empacar ao perceber que o labirinto era mais complicado ou longo do que esperavam.

Essa variação rápido-devagar-rápido do efeito original de Hull se aplica também aos seres humanos. Em um experimento planejado por Andrea Bonezzi, meu colega na Universidade de Nova York (NYU), alunos revisaram nove ensaios para encontrar erros de digitação e foram 20% mais lentos no quinto ensaio do que no segundo e no oitavo.[3] Em um segundo experimento, os alunos tentavam encontrar o maior número possível de palavras curtas contidas em nove palavras longas (por exemplo, a palavra *manager* [gerente] inclui as palavras *man* [homem], *game* [jogo] e *name* [nome], entre outras). Em média, encontraram 19% menos palavras na quinta tentativa do que na segunda ou na oitava. Como observaram os pesquisadores, as pessoas parecem "empacar no meio".

Conforme os pesquisadores continuaram a monitorar o progresso em direção a um objetivo em outras áreas, o efeito gradiente continuou a se manifestar. Independentemente da área, as pessoas pareciam ir mais devagar ou parar no meio da tarefa e a acelerar quando acreditavam estar chegando ao final.[4] Isso aconteceu quando as pessoas precisaram decidir quanto doar a instituições de caridade, quantos pedaços pouco atraentes de couve-flor ou brócolis comer, que proporção da dívida do cartão de crédito saldar, quanto deveriam permanecer fiéis a uma empresa à medida que se aproximavam de alguma recompensa e até mesmo com que rapidez caminhar até um produto que quisessem comprar. As pessoas tendem mais a se comportar de maneira antiética ou abrir mão de seus princípios morais para avançar quando estão empacadas no meio do caminho — no momento em que se sentem particularmente desesperançosas e, portanto, predispostas a sacrificar a moral para dar um passo adiante desesperado. Em quase todos os contextos imagináveis as pessoas avançam devagar ou param de forma abrupta quando os objetivos parecem distantes, enquanto se movem com mais rapidez à medida que parecem estar ao alcance.

É fácil entender por que empacamos no meio se imaginarmos um transatlântico que viaja de Nova York, nos Estados Unidos, a Southampton, na Inglaterra. Quando o navio parte de Nova York, o capitão olha para trás e vê o Empire State Building diminuir cada vez mais. O valor incremental de cada quilômetro fica evidente, pois os pontos de referência nova-iorquinos parecem diferentes o tempo todo. Duas semanas depois, o extremo sudoeste da Grã-Bretanha desponta, o capitão entra com o navio no canal da Mancha, navega entre a costa noroeste francesa e o litoral britânico e então faz uma curva à esquerda, na direção norte, passa pela ilha de Wight e segue para Southampton. Esse último trecho da viagem é marcado por pontos de referência que mostram o navio avançando a cada quilômetro. Por outro lado, Nova York e a costa da

Grã-Bretanha e da França são separados por milhares de quilômetros de mar aberto. A mesma distância que causa impacto no início e no fim da viagem mal é notada quando o capitão vê o mesmo panorama azul-acinzentado hora após hora, dia após dia. Se Nova York é o começo de um objetivo e Southampton é o destino final, podemos entender com facilidade por que os marinheiros ficariam desmotivados ao atravessar a vastidão do oceano entre uma coisa e outra. Se alguém quer perder cinquenta quilos ou economizar 10 mil dólares, o vigésimo quilo ou o 5010º dólar mal são percebidos como parte significativa do progresso.

Um remédio para a calmaria no meio do caminho é diminuir ou eliminar por completo essa parte do trajeto. A forma mais fácil de fazer isso é dividir experiências maiores em subexperiências menores. Chamamos isso de estreitar o agrupamento das opções [narrow bracketing].[5] Podemos agrupar qualquer experiência ampla ao considerá-la um evento único e prolongado ou reduzi-la a diversas subexperiências menores. Pense numa maratona. No extremo mais amplo, a maratona é uma extensão única de 42 quilômetros. Na versão reduzida, a mesma prova é uma sequência de milhares de passos individuais — cerca de 60 mil para um corredor médio. É comum os participantes repetirem o mantra "um passo de cada vez" nos momentos mais penosos de maratonas e ultramaratonas, em parte porque não há margem para uma pausa no meio do caminho quando delimitamos a distância de forma tão estreita.

A mesma lógica é aplicável a qualquer objetivo prolongado ao usar uma de duas abordagens: podemos reavaliar e decompor o objetivo em pequenas partes que reflitam subdivisões reais ou, se ele não puder ser naturalmente decomposto, elaborar de forma artificial tais subdivisões. Digamos que o objetivo seja mudar de um emprego que odiamos para outro de que gostamos — um ponto de estagnação para muita gente. Podemos dividir o processo ao listar empregos alternativos; descrever os prós e os contras de cada um deles em relação ao nosso emprego atual; criar uma lista em que sejam ranqueados do mais ao menos desejável; decidir quais se situam acima de um "limiar desejável" — em outras palavras, se são melhores do que nosso emprego atual a ponto de valer a pena se candidatar; e, por fim, nos candidatarmos a esses empregos e torcer para dar certo. São etapas reais, concretas, no processo de aperfeiçoamento profissional e podemos marcar a conclusão de cada uma com uma sobremesa ou uma dose de uísque, como você preferir comemorar as pequenas vitórias. Outros objetivos não são tão fáceis de decompor de modo natural, então precisamos criar nossos próprios agrupamentos menores. Se queremos economizar 3 mil dólares para a primeira parcela de um carro novo, podemos elaborar um gráfico em que essa soma é dividida em dez partes menores de trezentos dólares — e, mais uma vez, nos recompensarmos ao alcançar cada meta menor. A ideia aqui é que não dá para ficar empacado no meio se essa parte do trajeto for eliminada.

O meio também é problemático em outros contextos. Um dos heróis intelectuais de Clark Hull era um psicólogo prussiano chamado Hermann Ebbinghaus. Como Hull, ele acreditava que para compreender as motivações dos animais deveríamos observar seu comportamento. Para isso, ele estudou a aprendizagem e o esquecimento.[6] "Um poema é memorizado e depois não volta a ser repetido", escreveu Ebbinghaus. "Suponhamos que após seis meses tenha sido esquecido: não há esforço para recordar capaz de trazê-lo de volta à consciência." Ele era fascinado pela tendência da informação de desaparecer por completo para nunca mais voltar, então resolveu usar a si mesmo como cobaia. Durante vários dias, Ebbinghaus se obrigou a memorizar e lembrar milhares de trigramas — vocábulos de três letras. Ele ficava sentado olhando para cartões com trigramas como GOS, FID e CUV por horas a fio e, no dia seguinte, tentava lembrar a maior quantidade possível deles. Como o efeito gradiente de meta de Hull, Ebbinghaus tendia a lembrar com maior frequência os primeiros e os últimos vocábulos do que os intermediários. Por algum motivo, os do meio eram confundidos ou escapavam por completo de sua memória. Como Hull, ele empacava no meio.

Ebbinghaus tentou melhorar a própria memória, em particular no caso das palavras no meio da lista, estudando-as dezenas ou até centenas de vezes. A tarefa era incrivelmente tediosa e mentalmente desgastante, mas ele não desanimou. Descobriu que além de certo ponto não valia a pena estudar a lista uma, duas ou até dez vezes mais. Essa abordagem de aprendizado forçado tinha limitações, e assim nasceu o efeito platô — a tendência de técnicas funcionarem bem no começo e perderem força depois.[7] Ebbinghaus não gastou muito tempo considerando por que sua capacidade de aprender trigramas estagnou, mas foi meticuloso em mostrar que a mesma abordagem utilizada repetidas vezes parava de funcionar. A mesma técnica que nos faz seguir adiante um dia nos deixa empacados.

O efeito platô — assim como o gradiente de meta — está por toda parte. Ebbinghaus estudou a memorização, mas seus sucessores demonstraram o efeito em centenas de estudos que envolviam dezenas de atividades mentais e físicas. Se queremos compreender por que as pessoas empacam e como tirá-las da estagnação, precisamos perceber que até as melhores estratégias e abordagens devem ser revistas de tempos em tempos. Se alguém quer perder peso, ganhar músculos ou aprender uma nova língua, não pode continuar se alimentando do mesmo modo, seguindo a mesma rotina de exercícios ou recorrendo sempre às mesmas técnicas para memorizar um vocabulário. Isso é um problema para nossa espécie porque somos criaturas de hábitos. Quando determinada técnica funciona, tendemos a usá-la repetidas vezes, em vez de revisar nossa abordagem. Faz sentido — começar do zero requer tempo e energia —, mas essas mesmas técnicas uma hora param de funcionar. A mesma dieta, o mesmo programa de exercícios ou o mesmo sistema de aprendizado que funcionou no passado aos poucos perderá sua eficácia.

A melhor evidência recente do efeito platô vem de um estudo com 15 mil pessoas que seguiram um plano de treinamento "ultraminimalista" durante mais de sete anos.[8] Foi desenvolvido pela empresa holandesa Fit20, que o descreveu como "um treinamento pessoal semanal de saúde em vinte minutos [...], sem o aborrecimento de precisar tomar banho e trocar de roupa". Ele envolvia um circuito de seis exercícios simples repetidos uma vez por semana que no início pareceram ser eficazes. No primeiro ano, os praticantes logo sentiram o ganho de força, mas depois os resultados ficaram muito mais lentos ou cessaram por completo. Isso ocorreu tanto com homens quanto com mulheres, com idosos tanto quanto com jovens. Os pesquisadores observaram também que, no primeiro ano, levantadores de peso competitivos ganham força mais rápido, para logo atingir um ponto de estagnação similar, de modo que o efeito platô não se restringia apenas a esse programa de treinamento.

Como o programa sugeria, a estagnação vem por pelo menos dois motivos. O primeiro é a habituação: se estamos, digamos, treinando certos músculos, eles se adaptam aos mesmos exercícios de sempre, e assim paramos de progredir, a menos que uma nova abordagem seja introduzida. No caso de dietas, nosso corpo aprende a se virar com menos comida, de forma que nosso metabolismo desacelera e paramos de queimar calorias tão rápido. As porções menores que antes ajudaram a perder peso, agora são metabolizadas mais devagar, o que nos faz parar de emagrecer e nos obriga a tentar uma dieta diferente. O mesmo vale para qualquer outro processo que nos ensine a ser mais eficientes. É a dificuldade inicial que leva a perder peso, ganhar condicionamento físico ou se envolver de forma intensa o bastante para aprender novas habilidades (ou listas de trigramas). A melhor maneira de interromper a habituação é experimentar novas estratégias.

Uma segunda causa do efeito platô é nossa miopia ou visão de curto prazo. Preferimos uma solução adequada hoje a uma solução ótima no longo prazo. Bob Sullivan e Hugh Thompson — um escritor e um matemático, autores do livro *The Plateau Effect* [O efeito platô] — explicam isso com um exemplo: imagine que você está atrasado para uma reunião que irá ocorrer a vinte quadras de onde está em Manhattan e que dinheiro não é uma questão. Você tem duas opções. Pode tomar um táxi agora ou caminhar dois quarteirões na direção contrária para pegar o metrô, onde em alguns minutos poderá embarcar no próximo trem. Qualquer nova-iorquino apressado sabe que se chega muito mais rápido de metrô do que de táxi, então escolheria a segunda opção e caminharia na direção contrária, porque a longo prazo chegaria antes ao destino. Um turista, por outro lado, optaria pela opção que lhe permite fazer um progresso *imediato*, ainda que percorra as vinte quadras muito mais devagar. Quando o táxi fica preso no trânsito, o turista atinge um platô, enquanto o nova-iorquino sacrifica um progresso breve e inicial para depois ter outro contínuo. Infelizmente, na maior parte das áreas, os humanos são mais como o turista do que como o nova-iorquino. Evitamos retroceder por um momento, mesmo que a longo prazo isso resulte em um avanço mais rápido. A solução nesse caso tem duas partes: habituar-se a questionar se não estamos privilegiando o progresso de curto prazo em detrimento de ganhos de longo prazo, e aprender a diferenciar os caminhos para progredir. A maioria dos turistas pode optar pelo táxi em vez do metrô, mas quem pesquisa sabe que o metrô costuma ser a melhor opção.

Quando adicionamos gradientes de meta ao efeito platô, o resultado não é nada bonito. O gradiente de meta nos atrasa a curto e médio prazos, ao passo que o efeito platô nos atrasa a longo prazo. O lado positivo é que podemos nos planejar para ambos, porque ocorrem em pontos fáceis de prever durante um processo prolongado. Se aprendemos a esperá-los, é menos provável que obstruam nosso progresso. Esse mesmo desejo de evitar contratempos, prevendo-os antes que aconteçam, está na raiz de muitos modelos de progresso humano. Quinze anos após a morte de Hull, um psicanalista canadense chamado Elliott Jaques notou uma queda previsível no progresso que refletia a estagnação que Hull observou no meio do caminho. A diferença era que Jaques não se concentrou num labirinto ou numa tarefa isolada; ele se debruçou sobre o progresso e o atrito ao longo de toda a vida humana.

Em 1965, Jaques notou que dezenas de gênios criativos perdiam o brilho pouco antes de completar quarenta anos.[9] Ele observou que a criatividade de Bach diminuiu após os 38 anos; o gênio de Goethe o abandonou aos 39 anos; e Michelangelo produziu pouco depois dos trinta. Isso, explicou Jaques, era como algumas pessoas reagiam ao fantasma da morte quando supostamente se aproximavam da metade da vida. Essa "crise da meia-idade" se manifestava de forma distinta para cada um, mas, com maior frequência, argumentava ele, levava-as a questionar se sua vida era significativa. Para muita gente, a iminência dos quarenta anos é a primeira vez que confrontam o pensamento de que a vida não dura para sempre.

Embora Jaques tivesse razão até certo ponto em sugerir que consideramos o pensamento da morte opressivo, o conceito de crise da meia-idade era restrito demais. Passamos pelo mesmo tipo de crise sempre que o tempo parece escapar por entre nossos dedos. Quando cheguei aos 29 anos — uma década antes da meia-idade, segundo Jaques —, tive essa mesma sensação de estagnação. Com quase três décadas de vida, fiquei paralisado pelo pensamento de como o restante da minha vida passaria rápido. A solução que enxerguei foi encontrar para minha vida um novo significado ao adotar um objetivo de longo prazo: treinar para correr minha primeira maratona e arrecadar fundos para uma instituição de caridade.

Muitos anos depois, meu colega Hal Hershfield e eu conversamos sobre como essa experiência que eu vivi aos 29 anos se encaixava no conceito de crise da meia-idade.[10] Pensamos se a aproximação de qualquer marco importante no envelhecimento — não apenas a meia-idade — poderia gerar atrito existencial. Como a maior parte do mundo segue o sistema de base decimal, cogitamos se cada nova década de vida a partir dos trinta anos não inspiraria uma nova crise de significado. Decidimos investigar sinais de que as pessoas questionam o sentido da vida pouco antes da chegada de uma nova década, sempre que a idade termina com nove — 29, 39, 49 e assim por diante. (Chamamos isso de idade terminada em nove.)

As evidências se acumularam para uma variedade de contextos e medições. Quando milhares de pessoas no mundo todo completaram o World Values Survey, um projeto de pesquisa global que estuda os valores e as crenças individuais, uma das perguntas era até que ponto questionavam se sua vida era significativa. Como esperado, sempre que o entrevistado estava com uma idade terminada em nove, tendia a fazer esse tipo de questionamento.

Essa avaliação da vida tem consequências distintas para cada um. Algumas pessoas se mostram satisfeitas com o modo como usaram o tempo e otimistas com os anos que lhes restam. Para outras é menos agradável examinar o passado, mas — como fiz ao correr uma maratona — elas encontram maneiras de evitar a estagnação. Descobrimos, por exemplo, que pessoas com idades terminadas em nove representavam uma ampla faixa entre os maratonistas de primeira viagem, e que atletas experientes eram mais rápidos nessas idades do que um ou dois anos antes ou depois disso. Um terceiro grupo, porém, achou a avaliação intimidadora. Identificamos um comportamento destrutivo entre os consultados: a taxa de suicídio aumenta um pouco em idades terminadas em nove, e homens nessas faixas etárias apresentam uma probabilidade desproporcionalmente maior de usar sites de relações extraconjugais. (O mesmo pode ser verdade para mulheres nessas idades, mas tínhamos dados confiáveis apenas para a população masculina.)

Algumas pessoas passam por essa crise um pouco antes ou depois. Embora o pico do comportamento seja em idades terminadas em nove, o padrão de dados está mais para uma onda: a preocupação com o significado da vida começa na idade terminada em oito, atinge o auge no nove e começa a cair no zero. Para muitos, tais inquietações inspiram uma crise que as imobiliza. Em vez de seguir em frente ou encontrar formas de sair da estagnação, voltam-se para o niilismo e a autodestruição.

Embora o efeito seja sutil, outros pesquisadores reproduziram e refinaram o padrão básico. Em um estudo, conforme se aproximavam da transição entre uma década e outra, os participantes priorizaram cada vez mais aspectos amplos e de longo prazo de saúde e bem-estar acima da felicidade momentânea. Em outro, os pesquisadores notaram que, embora as pessoas questionem o significado da vida de forma mais intensa ao visualizar o fim de uma década, não necessariamente sentem que esse ponto seja mais significativo. Para muitas, essa experiência introspectiva foi hostil e opressiva.

Esses resultados são importantes porque os comportamentos que observamos têm consequências altamente significativas. Se há uma tendência um pouco maior de casos extraconjugais ou até de suicídio ao se aproximar de uma nova década de vida, profissionais de saúde mental e responsáveis por políticas públicas deveriam estar cientes desse padrão. Se compreendermos que muitas pessoas enfrentam dificuldades ao avaliar a própria história, estaremos mais bem preparados para encorajá-las a lidar com isso de forma construtiva, em vez de destrutiva — por exemplo, adotando novas práticas de exercícios e uma alimentação mais saudável, economizando para a aposentadoria ou doando para causas beneficentes.

Embora a crise da idade terminada em nove seja fácil de prever, existem muitas outras barreiras que são mais difíceis. Esses são os pontos de estagnação que com frequência causam mais danos, porque surgem sem aviso, muitas vezes quando menos os esperamos. Tais abalos são o que Bruce Feiler chamou de *lifequakes*, um termo formado pela junção das palavras "vida" e "terremoto" em inglês e que identifica um "sismo existencial".

Bruce Feiler se descreve como um *"lifestorian"* — um colecionador de relatos da vida pessoal, e que trabalha como um historiador que coleta artefatos históricos. Por décadas, a vida dele andou de vento em popa. Ele se tornou um escritor e uma personalidade da TV extremamente bem-sucedido, trabalhou em um circo e viajou com o cantor country Garth Brooks, depois se casou e foi pai de gêmeas idênticas. Então pareceu topar com uma série de obstáculos. Recebeu o diagnóstico de uma forma rara de câncer ósseo que exigiu dezesseis sessões de quimioterapia, cirurgias invasivas e vários anos de recuperação. Castigado pela crise financeira global de 2008, quase foi à falência, e seu pai tentou o suicídio várias vezes. Cada um busca conforto a seu modo, mas para Feiler isso veio das conversas com amigos e desconhecidos. Seu mantra passou a ser: "Quando a vida estiver um caos, recorra à narrativa".

"Percebi que estava empacado, então saí em busca de histórias", contou-me Feiler. Assim que se sentiu bem o bastante para viajar, passou três anos percorrendo os cinquenta estados norte-americanos e coletou 225 histórias de vida. Esses relatos serviram de base para seu best-seller *Life Is in the Transitions* [A vida está nas transições]. Cada história era única, mas, com uma amostra grande o bastante, Feiler começou a identificar consistências em meio ao ruído. "Depois de ter essas conversas o dia inteiro, todos os dias, ficou claro para mim que havia um padrão", disse ele.

Longe de incomuns, os reveses enfrentados por Feiler se refletiam nos relatos que escutou país afora.[11] Ele descobriu que todas as histórias de vida eram pontilhadas de pequenos e grandes contratempos, sem exceção: jovens, velhos, ricos, pobres, profissionais, trabalhadores, moradores urbanos e rurais — os contratempos eram universais. Na maior parte dos casos, esses reveses indesejados não deixavam escolha, por exemplo, se a pessoa ficasse desempregada ou enfrentasse uma doença. Alguns eram percalços menores — estes ocorriam a cada doze ou dezoito meses, para a maioria —, mas, a cada cerca de dez turbulências na vida, uma constituía um evento grave. Ao achar difícil encontrar um termo neutro que captasse essas tribulações em toda sua diversidade, ele acabou optando por *lifequakes*.

"Eles são os lobos que põem nossos contos de fadas de cabeça para baixo", escreveu ele. Os *lifequakes* são pontos de estagnação, observou Feiler, pois representam obstáculos no caminho que trilhamos, seja ele qual for. Eles nos impedem de almejar a vida que antes havíamos imaginado que teríamos e dessa forma nos deixam empacados ao tentar construir uma vida repensada. Feiler examinou as histórias coletadas para organizar os diversos *lifequakes* por tipo e frequência. Numa ordem mais ou menos decrescente de regularidade, as pessoas relatavam: problemas de saúde; mortes e perdas pessoais; fim de relacionamentos; reveses financeiros; perda ou alterações de emprego; desastres naturais; mudanças de vida após a experiência com movimentos como Black Lives Matter ou Tea Party. Sete em cada oito *lifequakes* eram eventos individuais, mas um em cada oito afetava todo um grupo de pessoas. Feiler terminou de escrever seu livro pouco antes de surgirem os primeiros casos de covid-19 e afirmou que a pandemia foi o maior *lifequake* coletivo "em cem anos". No que diz respeito a obstáculos, a seu ver ela afetou o maior número de pessoas em todo o planeta de modo mais profundo do que qualquer outro acontecimento na memória recente. Ele descobriu também que seis em dez *lifequakes* são eventos involuntários que ocorrem de repente, e seis em sete envolvem uma guinada da estabilidade à volatilidade. Essa volatilidade abala as pessoas e deixa muitas delas empacadas. *Lifequakes* são tão perturbadores que duram em média cinco anos. "Passamos uma imensa porcentagem da vida em transição", Feiler escreveu. "Se considerarmos que vivenciamos de três a cinco *lifequakes* em nossa vida adulta, e que cada um dura quatro, cinco, seis anos ou mais, isso pode representar mais de trinta anos numa condição de mudança. É metade de uma vida!"

O principal aspecto dos *lifequakes* é que são difíceis de prever. Não fazemos planos para eles da forma como anteciparíamos um platô iminente, então em vez disso precisamos desenvolver competências para lidar com a mudança indesejada. "Transições de vida são uma habilidade", escreveu Feiler. "Uma habilidade que podemos, e devemos, dominar." Determinado *lifequake* pode nos pegar de surpresa, mas admitir que eles e outros pontos profundos de estagnação são inevitáveis nos deixa muitos passos à frente das inúmeras pessoas cuja primeira reação é dizer: "Por que eu?!". Feiler me explicou que exclamações como essa são uma reação moderna e privilegiada a pontos de estagnação. "O fato de acreditarmos [que estar empacado] é um ruído, e não um sinal, constitui uma anomalia histórica dos últimos 150 anos." Grande parte disso é reflexo do "mito do progresso" — a ideia sobretudo ocidental de que as coisas melhoram com o tempo. Com a ascensão da ciência, da medicina moderna e dos mercados de ações que crescem em média 7% ao ano, passamos a acreditar que todo problema pode ser solucionado, curado ou resolvido. Nas palavras de Feiler, vivemos à sombra do "mito do domínio humano sobre o mundo natural". Quando olhamos para o passado ou para as regiões do mundo em desenvolvimento, presenciamos populações na expectativa de turbulências. Em épocas e lugares em que a religião e a filosofia predominam sobre a ciência, as pessoas são abertas à ideia de que o mundo pode ser imprevisível e cruel. Onde a ciência e as narrativas do progresso prevalecem, as sociedades são levadas a uma ilusão de invulnerabilidade.

Quando Feiler publicou seu livro, não fazia muita ideia de quais aspectos encontrariam maior ressonância entre os leitores. A maioria dos e-mails, comentários e questões focou os *lifequakes*. "Eu diria que a principal reação que escutei das pessoas foi 'ufa!'." O conceito de *lifequake* representou uma sensação liberadora por dois motivos. Primeiro, forneceu um rótulo imparcial para algo que afeta todo mundo. Nomear a experiência proporciona uma sensação de controle e faz com que nos sintamos menos solitários. A lógica diz que um conceito, uma vez nomeado, não pode ser algo que existe apenas em nossa cabeça. O segundo motivo, e creio que o mais importante, é que o conceito de *lifequake* admite que a vida é caótica. Diferente do modelo de luto em cinco estágios de Kübler-Ross (negação, raiva, negociação, depressão, aceitação), *lifequakes* podem acontecer a qualquer momento e em qualquer ordem de emoções. Feiler foi sensato em reconhecer que não existe um esquema único aplicável a todo mundo para as turbulências ao longo da vida. Às vezes evitamos um *lifequake* durante dez anos e, de repente, três ou quatro ocorrem ao mesmo tempo. Feiler escreveu sobre um jovem pastor da Virginia chamado Erik Smith: "Ele pregou no enterro de sua mãe e no de seu pai, abandonou a igreja para se tornar professor de alunos com necessidades especiais, teve pensamentos suicidas, ficou viciado em analgésicos e perdeu trinta quilos — tudo isso em dois anos". Esses são os pontos de estagnação mais paralisantes de todos, porque demandam que seus recursos de enfrentamento ajam em não uma, mas em várias turbulências profundas. O maior desafio é saber quanta energia devotar a cada uma de modo a restar o suficiente para as demais. Distribuir nossos recursos limitados é um componente crucial para sair da estagnação — em especial quando estamos mais esgotados, pouco antes de cruzar a linha de chegada. Isso é verdade no sentido metafórico, ao lidar com *lifequakes*; e também quando percorremos a reta final com o tanque quase vazio.

Chandler Self é maratonista. Não é nenhuma campeã olímpica ou nacional, mas já venceu maratonas e meias maratonas e é considerada parte da "sub-elite". Em 2017, ela venceu a maratona de Dallas com o tempo de 2 horas, 53 minutos e 57 segundos, embora sua vitória tenha vindo com um asterisco. Faltando 6,5 quilômetros para o final da corrida, ela passou pelo pai, que gesticulou para lhe dizer que estava em primeiro lugar por uma margem confortável. Self ficou radiante. "Eu estava tão empolgada!", escreveu ela mais tarde. "Então olhei para o meu tempo e pensei: puxa, posso até conseguir [um recorde pessoal]! Recusei a água na estação de apoio. Estava correndo tão bem que não quis quebrar o ritmo com bobagens! Não fazia tanto calor, e a meu ver eu não estava suando demais. Então me aproximei do fim! Avistei a linha de chegada! E era uma SUBIDA. Minhas pernas amoleceram."

O vídeo de Self desmoronando é difícil de assistir.[12] "Eis nossa vencedora, senhoras e senhores", diz o comentarista. "Em geral, não é o que esperaríamos ver ao final de uma maratona." Após completar 99,57% da corrida, seu corpo foi incapaz de dar mais um passo. Uma estudante do ensino médio de dezessete anos que participava de uma prova de revezamento dentro da maratona interrompeu sua corrida e, de forma generosa, a ajudou a se levantar. Self desabou mais algumas vezes, mas, amparada pela jovem, conseguiu cruzar a linha de chegada em primeiro lugar. Os juízes determinaram que, como a ajuda partiu de outra competidora, e não de algum espectador ou funcionário, sua vitória era válida.

Se tivéssemos de avaliar o desempenho de Self, diríamos que foi quase perfeito. Ela errou na dosagem de energia em menos de 0,5%. Quem já assistiu a maratonas e provas de resistência sabe que dezenas de atletas desabam assim que cruzam a linha de chegada. Para outros, como ela, isso ocorre antes. Não por coincidência, tende a acontecer quando estão a poucas centenas de metros de seu objetivo. São dominados pela teleoantecipação — literalmente, saber que você está próximo de um ponto-final (*telos*).[13] A teleoantecipação não é uma ciência exata, mesmo quando sabemos exatamente quanto terreno precisamos cobrir. Desse modo até atletas experientes às vezes precisam queimar algumas calorias extras perto do fim da corrida. A prostração de Self foi a encarnação física perfeita da paralisia emocional.

A teleoantecipação foi descrita pela primeira vez em 1966 por um pesquisador alemão chamado Hans-Volkhart Ulmer. "Se o atleta corre rápido demais", escreveu ele, "não será capaz de terminar devido à fadiga precoce, mas, se for devagar demais, não atingirá o [...] tempo de prova ideal. Logo, o atleta deve organizar o consumo de energia por unidade de tempo com relação a um ponto de chegada." Ulmer descrevia o comportamento de atletas, mas também se perguntou como aves migratórias conseguiam voar por milhares de quilômetros sem pousar. Seu artigo é cheio de cálculos complexos e gráficos, porque o problema de antecipar um final é complicado. Um pássaro migratório precisa estar atento às condições do vento, à quantidade de alimento consumido e às novas oportunidades de se alimentar, à temperatura do ar, e assim por diante. Maratonistas devem realizar tarefas semelhantes. Além de antecipar subidas, condições do vento e temperatura, precisam perceber se estão se sentindo particularmente fortes ou fracos. Quem já correu sabe que em alguns dias as pernas parecem um par de molas, e em outros são como concreto. A teleoantecipação não é fácil nem quando dispomos de dados precisos como uma linha de chegada.

Assim que os atletas entram na reta final, movem-se mais devagar. Se não sabemos quando um evento termina, não podemos gastar nossas reservas de energia. Em um estudo, ciclistas que completaram duas provas de contrarrelógio de 32 quilômetros terminaram em média quase dois minutos, ou 4%, mais devagar quando o ponto de chegada não foi explicitado. Em outro, pessoas realizaram tarefas mentais entediantes mais devagar quando não foram informadas de que o tempo para realizá-las era noventa minutos. E, em especial, ficaram empacadas com mais frequência, fazendo uma quantidade maior de pausas para recarregar as reservas mentais.

Quando construímos uma carreira, cuidamos dos filhos ou tentamos levar uma vida mais feliz e saudável, não existe uma linha de chegada. Muitas dessas metas — as que mais importam para a maioria de nós — não possuem um limite definido, assim os cálculos que precisamos fazer são muitíssimo mais complexos do que os atribuídos por Ulmer a aves migratórias. Se acrescentamos *lifequakes* à mistura — como, por exemplo, a pandemia de covid —, nossos recursos físicos, financeiros e psicológicos são ainda mais exigidos. Alex Hutchinson, escritor cujo enfoque é a resistência humana, descreveu a pandemia como "uma maratona sem linha de chegada". A solução, argumentou ele, era encarar tal prova de formato aberto como uma vantagem, e não uma desvantagem. "Acontece que, se nos perguntarmos 'conseguirei prosseguir?', em vez de 'chegarei ao final?', é muito mais provável que a resposta seja afirmativa", sugeriu Hutchinson. O ultramaratonista francês Guillaume Calmettes concorda: quando não há linha de chegada, "não nos sentimos sobrecarregados pelo que ainda falta correr, porque simplesmente não sabemos quanto falta".

A solução de Calmettes soa muito parecida com a prescrição para tratar o eventual atrito que encontramos no trajeto até um objetivo prolongado: divida-o em seus componentes fundamentais. Em vez de focar no cenário mais amplo, olhe para o presente. Não há depressões no meio da estrada se não houver meio da estrada, e a mesma lógica se aplica às metas sem limites definidos. Se tratamos cada passo, cada minuto ou unidade de trabalho como um miniobjetivo discreto, a ausência de uma linha de chegada é irrelevante. Em outras palavras, Calmettes defendia a atenção plena no contexto da busca de um objetivo. Permanecer concentrado corresponde a estar profundamente presente no momento; a prestar atenção à tarefa diante de nós e à nossa relação com ela. Assim, ficamos menos propensos a nos agitar na busca por uma linha de chegada que na verdade não existe.

Ficar empacado é inevitável. Clark Hull acreditava que isso acontecia no começo de qualquer experiência prolongada; seus discípulos intelectuais, no meio do caminho; enquanto Hermann Ebbinghaus, no final. Entre gradientes de meta, depressões ao longo do percurso e efeitos platô, é grande a probabilidade de empacarmos em algum ponto — e isso sem falar das inevitáveis turbulências e *lifequakes* de Bruce Feiler, que são como raios caindo do nada. Mesmo após completar mais de 99% do processo, ainda há uma chance de, como Chandler Self na reta final da maratona de Dallas, termos subestimado nosso cálculo por uma fração de porcentagem. Self investiu muito de si mesma nessa prova, mas a verdade é que a maioria de nós tende a recuar cedo demais. Ao primeiro sinal de atrito, entramos em desespero, achando que nunca mais voltaremos a progredir. A regra de ouro é que sair da estagnação quase sempre demanda mais tempo do que o esperado — e muitas vezes jogamos a toalha a poucos passos da linha de chegada.

2. Siga em frente

Sucessos pop são leves por natureza, algo que dissimula a dificuldade de transformar uma melodia que gruda na cabeça em ouro comercial. Para aparar as arestas e dar à canção aquele toque pop que induz o público a escutá-la incontáveis vezes, é preciso tempo e talento. Tal jornada requer uma paciência incrível e muitas vezes se estende por meses ou anos. Esse foi o caso de Magne Furuholmen, um jovem compositor abençoado com uma reserva extraordinariamente profunda de persistência.

Furuholmen tinha quinze anos quando compôs um riff no teclado que o acompanharia de banda em banda durante sete anos. A melodia cativante de 27 notas ainda precisava ser trabalhada, mas ele decidiu transformar a linha melódica numa canção completa. Sua banda estava à procura de um novo vocalista, e o principal candidato considerou o riff fora de série. "Nosso novo vocalista, Morten Harket, disse que só entraria na banda se a gente o usasse", recordou Furuholmen. Atendendo à exigência de Harket, a banda acrescentou à melodia uma introdução, uma letra e uma ponte, e assim nasceu a música. No começo, tiveram dificuldade para dar um nome a ela. "Primeiro, chamamos de 'Lesson One'", conta Furuholmen. "Depois a rebatizamos como 'All's Well That Ends Well and Moves with the Sun'."

A banda de Furuholmen era o trio norueguês de *synth-pop* a-ha, e a faixa viria a se tornar "Take On Me".[1] Em outubro de 1985, a música alcançou o primeiro lugar nas paradas da *Billboard* nos Estados Unidos e permaneceu nas primeiras colocações por 27 semanas seguidas. Também liderou as paradas em uma dúzia de outros países, transformando-se numa canção icônica dos anos 1980, e vendeu quase 10 milhões de cópias no mundo todo, fazendo dela um dos singles mais vendidos de todos os tempos.

Embora tenha vindo a se tornar um sucesso comercial, sua jornada foi acidentada. Após a Warner assinar com a banda em 1984, os três jovens membros gravaram a primeira versão de "Take On Me" em um estúdio de Londres. Foi um fiasco. Encontrada com facilidade na internet, essa versão tem a mesma estrutura genética da final, mas carece na maior parte de seu charme pop. O escritório londrino da Warner encorajou a banda a gravar um videoclipe com Harket dançando ao som da música, mas o clipe era esquecível em meio à infinidade de vídeos parecidos em meados dos anos 1980. Os três membros da banda se lembram de se sentirem empacados. O refrão memorável de Furuholmen parecia encantar todo mundo que o escutava, mas a faixa continuava crua. Os altos e baixos imprevisíveis da indústria musical pareciam insuperáveis. Pouco antes de sua última turnê, em 2009, a banda relembrou o processo frustrante de polir a canção. "Afirmar que os rapazes estavam arrasados é pouco", conta o site da banda. "Os três idealistas, que acreditavam que o talento bastava para levá-los ao topo, haviam a essa altura se deparado com tamanha adversidade, perdido muito tempo e se decepcionado com tanta frequência que estavam prestes a desistir. Viam suas esperanças, seu dinheiro e suas vidas sendo desperdiçados e decidiram se separar por algum tempo."

Claro, a história não parou por aí. Uma cópia da canção chegou ao escritório central da Warner nos Estados Unidos e um grupo de executivos influentes decidiu dar ao grupo uma nova chance de tentar uma versão mais impactante nos estúdios norte-americanos da gravadora. E, numa jogada crucial, também financiaram um videoclipe de alto orçamento que misturava imagens reais com animação e levou dois meses para ser produzido. Ele lançou o a-ha nos Estados Unidos e rendeu à banda seis troféus MTV Music Video Awards em 1986. "Não tenho dúvida de que o clipe fez da canção um sucesso", contou Furuholmen. "O riff era supercativante, mas é uma música que você precisa escutar algumas vezes. Acho que se não fosse a sensação causada pelo videoclipe, a música não teria atraído tanto interesse quanto atraiu."

A versão de "Take On Me" que chegou às rádios em 1985 era produto de uma espiral criativa ascendente que levou quase uma década. A melodia crua de

Furuholmen evoluiu mais vezes do que ele podia contar e a música continuou a mudar mesmo depois de entrar em produção. Cada nova versão a tornava mais palatável para o público do a-ha. Mas foi um caminho tortuoso e acidentado, e a maioria dos sucessos comerciais é acompanhada por versões descartadas e fracassadas. Às vezes, leva anos para o embrião de uma ideia ser viabilizado, e durante esse período há uma boa chance de seus criadores considerarem abandonar a ideia para sempre. O a-ha foi afortunado por ter várias oportunidades no mundo da música pop, e o resultado de seus esforços melhorou cada vez que a Warner contribuiu com novos recursos, tempo e know-how comercial.

A frustração do a-ha com as versões iniciais de sua música reflete uma crença comum e ingênua de que produtos criativos surgem plenamente formados. O problema está em como definimos a criatividade. Ela exige o uso da imaginação para produzir algo novo. A maioria das pessoas pode recorrer à imaginação quando quiser, concebendo futuros, mundos e eventos que possivelmente nunca passarão a existir. Empregar a imaginação requer algum esforço, mas não muito, e o desenvolvimento de uma ideia imaginada se dá muitas vezes em questão de segundos ou minutos e não no decorrer de anos ou décadas. A presteza de nossa imaginação nos leva a acreditar que de duas, uma: ou o produto criativo surge rápido ou nunca verá a luz do dia. Segundo essa crença, as melhores músicas, obras de arte, filmes e livros resultam apenas de inspiração. Se não são praticamente perfeitos desde o começo, será difícil melhorá-los depois, e com o tempo a qualidade da produção criativa costuma diminuir. Essa ideia é conhecida como um precipício criativo. Porém, por mais atraente que seja, não passa de ilusão. Na verdade, com o tempo, as pessoas tendem a ficar mais criativas, não menos.

Quando os psicólogos Brian Lucas e Loran Nordgren descreveram pela primeira vez a ilusão do precipício criativo, notaram um paradoxo.[2] Por um lado, parecemos reconhecer o valor da persistência nos outros. "Thomas Edison", escreveram eles, "experimentou como filamento mais de 1600 materiais — até pelos arrancados da barba de um amigo — antes de chegar ao projeto da lâmpada elétrica." Histórias de criatividade por meio da persistência nos proporcionam inspiração e esperança, e aprendemos desde muito novos que trabalhar duro é mais efetivo do que se deixar levar de modo relaxado. Por outro lado, as pessoas também tendem a duvidar do valor da persistência quando se trata de seus próprios pontos de estagnação. "Se alguém tenta empreender uma tarefa criativa uma vez e sente que fritou o cérebro, a tendência é desistir", Lucas me contou. É difícil treinar as pessoas para acreditarem que a dificuldade mental é mais um sinal de progresso do que de estagnação.

Em um experimento, Lucas e Nordgren instruíram voluntários a passar dez minutos produzindo "o máximo de ideias originais que conseguissem para o que comer e beber em um jantar de Ação de Graças", e a seguir lhes pediram para estipular dessas ideias quantas esperavam produzir durante um segundo período de dez minutos. Muitos participantes se sentiram empacados, calculando que suas melhores ideias já haviam surgido, assim esperaram produzir menos da segunda vez. Na verdade, tiveram tantas ideias quanto antes — 66% mais do que haviam esperado —, e alguns participantes incumbidos de julgá-las as consideraram *mais* criativas do que a primeira leva.

Lucas e Nordgren viram esse mesmo padrão se repetir incontáveis vezes. As pessoas subestimavam o valor da persistência em coisas como tentar conceber o máximo de utilizações incomuns para uma caixa de papelão, criar slogans para um prato de hambúrguer com batatas fritas e combinar letras para formar palavras. Nem com os especialistas isso foi diferente. Comediantes experientes acreditavam de forma equivocada que sua capacidade de escrever piadas diminuiria com o tempo, enquanto outros com décadas de experiência achavam que com o passar dos anos teriam cada vez mais dificuldade de pensar em legendas para uma charge em branco, por exemplo. O padrão se manteve tanto para tarefas feitas em poucos minutos como para outras que levavam muitos dias. As pessoas se mostravam consistentemente mais produtivas do que haviam imaginado, e na maior parte das vezes até a *qualidade* da produção melhorava. Lucas e Nordgren batizaram esse equívoco de *ilusão do precipício criativo*, pois descrevia nossa inclinação a acreditar de forma equivocada que a produção criativa declina com o tempo.

O problema da persistência, contou-me Lucas, é que ela é *árdua*, e tendemos a comparar a dificuldade mental com o fracasso. Quando nos esforçamos para extrair sentido de algo, a solução parece remota. Expressões como "*in the zone*" e "*flow*" envolvem a ideia de facilidade e fluência, ao passo que a criatividade, por definição, corresponde a nadar contra a corrente. Não podemos ser criativos se nossa produção criativa parte de ideias preexistentes ou do pensamento convencional, e a experiência de divergir do caminho de menor resistência é desafiadora. Lucas e Nordgren descobriram que as pessoas costumam confundir a dificuldade para resolver desafios criativos com fracasso, e as mais habituadas a fazer essa confusão são também as mais propensas a subestimar o valor da persistência. Isso faz muita diferença se alguém está tentando compreender como sair da estagnação. Ficar empacado é uma sensação opressiva — para nos libertarmos é preciso energia —, o que por sua vez diminui nossa tendência a persistir diante de um atrito. Mas Lucas e Nordgren mostraram que isso é um erro. A qualidade das nossas ideias não permanece constante com o tempo — o mais provável é que melhore. A recompensa que faz todo esse atrito valer a pena tem *mais* chance — não menos — de vir com o passar dos anos. Se estivermos empacados, Lucas contou, a chave é lembrar que "somos mais criativos do que achamos que somos". Ao primeiro sinal de dificuldade, persevere — e repita isso sempre que atingir obstáculos subsequentes.

Lucas também fez questão de observar que não tem sentido perseverar eternamente diante dos obstáculos. É preciso saber quando redirecionar nossa energia. Cada minuto, dólar ou esforço devotado a um ponto de estagnação talvez possa ser mais bem gasto em outra coisa. "As pessoas se entregam a uma análise constante de custo-benefício, decidindo se devem continuar ou parar de tentar", afirmou ele. Em alguns de seus estudos coletivos, grupos de pessoas trabalhavam duro para encontrar soluções por alguns minutos, depois, tendo chegado a um resultado aceitável ou apenas razoável, relaxavam durante o restante da sessão. Quanto mais um problema é importante, e quanto mais valioso é sair da paralisia, mais recursos devemos utilizar.

Ao decidir o momento de deixar algo para trás, uma estratégia é estabelecer marcadores de auditoria, ou pontos intermediários, e reconsiderar se devemos continuar. Em projetos curtos, tais pontos devem ser espaçados em intervalos de horas ou dias; em projetos mais longos, de semanas, meses ou anos. A cada ponto intermediário, devemos nos distanciar e refletir sobre o progresso feito, a natureza dos pontos de estagnação que ainda enfrentamos e se é preciso estabelecer um novo marcador de auditoria ou desistir e passar para outro empreendimento completamente diferente. O segredo, porém, é não desistir cedo demais. Uma regra prática útil consiste em se permitir 50% a mais de tempo para trabalhar em cima das dificuldades do que a intuição sugere, e só então considerar com seriedade abandonar o projeto.

A pesquisa de Lucas é atraente em parte por ser otimista. Se estamos empacados ou ainda não fomos bem-sucedidos em algo, há uma boa chance de que o sucesso esteja mais adiante. Lucas explicou que as pessoas percebem a criatividade por dois prismas contrastantes. O primeiro é o *insight*, sugerindo que a criatividade é resultado de um momento heureca. Tais momentos são difíceis de prever. Com frequência chegam quando menos esperamos, e sua origem não pode ser mapeada com facilidade. O segundo é a *produção*, que percebe a criatividade como resultado do trabalho duro. Segundo esse modelo, a criatividade teria mais a ver com fórmulas ou algoritmos; seria mais científica do que espiritual. Como um artista que pinta todos os dias do nascer ao pôr do sol, quanto mais nos aplicamos com diligência à criatividade, maior a chance de encontrá-la. Em alguns aspectos, esses modelos mentais se opõem. A criatividade seria etérea ou pragmática; as boas ideias surgem de repente ou são o resultado previsível de longos períodos de trabalho duro. Na verdade, porém, tanto um modo de ver como outro sugerem a mesma prescrição: quanto mais tempo, energia e esforço empregamos numa atividade criativa, maior a chance de sucesso. Isso é verdade para ambos, pois os modelos de produção se baseiam no trabalho árduo, e os momentos heureca têm maior probabilidade de surgir se passamos muito tempo imersos na busca criativa. Podemos não saber *quando* chegarão, mas temos boas chances de topar com eles se lhes dermos tempo para florescer.

Perguntei a Lucas por que as pessoas têm mais chance de avançar se se dedicarem mais a uma tarefa. "Obviamente é possível que acabem se deparando com algum obstáculo", ele disse, "mas, antes de isso acontecer, há boas evidências de que suas ideias melhoram com o tempo." Isso é conhecido como efeito de posição serial. "Quando produzimos ideias, é provável que a primeira que nos vem à mente seja a mais acessível, e como todos vivemos na mesma cultura e estamos expostos à mesma informação, o que é mais acessível para um deve ser mais acessível para outro, ou seja, a primeira coisa que nos ocorre, por definição, não é muito criativa." Mas, aos poucos, nossas ideias melhoram. Descartamos estratégias e abordagens que não funcionam, de modo que, com o passar do tempo, esses becos sem saída interfiram cada vez menos em nosso raciocínio. Cada obstáculo também nos força a pensar além de nossas pressuposições e estratégias básicas. Como explicaram os psicólogos Roger Beaty e

Paul Silvia sobre o efeito de posição serial: "Se a pessoa primeiro esgota uma categoria óbvia e a seguir muda para novas categorias de ideias, suas respostas posteriores serão melhores do que as primeiras". Isso não é verdade apenas para experimentos laboratoriais executados em questão de minutos ou dias; também ocorre ao longo da vida de empreendedores e cientistas.

No mundo da tecnologia, juventude é uma vantagem. Peter Thiel oferece uma bolsa de 100 mil dólares para "jovens que queiram construir coisas, em vez de ficar sentados na sala de aula". Empreendedores com mais de 22 anos ou estudantes que desejem concluir a graduação não precisam se inscrever. Vinod Khosla, cofundador da Sun Microsystems, acredita que "pessoas com menos de 35 anos são as que fazem a mudança acontecer", ao passo que "acima dos 45 anos basicamente expiram, em termos de novas ideias". Empresas de capital de risco valorizam mais a juventude que a experiência, embaladas no mito de prodígios de vinte e poucos anos como Bill Gates, Steve Jobs e Mark Zuckerberg. Essas narrativas constituem o ar que o mundo da tecnologia respira; é um fato cultural que a juventude alimenta negócios bilionários.

Só que isso não é verdade. A média de idade para empreendedores bem-sucedidos é 42 anos — quase o dobro dos bolsistas de Peter Thiel.[3] Muitos fundadores de negócios prosperam na casa dos quarenta anos, em parte porque *viveram*. Muitos têm família e filhos, trabalharam em inúmeros setores da economia e, um fato importante, fracassaram não uma, mas diversas vezes antes de alcançar o sucesso. E os de maior êxito são ainda mais velhos. Os fundadores das empresas de destaque mais extraordinárias têm em média 45 anos, e os que foram bem-sucedidos ao deixar suas start-ups tinham em média 47 anos quando as fundaram. Segundo um estudo, "um fundador com cinquenta anos tem cerca de o dobro de chance de ser bem-sucedido ao sair, em relação a um de trinta anos". Um fundador de vinte e poucos anos certamente lança empresas de sucesso, mas o *smart money* flui para seus pais e avós.

O gênio científico segue um padrão similar. Em disciplinas tão variadas como química, economia, medicina e física, os cientistas tendem a realizar seu melhor trabalho por volta dos quarenta anos. Ganhadores do prêmio Nobel e inventores também atingem o auge mais ou menos nessa idade. A precocidade é fascinante porque é incomum. Mas os avanços mais proveitosos por sua vez derivam de ficarmos empacados várias vezes; de aprendermos o que funciona ou não; de perseverarmos diante das dificuldades.

Posso não ser nenhum gênio nem ter ganhado o Nobel, mas a pesquisa que me trouxe mais orgulho veio após o período mais difícil de minha carreira acadêmica. Passei meu primeiro semestre na pós-graduação trabalhando em um projeto que parecia novo, empolgante e interessante. Então, um dia, abri o periódico mais popular na minha área e li um artigo que dizia quase tudo em que eu viera pensando nos seis meses anteriores.

Ser superado academicamente porque alguém publicou a mesma ideia antes de você pode atrasar sua carreira em meses ou até anos, e alguns alunos se desesperam a ponto de reconsiderar a escolha profissional. Mas é um importante rito de passagem, pois traz uma lição crucial em um pacote concentrado: diversifique seus interesses, para que uma eventualidade como essa não arruíne todo seu programa de pesquisa. A partir desse momento, iniciei diversos projetos não relacionados àquele. Um deles rendeu um artigo publicado, depois vários outros, e se transformou na apresentação que abriu as portas para a posição acadêmica que detenho até hoje. O mesmo é válido para aspirações criativas mais gerais. Em uma análise de 3 milhões de músicas compostas por 70 mil artistas, um pesquisador mostrou que a maior diferença entre os de um sucesso só e os de sucesso contínuo ao longo da carreira é um suprimento vibrante de músicas "relativamente criativas" de reserva apenas aguardando para serem produzidas. A mesma lição se aplica também a outros domínios: certifique-se de ter várias atividades produtivas em cada área de sua vida de forma que perder uma delas não seja tão doloroso. Isso vale para amizades, trabalho e lazer — qualquer domínio em que os obstáculos sejam comuns e imprevisíveis. Essa abordagem lembra a máxima "não aposte todas as suas fichas numa coisa só" (isto é, não invista tudo que você tem em uma única opção), mas vai um passo além. Não apenas é importante dividir as fichas em muitos jogos, como também, para estender a metáfora, devem ser jogos variados. Na prática, significa ter uma produção que vá desde a semente de uma ideia até execuções quase acabadas. Ter uma mistura de amizades maduras e incipientes, hobbies e passatempos tanto novos como consolidados. O custo de dispersar seus recursos, em vez de insistir numa coisa só, é mais do que compensado pelos benefícios da diversificação. Sem dúvida nada é mais incômodo do que perder todas as suas fichas de uma vez.

Diversificar pode nos atrasar, mas o atraso tem seus benefícios. Podemos tomar como exemplo o mundo dos negócios, em que muitos empreendedores competem para entrar em mercados jovens. Ao contrário do mito empresarial de que é preciso ser o primeiro — que se não tivermos sucesso cedo estamos fadados ao fracasso —, na maioria das vezes é melhor entrar em um mercado amadurecido cujas dificuldades foram aparadas por fracassos iniciais. Veja o setor de sites de busca. Sergey Brin e Larry Page revolucionaram a busca com o Google, que foi o 22º a entrar nesse mercado. Antes dele houve Archie, VLib, Infoseek, AltaVista, Lycos, LookSmart, Excite, AskJeeves e mais de uma dúzia de outros competidores. O Google não triunfou apenas por ser o melhor produto; mas também porque Brin e Page puderam se dar ao luxo de aprender com as tentativas anteriores. Parte do sucesso está em aprender não apenas o que funciona, mas também o que não funciona. Em um estudo da Match.com com 2 mil pessoas que afirmavam ter encontrado sua "cara-metade", os entrevistados haviam beijado em média quinze pessoas, começado e terminado dois ou três relacionamentos de longo prazo e ficado com o coração partido pelo menos duas vezes. Esses "ensaios" iniciais, por mais que pudessem parecer o amor de sua vida na época, foram cruciais porque demonstraram o que funcionava ou não.

Como o Google, poucas das maiores empresas de tecnologia atuais foram pioneiras. O Facebook (2004) veio depois do Friendster (2002) e do MySpace (2003); o Instagram (2010) foi lançado quase um ano após o Hipstamatic (2009), que oferecia os mesmos recursos de fotos sem a rede social inclusa; a Amazon não foi a primeira livraria on-line quando começou em 1995 (a Books.com surgiu em 1994) nem o primeiro mercado on-line quando se expandiu, vários anos depois; antes dos computadores da Apple houve os da Olivetti, Altair e IBM; a Netflix aperfeiçoou o modelo de distribuição ultrapassado da Blockbuster entregando DVDs pelo correio, depois introduziu o streaming na esteira do sucesso do YouTube e de outros serviços de compartilhamento de vídeo. A novidade é superestimada; o sucesso muitas vezes vem quando somos o segundo ou o terceiro, ou até o 22º, a chegar à festa. A chave é continuar insistindo, pois suas chances de sucesso aumentam com a experiência — e também porque a tendência a ter sorte cresce à medida que o tempo passa.

Quando pessoas inteligentes afirmam: "Você faz sua própria sorte", o que estão dizendo na verdade é que a sorte é menos mística do que parece. A melhor maneira de ter sorte é perseverar, porque ela se sobrepõe à longevidade. Se a sorte é por definição imprevisível, quanto mais insistirmos, maior a chance de encontrá-la. "Sorte não existe", afirmou o famoso escritor e engenheiro Robert Heinlein. "Existe apenas a preparação adequada ou inadequada para lidar com um universo estatístico." O universo é estatisticamente irregular, e a sorte raras vezes chega a tempo. A chave é ser receptivo — continuar no jogo — quando ela ocorrer.

Em 2020, três cientistas de dados europeus mostraram a importância de perseverar quantificando o papel da sorte em carreiras criativas entre 1902 e 2017.[4] A análise sugeria que o sucesso de 4 milhões de pessoas nas áreas da ciência, da indústria cinematográfica, da música e da arte podia ser atribuído a dois componentes: habilidade e sorte. Eles encontraram uma grande variação até dentro de uma mesma indústria:

> O diretor com maior [pontuação de habilidade é] Christopher Nolan, devido a inúmeros filmes de impacto como *A origem* e *Interestelar*. Pessoas com um começo de carreira brilhante que alcançaram o sucesso com um único filme ou música, e cujo sucesso não foi antecipado nem repetido ao longo de toda a carreira com nenhuma obra de grande impacto, em geral se caracterizam por [uma pontuação de habilidade] mais baixa. Um exemplo é Michael Curtiz (1886-1962), diretor do eterno clássico *Casablanca*, que possui uma [pontuação de habilidade] apenas modesta, já que não dirigiu nenhum outro filme de impacto tão excepcional quanto esse.

Um diretor como Christopher Nolan não precisa depender da sorte porque, graças a habilidade, treinamento ou oportunidade, descobriu o ingrediente secreto para o sucesso cinematográfico. Seus filmes atraem de forma consistente interesse e bilheteria (medidos para esse estudo pela quantidade de avaliações obtidas no Internet Movie Database). Curtiz — tão genial quanto — teve uma carreira mais irregular. Alguns sucessos colossais e outros filmes mais esquecíveis. A imagem de Nolan não fica muito arranhada se ignoramos seu filme mais bem-sucedido, mas o impacto de Curtiz reside em particular em seu maior sucesso. Talvez fosse demais esperar que produzisse um segundo

Casablanca, mas esse filme eclipsou todos os outros em seu catálogo de tal modo que deve até certo ponto ser tido antes como um reflexo da sorte que da previsibilidade.

Os autores consideraram gênios específicos — incluindo Stanley Kubrick, Michael Jackson e Agatha Christie — e a seguir analisaram cada uma das 28 carreiras em seu banco de dados. Eles notaram que umas dependem mais da sorte que outras. As profissões mais fortemente dependentes da sorte incluem astronomia, ciência política, escrita de livros, biologia, produção cinematográfica e física. Em algum lugar no meio disso ficam produção musical de rock, roteiros de filmes, zoologia, matemática e direção cinematográfica. E, na base disso tudo — carreiras que dependem muito pouco da sorte e quase por completo da aptidão —, há coisas como produção musical de jazz e pop, engenharia, teoria da ciência da computação, carreiras em hip-hop e música clássica.

Algumas dessas classificações fazem sentido de forma intuitiva e é possível formular uma narrativa para explicá-las. Música clássica e teoria da ciência da computação, por exemplo, dependem de habilidade, talento e treino consideráveis, de modo que uma pessoa que chega ao topo numa dessas áreas provavelmente apresenta um histórico de "sucessos" consistente. Por outro lado, astronomia e biologia dependem de grandes avanços, algo que torna o sucesso mais irregular e, portanto, mais suscetível à sorte. Porém, alguns padrões são um enigma. Autores de livros são muito mais propensos à sorte do que, digamos, roteiristas de filmes, enquanto físicos, matemáticos e engenheiros diferem bastante no espectro que vai da habilidade à sorte.

Embora a sorte seja mais importante para algumas carreiras do que para outras, a principal conclusão dos autores é que ela desempenha um imenso papel no sucesso de todas elas. Até artistas de hip-hop e músicos de orquestra, que dependem fortemente da habilidade, estão à mercê da sorte e da aleatoriedade. Uma marca dessa aleatoriedade é que "o maior sucesso de um indivíduo ocorre de modo aleatório dentro de uma carreira individual". Michael Jackson e o matemático Paul Erdős alcançaram seus maiores sucessos durante o primeiro terço de suas carreiras, enquanto Stanley Kubrick e Agatha Christie, no terço final. A casualidade do sucesso de uma carreira para outra é conhecida como a regra do impacto aleatório e constitui uma das principais razões para a importância de perseverar. Se Agatha Christie ou Stanley Kubrick tivessem se aposentado na primavera ou no verão de suas carreiras, suas maiores obras não teriam visto a luz do dia.

Christie e Kubrick são talentos raros, mas a carreira de qualquer pessoa criativa é igualmente cheia de altos e baixos. Em um estudo, os pesquisadores acompanharam a produção criativa de uma amostra de adultos europeus por um período de doze dias: eram empreendedores que dependiam das próprias ideias, a maioria trabalhando como autônomos.[5] Os pesquisadores descobriram duas coisas.

Primeiro, eles eram muito mais criativos depois de uma boa noite de sono e de refletir "de forma imparcial" sobre os obstáculos enfrentados no dia anterior. Para muitos deles, isso significava repassar esses eventos na cabeça enquanto caminhavam ou dirigiam — momentos em que estavam um pouco distraídos. A imparcialidade também era importante. Os que se entregavam a ruminações, censurando-se por eventuais reveses ocorridos no dia anterior, tinham menos probabilidade de progredir. Entre as técnicas mais úteis estava imaginar que os obstáculos afligiam alguma outra pessoa que necessitava de conselhos, permitindo aos empreendedores permanecerem distantes em termos emocionais e explicitamente "liberar a mente" para considerar o problema por várias horas conforme o dia prosseguia. Na maior parte do tempo, essa forma de reflexão leve gerou avanços de forma mais confiável do que se concentrar profundamente no problema ou ignorá-lo por completo.

Segundo, como escreveram os pesquisadores, "a maior parte da variação na criatividade dos empreendedores (77% da variação total) reside nos próprios indivíduos (ao passo que 23% da variação pode ser atribuída a diferenças de um para outro, como a criatividade característica de cada um)". Tendemos a pensar que, a longo prazo, uns são mais criativos do que outros, mas esse resultado sugere que, sob as condições certas, a maioria de nós é capaz de grande criatividade. A maior parte das pessoas recebe cinco ou seis pontos numa escala de criatividade de dez pontos, mas, no dia certo, essa pontuação pode subir por um curto período para nove (e, no dia errado, cair para dois). Outro bom argumento para a perseverança, portanto, é que nossa capacidade para sair da estagnação é flutuante. Ao longo do tempo, alguns são sem dúvida mais criativos do que outros, mas em nossos melhores momentos somos *drasticamente* mais criativos do que nos piores ou até mesmo nos medianos.

Independentemente de você vir a ser uma Agatha Christie em sua área, seu maior sucesso pessoal pode ocorrer a qualquer momento (e o mais provável é que seja após uma boa noite de sono). Talvez aconteça durante a parte inicial de sua carreira, mas há uma boa chance de só ocorrer mais tarde. A ilusão do precipício criativo mostra que perseverar *hoje* é crucial, porque suas melhores ideias talvez só venham mais tarde. A regra do impacto aleatório sugere a mesma coisa em diversas carreiras: que perseverar ao longo de semanas, meses e anos é importante porque nossos maiores triunfos talvez ocorram quando menos esperamos.

Se alguma vez você já perdeu um voo internacional por questão de cinco minutos ou um trem por dez segundos, ponha-se na pele de Josh Harris. Ele é o rei do quase, só que no seu caso isso ocorreu no sentido contrário — em vez de atrasado, ele chegou adiantado —, o que potencialmente lhe custou bilhões de dólares. Imagine que Michael Curtiz houvesse nascido cem anos antes do desenvolvimento da tecnologia cinematográfica e tivesse sido obrigado a viver com a ideia de *Casablanca* na cabeça, sem poder transformá-la em filme. Foi basicamente o que ocorreu com Josh Harris na década de 1990. Suas ideias surgiram anos antes do tempo, e ele não teve paciência suficiente para acalentá-las até se transformarem em realidade.

Harris foi um pioneiro na era de ouro da internet 1.0 — a fase inicial da rede mundial de computadores como a entendemos hoje.[6] Tudo que era feito on-line era desajeitado. As páginas horrorosas da web eram atulhadas de texto, pois os modems discados tinham dificuldade de lidar com imagens e vídeos. Quando enfim conseguíamos encontrar um site que hospedava vídeos ou música, os arquivos levavam horas ou dias para serem baixados. E quando o download por fim terminava, vinha com falhas e granulações, além de muitas vezes estar carregado de vírus e malware. Muitos entusiastas da internet toleravam esses problemas porque a mera existência da rede ainda parecia um milagre, mas havia um abismo entre o que os desenvolvedores imaginavam e o que era possível fazer na prática.

Esse foi o mundo on-line com que Josh Harris se deparou no início da década de 1990. Ele era um sujeito extremamente inovador, nos moldes de um Elon Musk ou Richard Branson. Harris fundou uma empresa de tecnologia chamada Pseudo Programs que fazia a distribuição de estações de rádio e conteúdo de TV e vídeo baseados na web. Andrew Smith, que escreveu uma biografia de Harris, chamou a Pseudo Programs de "um amálgama de MySpace, YouTube, Facebook e reality TV, só que mais sutil e sofisticado do que qualquer uma dessas coisas individualmente". Para um executivo do entretenimento, Harris era "uma das pessoas mais inteligentes que já conhecemos no setor de transmissão on-line", enquanto outro o considerava "um dos caras mais brilhantes de Silicon Alley [resposta nova-iorquina ao Vale do Silício]".

Harris também imaginou algo semelhante às redes sociais antes que os modems e as linhas telefônicas tivessem capacidade para mover bilhões de curtidas, vídeos, fotos e atualizações de um computador para outro. Sua versão se dava em escala menor: uma instalação de arte chamada *We Live in Public* [Vivemos em público], mantida em um loft de três andares na Broadway, em Nova York, onde uma centena de moradores eram filmados 24 horas por dia por 110 câmeras, que podiam ser assistidas por qualquer um dentro do loft a qualquer momento. Harris teve a visão de perceber como as pessoas podiam ser ávidas por compartilhar sua intimidade e saber sobre a vida dos demais. Segundo Andrew Smith, ele quase se tornou Mark Zuckerberg cinco anos antes do desenvolvimento do Facebook. "É irônico", declarou um empreendedor da internet, Jason Calacanis, a Smith, "porque um monte de coisas que tentamos fazer hoje Josh fez em 1996. Ele é uma das dez pessoas mais importantes da história da internet e ninguém sabe de quem se trata."

Harris acabou fracassando em inventar versões iniciais de Facebook, YouTube e Twitter por dois motivos. O primeiro é que a infraestrutura da web na década de 1990 era primitiva demais para sustentar sua visão. O público era obrigado a deixar seus programas favoritos da Pseudo baixando durante a noite. Limitados pela largura de banda, os usuários não escutavam mais do que um ou dois programas por mês. (As atuais conexões de banda larga baixam dados cerca de 40 mil vezes mais rápido do que os modems discados do fim da década de 1990. Um vídeo que leva um segundo para ser baixado hoje teria levado onze horas em 1999.)

Mas Josh Harris fracassou também por ser impaciente. Já se falava na época que a banda larga não demoraria a chegar, e a Pseudo precisava amadurecer durante mais alguns anos. Mas, em vez de aguardar, Harris gastou milhões de dólares em reformas de apartamentos extravagantes e buscou investidores com um produto que ainda não estava pronto para o horário nobre. A fim de transformar a Pseudo num Facebook, YouTube ou Twitter, ele teria de gastar cada dólar disponível "profissionalizando" a plataforma. Em vez disso, como criticaram observadores da tecnologia, ficou obcecado com projetos paralelos e distrações. Em um universo alternativo onde tivesse sido bem-sucedido, não haveria nenhuma dessas três empresas acima, apenas uma Pseudo.com ou sua sucessora, e bilhões de pessoas estariam baixando vídeos, compartilhando seus pensamentos e postando sobre a própria vida na plataforma imaginada por Harris quando Mark Zuckerberg ainda frequentava a escola primária.

A impaciência muitas vezes deriva da miopia — de concentrarmos nossa atenção de forma muito estreita. Em vez de olhar para além da Pseudo e refletir sobre como a infraestrutura da internet estava evoluindo, Harris investiu cada vez mais tempo e dinheiro em projetos laterais. Nesse ínterim, em 1996, a conexão de banda larga chegava aos Estados Unidos e ao Canadá. Entre 2000 e 2001, quando Harris dissolveu a Pseudo, as assinaturas de banda larga aumentaram 50% e continuaram a crescer a uma taxa similar durante vários anos. Em 2010, dois terços das residências americanas tinham conexão de banda larga. Na virada do século, a banda larga era drasticamente mais lenta do que a atual, mas estava anos-luz à frente da velocidade da conexão discada e não demorou a ser capaz de transferir arquivos de imagem e de vídeo maiores em questão de segundos ou minutos. Se Harris tivesse permanecido atento ao desenvolvimento da internet, poderia ter gastado seu dinheiro de outra forma, em vez de levar a Pseudo à bancarrota. A mesma lição é válida em outros contextos. Para distinguir ideias que nunca funcionarão das que apenas aguardam um momento mais oportuno, distancie-se e considere o contexto em que estão mergulhadas. Essas ideias são prejudicadas por limitações tecnológicas, clima político, costumes culturais adversos, economia desfavorável? Ou estão fadadas ao fracasso seja qual for o contexto? Ao que tudo indica, Harris nunca se perguntou coisas como essas ou no mínimo ignorou tais questionamentos como orientação para decidir como, quando e se deveria transformar a Pseudo de uma empresa de nicho numa titã.

A Pseudo decretou falência em 2002. Foi desmantelada e adquirida por apenas 2 milhões de dólares. Harris, que chegara a ser avaliado em 85 milhões de dólares, agora estava quebrado. Ele comprou uma fazenda de maçãs em Nova York e cinco anos depois se mudou para a Etiópia. Conheci Harris em 2009, no lançamento de um filme sobre suas aventuras na década de 1990 chamado *We Live in Public*, no Greenwich Village. Ele falou de forma breve e relutante ao final da projeção, com a mesma impaciência que o prejudicara uma década antes. Ser paciente faz toda a diferença quando a falta de senso de oportunidade conspira contra nós — e a paciência muitas vezes entra em ação para resgatar ideias surgidas cedo demais. Foi assim com o a-ha, que precisou de uma década e várias versões para fazer de "Take On Me" um megassucesso. Também é válido para pessoas criativas de todos os lugares, que, segundo a ilusão do precipício criativo de Lucas e Nordgren, acreditam que, se suas melhores ideias não vierem cedo, nunca virão. E é verdade para quem chegou depois a indústrias em alta — empresas como Instagram, Amazon e Google, que se apoiaram nos alicerces lançados por pioneiros para dominar seus respectivos mercados. Paciência e persistência são o remédio para o timing ruim e permitem que ideias ainda verdes amadureçam.

Em algumas situações, sair da estagnação significa se mover de maneira incansável adiante, mas em outras o movimento constante não basta. Para a pessoa se libertar às vezes é preciso identificar e superar as armadilhas e iscas que resistem à força bruta. Com frequência são as armadilhas mais sutis que nos aprisionam de forma mais obstinada.

3. Armadilhas e iscas

Há centenas de variedades de armadilhas, mas as mais efetivas têm uma característica comum: nos convencem de que não são nada enganadoras. Elas nos levam a crer que algo "não é um problema" até ficarmos presos. Nós as encontramos, entre outros contextos, quando tentamos nos destacar. Se queremos ser criativos, por exemplo, não podemos apenas reproduzir o que os outros estão fazendo. A criatividade, por definição, exige se afastar dos demais. Mas muitas vezes a pessoa que acredita se separar da manada está na verdade seguindo as convenções muito mais do que admite. Esses equívocos recaem na categoria de comportamento de manada involuntário: a tentativa de se comportar de forma diferente da maioria.

Considere nomes de filhos. Pouco antes de eu nascer, em 1980, meus pais sondaram a paisagem cultural à procura de nomes de menino. Consultaram jornais e revistas e escutaram as sugestões de familiares e amigos. Sua curta lista incluía nomes como Greg, Ryan e David e, depois de enxugá-la ainda mais, optaram por Adam. Até onde sabiam, Adam não era um nome comum. Conheciam apenas um outro Adam, gostavam da música de Adam Ant e obviamente conheciam a história de Adão e Eva, mas, de resto, nunca tinham escutado esse nome sendo usado por aí. Isso era um ponto a favor. Psicologicamente, o nome tinha uma qualidade distintiva ideal, ou era diferente apenas o bastante para ser interessante, mas não tão diferente a ponto de incomodar os ouvidos. Não era incomum o bastante para as pessoas terem dificuldade de soletrar e pronunciar e também não era tão popular que fizesse com que eu me perdesse em um mar de Adams.

Mas no fim foi exatamente isso que aconteceu.[1] Quando terminei o ensino médio, três dos 25 alunos da minha sala se chamavam Adam. Mais tarde, dividi um cubículo num escritório de advocacia com outros dois alunos de direito chamados Adam. O nome foi raríssimo nos Estados Unidos, no Canadá, na Austrália, na Nova Zelândia e na África do Sul até a década de 1960, depois deu um salto em popularidade entre 1980 e 1985. No início da década de 1980, 27 bebês recebiam o nome Adam para cada um que tinha esse nome no início da década de 1960. Era uma legião de Adams, e meus pais ficaram confusos. Onde haviam errado ao tentar se distanciar da manada?

Para começar, meus pais não sabiam de nenhum Adam entre seus amigos e conhecidos, que tinham em geral nascido durante as décadas de 1940 e 1950. Os poucos Adams vivos no final da década de 1970 eram bebês, crianças pequenas e alunos de pré-escola. Caso meus pais tivessem obtido uma amostragem em maternidades e creches, talvez encontrassem um punhado de Adams vanguardistas. Mas a força mais insidiosa em ação era uma mudança nas normas e preferências culturais, que eles não notaram. As águas culturais onde nadavam no início da década de 1980 estavam sendo aos poucos "adamizadas". Um nome de sonoridade similar, como Alan, viveu o auge da popularidade entre as décadas de 1940 e 1960, de modo que milhares de Alans entre vinte e quarenta anos agora perambulavam pelo planeta. Eles conheciam alguns desses Alans, incluindo dois amigos muito próximos. Nomes parecidos — como Alan e Adam — são importantes porque moderam a estranheza de um nome incomum sem comprometer seu ineditismo. Em um estudo que embasa essa ideia, nomes iniciados por K se revelaram 9% mais populares após a devastação causada pelo furacão Katrina em New Orleans. Outro estudo mostra que pares de nomes com som similar, como Aidan e Jayden ou Mia e Rhea, tendem a ganhar ou perder popularidade de forma simultânea. Meus pais haviam se decidido pelo mesmo nome que milhares de outros pais porque todos procuravam algo que parecesse ser tão familiar quanto especial. Em 1980, Adam era um desses nomes.

Na arte há uma diferença imensa entre acertar e errar por pouco esse cobiçado ponto familiar, mas especial. Durante o século XX, um grupo de artistas abstratos conhecidos como pintores de *color field* foram pioneiros da assim chamada arte monocromática.² Suas telas eram cobertas por uma única cor e recebiam títulos como *Branco sobre branco*, *Azul Klein internacional 191* ou *Quadrado negro*. Nelas, as características valorizadas na maioria das obras de arte estão ausentes. Não constituem nenhuma demonstração incrível de destreza técnica; não são belas no sentido convencional; e, quando as vemos pela primeira vez, não parecem inovadoras de um modo ousado. Mas duas coisas de fato contavam a seu favor: eram diferentes de outras formas de arte e foram as primeiras a serem diferentes nesse aspecto específico. Arte diz respeito em grande parte a ideias, por isso aficionados que gastam milhões com uma tela genuína jamais desembolsariam um centavo pela cópia mais perfeita. Estão pagando pela obra em si, mas também por sua proveniência — de onde veio, como foi criada, que história conta, qual seu significado cultural. Quando Yves Klein, pioneiro do movimento *color field*, produziu uma série de telas azuis idênticas na década de 1950, fez algo que nenhum outro artista tinha feito. Deu um preço diferente a cada uma e argumentou que cada pessoa — e comprador — teria uma experiência diferente ao olhar a mesma obra. Suas exposições foram um sucesso de crítica e vendas, e em 1992 ele vendeu uma de suas telas azuis por 10 milhões de libras.

Hoje não podemos imitar Klein e vender uma tela toda azul por milhões de libras. Ele acertou onde meus pais erraram por pouco ao escolher meu nome: sua ideia era inédita e seguia ideias parecidas, mas não idênticas, que lhe emprestavam o grau exato de familiaridade. Alguém consegue imaginar um artista italiano presenteando os Médici com uma tela azul no século XVI? A audaciosa abordagem de Klein se baseava nas fundações lançadas por impressionistas e expressionistas meio século antes. Esses artistas haviam se afastado do realismo o suficiente para serem controversos, mas assim que os críticos de arte aceitaram sua anticonvencionalidade, uma nova série de obras forçou os limites ainda mais. O *impasto* de ninfeias de Monet causou escândalo, mas comparado às telas azuis de Klein, era conformista. Klein triunfou porque Monet aos poucos deslocara o mundo da arte do realismo para o conceitualismo.

É surpreendentemente difícil fazer o que Klein conseguiu. Na maioria das vezes, as pessoas superestimam a novidade de suas ideias. Uma conta no Instagram chamada @insta_repeat vasculha a rede social em busca de imagens repetidas.³ "Pés em uma canoa" mostra doze imagens idênticas tiradas de doze contas diferentes com os pés da pessoa deitada em uma canoa. Essas imagens foram feitas e postadas como únicas, mas há tantas delas quanto havia Adams no início da década de 1980. Outros exemplos são "Passarinho pousado em uma mão estendida" e "Barraca solitária ao centro, iluminada e capturada em uma longa exposição diante da Via Láctea". Em todos esses casos, dezenas de fotos idênticas sugerem que seu tema é muito mais convencional do que seus criadores pretendiam.

A criatividade quase sempre é elusiva porque todos somos suscetíveis às mesmas forças culturais e biológicas. Compartilhamos ideias sobre o que torna algo belo, valioso ou desejável, e é difícil escapar das restrições impostas por elas. Para entender como isso acontece, consideremos a biologia animal. A despeito da diversidade da vida na Terra, a verdadeira originalidade é rara. Em um processo conhecido como evolução convergente, duas espécies sem ancestrais comuns recentes às vezes evoluem de forma similar. Isso é incrivelmente comum. Por exemplo, cinco espécies de crustáceos completamente distintas evoluíram para ficar parecidas com caranguejos — processo conhecido como carcinização. Coalas, marsupiais que divergiram de mamíferos em termos evolutivos há quase 100 milhões de anos, desenvolveram impressões digitais como os humanos e outros primatas. Aves, morcegos e borboletas evoluíram para ter asas e mecanismos de voo semelhantes. Os mesmos padrões de imitação são válidos para lêmures e esquilos voadores, assim como equidnas e porcos-espinhos. Certos pares de espécies são tão similares que elas ficaram conhecidas como crípticas — espécies que só podem ser diferenciadas pela análise genética.

Como duas espécies sem relação entre si, separadas por dezenas de milhares de quilômetros, podem ter asas, olhos ou o formato corporal quase idênticos? A resposta é que, a despeito da distância, elas quase sempre vivem em biomas paralelos que favorecem características similares nas criaturas que os habitam. Muitos crustáceos acabam imitando caranguejos porque a temperatura, a gravidade e as condições da água que os cercam favorecem animais com essa morfologia — carapaça dura, sistema vascular e nervoso similar e corpo largo e achatado. A evolução dessas espécies convergentes se assemelha à das ideias (o termo "meme" originalmente descrevia ideias que se desenvolviam e mudavam por evolução). Às vezes, é possível transcender o meio cultural onde nossas ideias estão imersas, mas na maior parte do tempo as pressões que exaurem a originalidade são tão convincentes quanto as que unem duas espécies animais não relacionadas.

Essas armadilhas da originalidade atormentam até especialistas pagos para serem tão diferentes quanto possível. Criadores de cartazes de cinema têm alta demanda porque o pôster costuma ser o primeiro material publicitário a chegar ao público potencial. Sua produção pode ser vista pela cidade em imensos cartazes e na entrada de cinemas, bem como em plataformas como Facebook e YouTube. Não temos como escapar. Também nesse caso podemos imaginar um ponto ideal entre chocar e ser derivativo. Um cartaz ou pôster de cinema distinto de modo ideal deve recorrer aos elementos de seu gênero sem ser confundível. No entanto, um blogueiro e cinéfilo francês chamado Christophe Courtois fez com cartazes o mesmo que o @insta_repeat fez com fotos de Instagram.[4] Ele notou padrões como "homem solitário visto de costas", "personagens de costas um para o outro, vistos de lado" e "grande olho". Em todos, ele encontrou dezenas de exemplos quase idênticos.

Parte da mesmice é intencional. Talvez seja importante mostrar que nos identificamos com determinado gênero, e se nosso tipo de filme exibe grandes olhos em um cartaz, é provável que faça sentido falar a mesma linguagem visual. Às vezes também a estratégia de marketing de um filme de sucesso é copiada, incluindo suas imagens, mas mesmo assim parte dessa imitação pode ser involuntária. Alguns filmes lembrados por Courtois são de décadas atrás; outros que se valem de um mesmo tropo são de gêneros completamente diferentes. Esses pôsteres se situam perto demais do extremo da falta de originalidade em nosso espectro para serem considerados idealmente distintos.

Independentemente de alguém ser pintor, cineasta, futuro pai — qualquer um que associe sucesso com distinção ideal —, é muito fácil se prender à manada. Peça a algumas pessoas para escolherem um número aleatório de um a dez, e cerca de um terço optará pelo número sete. Peça-lhes para falar o primeiro legume que vem à mente, e a vasta maioria lembrará da cenoura. Para ser idealmente distinto, é preciso esforço e habilidade, pois nossa tendência a escolher o caminho com menor resistência foi determinada pelas mesmas forças que moldam as decisões e preferências de outras pessoas que partilham de nosso contexto cultural.

A distinção ideal constitui a armadilha perfeita porque é difícil percebermos que já fomos capturados. Sem topar com uma de suas postagens na conta @insta_repeat, a pessoa nunca ficaria sabendo de sua falta de originalidade. No caso dos meus pais, eles só descobriram que meu nome era mais popular do que haviam imaginado muitos anos depois, quando minha pré-escola estava cheia de Adams. A distinção ideal é o estudo de caso perfeito sobre "isso não é um problema" porque é difícil detectar seu erro.

Como a armadilha da distinção ideal é difícil de perceber, devemos presumir que estamos a um passo de morder a isca (se é que já não fomos capturados). As soluções para a armadilha estão na ideia de que precisamos ir mais devagar e dedicar um pouco mais de tempo a tomar nossa decisão. Se queremos encontrar um nome, um cartaz de cinema ou qualquer outra produção criativa idealmente distinta, devemos passar mais tempo questionando nossas ideias. Se pensamos em algo de pronto, é provável que outras pessoas em sua cultura o tenham feito com igual rapidez. Uma regra prática é questionar qualquer decisão três vezes ou executar três sessões separadas de brainstorming. Descarte as ideias que surgirem nas duas primeiras — mas reconhecendo que pavimentarão o caminho para as ideias interessantes e incomuns que provavelmente virão à tona na terceira sessão. Se você se apegar a uma que surgiu no início, precisará gastar mais tempo e energia para assegurar que realmente será inédita. Pais poderiam passar mais tempo pesquisando as recentes mudanças de popularidade dos nomes, porque isso costuma deixar alguns sinais. Adam, por exemplo, começou a se tornar mais popular no fim da década de 1970, antes de seu crescimento explosivo no início da década seguinte. No caso de uma obra artística ou, digamos, um cartaz de cinema, seria preciso devotar mais tempo à fase de brainstorming e se debruçar ainda mais sobre uma investigação do universo de pôsteres do gênero escolhido para assegurar que não estamos perseguindo um clichê, como os apontados por Courtois.

A criatividade genuína nos escapa porque na maioria das vezes falhamos em reconhecer que nossas ideias são compartilhadas por outras pessoas. Outras armadilhas se revelam mais cedo, mas fazem o possível para nos persuadir de que não vale a pena nos preocuparmos com elas. São as que nos dizem "mesmo que seja um problema, é minúsculo", e algumas são tão diabólicas quanto suas primas do "isso não é um problema".

* * *

O modo mais fácil de compreender o caráter insidioso das pequenas armadilhas é pensar no que acontece quando há uma falha de comunicação entre duas pessoas. A má comunicação se manifesta de duas formas. A primeira é perceber que a mensagem não está sendo passada. Se um fala apenas inglês e está tentando explicar uma ideia a outro que só fala espanhol, o problema logo fica perceptível. As opções nesse caso são claras. A pessoa pode tentar se comunicar usando gestos ou imagens, recorrer a um tradutor ou admitir que nunca conseguirá se comunicar. Trata-se de uma falha de comunicação profunda, em que a extensão do problema é inequívoca.

A segunda forma surge quando não percebemos a falha de comunicação — achamos que a mensagem foi transmitida com perfeição, e os interlocutores prosseguem na crença equivocada de estar em sintonia. Embora nesse caso estejamos *mais perto* de uma comunicação perfeita do que quando falamos idiomas completamente diferentes, essa é a falha de comunicação mais perigosa. Ambas as partes seguem em frente, acreditando concordar, quando na verdade passam a habitar universos mentais totalmente diferentes. Isso é conhecido como a armadilha da pseudointeligibilidade e é tão comum quanto perigosa.[5]

Eis como o problema atormenta o sistema legal, por exemplo. Se alguém não compreende o que está acontecendo em um tribunal, é usual designar um tradutor à pessoa. Quando era aluno de direito na Austrália, observei diversos processos criminais. Alguns réus declaravam de imediato sua dificuldade em compreender ou falar inglês, e o juiz chamava um tradutor antes do início do julgamento. Esse é um exemplo do primeiro tipo de falha de comunicação: o abismo entre as partes é profundo, e o problema fica evidente. O juiz não pode dar continuidade sem encontrar uma solução imediata.

Mas o que acontece quando a falha de comunicação é mais difícil de ser detectada? Apesar de o inglês ser considerado um idioma, varia em 160 dialetos mundiais. Há o cockney entre a classe trabalhadora londrina, o manx na Ilha de Man, o hiberno-inglês na Irlanda, o scouse em Liverpool, o mancunian em Manchester — e isso para citar apenas cinco dos mais de sessenta dialetos falados nas Ilhas Britânicas. Algumas diferenças entre eles são óbvias, mas outras são sutis. A mesma palavra pode ter diferentes significados, ou então uma conotação um pouco distinta.

Muitos indígenas australianos falam um dialeto conhecido como inglês aborígene australiano. É enganadoramente similar ao inglês euro-australiano, mas com diferenças importantes. A palavra *fire* (fogo), por exemplo, tem apenas um significado no inglês euro-australiano, mas no inglês aborígene se refere a chama, fósforos, lenha e até aquecedor elétrico. Um juiz que não reconheça tais nuances poderia considerar um réu indígena na Austrália culpado de ter causado um incêndio por ele afirmar "pus fogo na casa", sendo que na verdade quis dizer que ligou um aquecedor elétrico. Em outras situações, trata-se de um simples mal-entendido. Pequenos lapsos de comunicação constituem armadilhas perigosas porque deixam de acionar nossos alarmes psicológicos que previnem contra erros de comunicação — e contra a estagnação. Sem eles, continuamos a afundar cada vez mais na incompreensão.

O mesmo princípio se aplica a outras armadilhas do tipo "mesmo que seja um problema, é minúsculo". Matthew Fray, um coach de relacionamento,[6] afirma: "A existência de amor, confiança, respeito e segurança em um relacionamento depende muitas vezes de momentos que poderíamos minimizar como desentendimentos insignificantes". Esses conflitos, como qual dos dois vai lavar a louça, podem no fim não ter nada de insignificantes, um fato apoiado pela sugestão de Fray de que muitos casamentos, inclusive o dele, terminaram porque havia pequenos desentendimentos não resolvidos. "As coisas que destroem o amor e o casamento muitas vezes se disfarçam como desimportantes", disse Fray. "Muitas coisas perigosas não parecem nem dão a sensação de serem perigosas no momento em que estão acontecendo. São diferentes de bombas ou tiros. Estão mais para alfinetadas. Cortes de papel. E é aí que reside o perigo. Quando não reconhecemos algo como ameaçador, baixamos a guarda. Esses ferimentos minúsculos começam a sangrar, e a hemorragia é tão gradual que a maioria não reconhece a ameaça até que seja tarde demais para detê-la."

Fray e sua esposa viviam brigando porque ele costumava deixar uma caneca na pia. Ele preferia não lavá-la porque voltaria a usar depois; ela achava esse hábito irritante. Toda vez que via a caneca ali, a um palmo do lava-louça, "ela ficava mais perto de sair de casa e se separar". O erro de Fray foi não perceber que caíra numa armadilha. Ao se recusar a pôr a caneca para lavar, mesmo que por um "bom" motivo, ele demonstrava para a esposa que se importava mais com sua preferência trivial do que com o que ela pensava. "Era uma questão de consideração", explicou ele. "Tinha a ver com a sensação sempre presente de que ela se casara com alguém que não a respeitava, não lhe dava valor. E se eu não a respeitava nem a valorizava, consequentemente não a amava de forma confiável. Ela não podia contar com o adulto que prometera amá-la para sempre, porque toda essa história da caneca na pia podia ser tudo, menos amor." A armadilha para Fray foi deixar de perceber que essa picuinha simbolizava falta de confiança, amor e respeito. Em retrospecto, ele teria agido diferente, abrindo mão de seu hábito em nome da necessidade muito mais profunda de demonstrar consideração e apreço pela esposa. "Hoje compreendo que toda vez que deixava a caneca ali, ela ficava magoada, porque para ela era como se eu dissesse: 'Olha, não te respeito nem dou valor a seus pensamentos ou suas opiniões. Dou menos importância a você do que aos quatro segundos que perderia para colocar a caneca na máquina'." Para salvar seu casamento, acreditava Fray, ele deveria ter percebido que essa armadilha ridícula ocultava um abismo que destruiria toda a relação.

O homem mais alto de todos os tempos foi vítima trágica de uma armadilha ínfima como essa. Quando Robert Wadlow nasceu, em 1918, nada indicava que seria particularmente alto. Seus pais, Addie e Harold, eram de estatura mediana, e Wadlow tinha altura e peso normais. Mas não muito tempo depois, sua glândula pituitária passou a produzir o hormônio do crescimento em excesso e ele começou a espichar. Com um ano, tinha a altura média de uma criança de cinco anos e, aos oito, era mais alto do que seu pai. Aos dezesseis anos estava com quase 2,5 metros de altura — algo registrado por apenas mais vinte seres humanos na história — e, no auge, aos 22 anos, beirava os 2,75 metros. Certa vez, em uma viagem à Califórnia, Robert observou as sequoias gigantes e comentou: "Pai, é a primeira vez na vida que me sinto pequeno; estou adorando".

Em 4 de julho de 1940, Wadlow era a atração principal de um desfile em Michigan e caminhava devagar entre a multidão com a ajuda de órteses. Um dos aparelhos estava com defeito, e uma bolha se formou em seu tornozelo direito. Se fosse uma fratura na perna ou uma pneumonia, os médicos teriam tomado alguma providência imediata, mas a pequena bolha passou despercebida por todos. Era incômoda e um pouco dolorosa, mas os alarmes psicológicos de Wadlow não foram acionados: um exemplo perfeito de armadilha do tipo "mesmo que seja um problema, é minúsculo". Com o passar dos dias, a bolha infeccionou. Wadlow teve febre e foi internado às pressas, com seus pais aflitos a seu lado. Apenas onze dias após o desfile, morreu de choque séptico.

Uma bolha dificilmente é fatal, então não há razão para nossos alarmes dispararem quando vemos o pequeno ferimento.[7] Dispomos de mecanismos de defesa limitados, assim somos obrigados a conservá-los para quando forem essenciais. Faz sentido — na maior parte do tempo. Mas, por vezes, grandes problemas se disfarçam como simples irritações. O que os torna tão perigosos, e o motivo para com tanta frequência nos deixarem sem ação, é que permitimos que infeccionem. Vão piorando, em geral devagar, mas às vezes rápido, enquanto acreditamos reservar nossos mecanismos de defesa para problemas maiores que poderão ou não surgir. A morte de Wadlow decerto poderia ter sido evitada. Se a bolha tivesse recebido cuidados médicos logo, havia ótimas chances de ter escapado da infecção e da sepse.

Outra forma de pensar sobre essas armadilhas que escapam de nosso radar é considerar de que forma decidimos ir, a pé ou de carro, a algum lugar. Se queremos pegar nossa correspondência na caixa do correio, caminhamos; se vamos a um supermercado que fica a oito quilômetros de casa, pegamos o carro; mas se nosso destino está em algum ponto entre uma coisa e outra podemos ficar na dúvida. Digamos que esse número no seu caso seja um quilômetro. Se a distância a ser percorrida é superior a isso, você pega o carro; se for menos, vai a pé. Essas caminhadas curtas de menos de um quilômetro lhe permitem esticar as pernas, mas representam um consumo de seu tempo, pois deixam de acionar o alarme de "preciso pegar o carro", do mesmo modo que a bolha de Wadlow não suscitou cuidados médicos imediatos. De forma paradoxal, o que acontece é que um trajeto de, digamos, três quartos de quilômetro acaba tomando muito mais tempo do que um percurso de três quilômetros, porque ao caminhar avançamos muito mais devagar do que ao dirigir. O trajeto mais curto parece inócuo, assim como as pequenas armadilhas, e tanto uma coisa como outra acabam causando um impacto maior em nossos mecanismos de defesa.

A melhor maneira de evitar a armadilha dos pequenos problemas é aprender a separar os pequenos problemas atuais que continuarão a ser pequenos dos que são o prenúncio de calamidades. Toda vez que uma pequena preocupação surge, precisamos nos precaver contra ficar empacados ao não presumir que permanecerá assim para sempre. A solução é adotar uma técnica de engenharia conhecida como manutenção preventiva.[8] Ela foi projetada exatamente para problemas representados por trajetos curtos e bolhas que se tornam infecções generalizadas. Quem sempre viaja de avião sabe que não é incomum enfrentar atrasos por causa de problemas mecânicos. Às vezes são curtos, mas em algumas ocasiões o voo é cancelado. Aviões possuem milhares de componentes, das fuselagens metálicas colossais aos parafusos mais microscópicos. A aviação comercial opera praticamente dia e noite, fazendo da manutenção algo crítico e de difícil planejamento. Como prevenir desastres aéreos e assegurar as condições de voo? A resposta é a manutenção preventiva.

As aeronaves comerciais passam por vários níveis de manutenção a diferentes intervalos. De dois em dois dias, são retidas apenas o suficiente para uma série de checagens de rotina — verificação visual e do nível de fluidos, da pressão dos pneus, dos sistemas básicos. Essas checagens periódicas revelam anomalias que requisitam atenção imediata, como vazamentos, peças faltando ou danificadas e problemas elétricos. Além dessas verificações regulares, os engenheiros seguem o assim chamado sistema de checagem ABC. Os níveis A e B são relativamente rápidos de resolver, enquanto os níveis C e D são considerados de manutenção pesada. A checagem A acontece a cada duzentas ou trezentas horas de voo (mais ou menos de dez em dez dias) e exige cerca de cinquenta horas de mão de obra (por exemplo, dez técnicos trabalhando cinco horas cada). A checagem B ocorre a cada seis ou oito meses e exige cerca de 150 horas de mão de obra. O avião é retirado de serviço por algo entre um e três dias para a checagem B, enquanto na A utiliza apenas algumas horas. A checagem C ocorre a cada dois ou três anos, e a D — a mais exaustiva de todas — a cada seis ou dez anos e deixa o avião parado no hangar por cerca de dois meses.

O sistema de verificação ABC foi projetado para equilibrar dois objetivos opostos: voar com segurança e voar com regularidade. Um avião com problemas menores às vezes é deixado numa lista de observação e monitorado, em vez de ser retido de imediato para consertos. O procedimento mais seguro seria inspecionar todas as aeronaves de forma minuciosa ao final de cada voo, mas isso significaria suspendê-las de serviço durante vários meses do ano. O procedimento mais lucrativo para as companhias aéreas e os pilotos seria uma inspeção mais superficial e bem menos frequente, mas isso comprometeria a segurança. Os grandes aviões comerciais, em particular, são incrivelmente seguros, e o sistema ABC costuma assegurar não só que continuem assim, como também que continuem no ar.

Quando a bolha de Wadlow começou a inflamar, ele praticamente a ignorou, e mesmo piorando seguiu participando de desfiles. Os médicos consideraram que o problema não era grave. Na véspera de sua morte, a maior preocupação dele era não perder as bodas de ouro de seus avós, que ocorreriam dali a duas semanas. O que ele precisava era de um sistema de manutenção preventiva, como a checagem ABC. Um sintoma decorrente de sua altura era a dormência crônica em pernas e mãos, que viviam sofrendo hematomas e arranhões. A maioria das feridas cicatrizava sem necessidade de tratamento, assim poderiam ter sido colocadas numa lista de observação e descartadas tão logo melhorassem. Mas alguns problemas, como a bolha fatal, tornaram-se mais do que um pequeno aborrecimento, e numa checagem regular A e B talvez houvessem chamado a atenção. Hoje, a Associação Médica Americana recomenda que adultos acima dos cinquenta anos realizem exames físicos todos os anos, algo similar à checagem C exigida pela Administração Federal de Aviação. Com menor frequência, há recomendações de mamografia de rotina, aproximadamente a cada dois anos, e de colonoscopias, a cada cinco a dez anos, equivalendo à verificação D.

O mesmo princípio de manutenção preventiva pode ser aplicado a qualquer potencial armadilha do tipo "mesmo que seja um problema, é minúsculo". Se ele for mesmo minúsculo, vai se resolver sozinho ou exigir uma intervenção mínima. Podemos deixar esses problemas na lista de observação. Mas se ele se revelar uma armadilha, uma série de checagens regulares menores e de grandes checagens a longo prazo deverão detectar essas catástrofes disfarçadas de irritações insignificantes. Tal abordagem pode ser aplicada, por exemplo, a finanças pessoais, relacionamentos, vida profissional — qualquer área em que sejamos capazes de identificar pequenos obstáculos antes de se tornarem estorvos enormes. Em cada um desses casos, o processo começa com a criação de uma lista de verificação, da mesma forma que engenheiros checam um avião e médicos examinam o corpo humano. Se a sua preocupação forem pontos de estagnação financeiros, crie uma lista preventiva mensal e outra anual, mais detalhada. Com a ajuda de um aplicativo de orçamento doméstico, verifique seus extratos bancários e gastos gerais por categoria uma vez por mês. Depois, uma vez por ano, examine com mais profundidade a situação de seus investimentos para aposentadoria e quaisquer outros ativos e passivos que possa ter. O objetivo das verificações menores e das maiores é prever pontos de estagnação antes que ocorram — perceber em que momento começamos a flertar com os limites de crédito do cheque especial ou considerar se nosso portfólio de investimentos não está crescendo rápido o suficiente para sustentar nosso estilo de vida na aposentadoria. Estaremos mais preparados para evitar esses pontos se os identificarmos meses ou anos antes, e não dias.

As verificações ABC, sejam físicas, financeiras ou de qualquer área, destinam-se a separar as grandes questões das menores, mas às vezes precisamos saber mais do que apenas o tamanho do problema. Isso ocorre quando encontramos um terceiro tipo de armadilha que nos diz "mesmo que não seja um problema minúsculo, está longe" — isto é, embora seja uma questão grande, ainda parece remota demais para justificar nossa preocupação.

No final dos anos 1950, o cientista da computação Bob Bemer entrou para a IBM. Bemer, um mago da programação, inventou as teclas de *escape* e *backlash* (ESC e barra invertida), que acabariam por se tornar componentes fundamentais de qualquer teclado de computador. Entre uma de suas primeiras tarefas na IBM, ele ajudou a Igreja mórmon a catalogar sua vasta coleção de registros genealógicos. O custo dos dados era alto, e os cartões perfurados de computador costumavam ter um limite de oitenta caracteres, assim os programadores eliminavam todo excesso imaginável de cada sequência de código. Em vez de registrar um ano como 1923, digamos, passaram a usar apenas 23. Bemer havia inserido datas que cobriam dois séculos, assim logo percebeu que a redução para dois caracteres introduzia uma ambiguidade. Como um computador distinguiria entre um membro da Igreja nascido em 1840 e outro nascido em 1940 se ambos terminavam com os mesmos algarismos? Essa ambiguidade em particular não tinha grandes consequências e pôde ser corrigida com facilidade, mas Bemer projetou o problema para dali a quarenta anos, na virada do milênio. Quando o calendário chegasse a 2000, os dígitos 00 de repente significariam tanto 1900 como 2000 (e talvez também outros anos terminados em 00). Ele calculou que os principais sistemas de computação mundiais entrariam em pane. Bemer comunicou suas preocupações a outros programadores e acabou publicando uma série de artigos sobre o problema que ficaria conhecido décadas mais tarde como o bug do milênio (ou falha Y2K, de "*year 2000*").[9]

À medida que o relógio avançava de 1999 para 2000, teria sido justo concluir que os temores com o bug do milênio foram exagerados. Aviões não despencaram do céu e redes elétricas não entraram espontaneamente em combustão. Mas isso se deveu em grande parte ao fato de Bemer ter sido um profeta eficaz de sua causa. No fim de dezembro de 2019, especialistas entrevistados por vários jornais e revistas confirmaram que o bug podia ter causado um dano imenso. Na revista *Time*, por exemplo, Francine Uenuma publicou um artigo intitulado "Twenty Years Later the Y2K Bug Seems like a Joke — Because Those behind the Scenes Took It Seriously" [Vinte anos depois o bug do milênio parece piada — porque pessoas nos bastidores o levaram a sério]. Entrevistando especialistas, Uenuma mostrou que os problemas isolados que acabaram surgindo em 1º de janeiro de 2000 poderiam ter sido 1 bilhão de vezes piores se engenheiros por todo o mundo não tivessem agido. "Os incontáveis programadores que devotaram meses e anos para implementar correções mal receberam reconhecimento", escreveu ela. "Foi um esforço tedioso e sem glamour, dificilmente material para narrativas heroicas — muito menos evocativo de agradecimentos profusos do público, ainda que algumas das correções implementadas em 1999 continuem a manter os sistemas informatizados mundiais operando sem problemas." Um analista de tecnologia e professor na Universidade Stanford, Paul Saffo, afirmou à jornalista: "A crise do bug do milênio não aconteceu precisamente porque as pessoas começaram a se preparar com uma década de antecedência. E o público geral que estava ocupado estocando suprimentos e outras coisas simplesmente não tinha noção de que os programadores estavam pondo a mão na massa". O bug do milênio não virou uma notícia sensacional porque Bemer soara o alarme quatro décadas antes.

Tente projetar sua mente quarenta anos no futuro. É difícil imaginar como o mundo estará — o que terá mudado ou não, que tipo de pessoa seremos e até que ponto continuaremos parecidos com quem somos hoje. Para um programador, é complicado se preocupar com um problema que só poderá surgir — se até lá não for remediado — em quarenta anos. Era isso que Bemer enfrentava. Ele implorou aos colegas para prestar atenção na questão e considerar soluções para algo que demoraria ainda quatro décadas. Mas é aí que entra a armadilha do "mesmo que não seja um problema minúsculo, está longe". Esses programadores estavam tão ocupados com as demandas do dia a dia que não podiam nem pensar em devotar tempo e energia a um problema remoto com um nome esquisito.

O que acabou acontecendo, como costuma ser o caso com problemas distantes, foi uma corrida frenética para solucionar o bug do milênio pouco antes de 2000. O mundo empurrara a questão com a barriga durante várias décadas e ele não desaparecera. Na verdade, a falha ficara maior e mais evasiva. Décadas após a advertência de Bemer, os programadores continuavam a registrar os anos com dois dígitos. O que era um problema modesto que exigiria rever determinados processos nos anos 1950, tornou-se um drama colossal que custou centenas de milhões de dólares para ser resolvido no fim dos anos 1990. Os computadores eram comuns e estavam por toda parte em 1999, enquanto nos anos 1950 a maioria das pessoas nunca vira nem usara um. Muitos países, como a Itália e a Coreia do Sul, decidiram que os custos eram elevados demais, e desse modo resolveram apenas ignorar a questão. Outros, como os Estados Unidos, gastaram vastas somas para reprogramar e atualizar os sistemas afetados. O mundo inteiro ficou empacado, porque as pessoas haviam resolvido deixar o problema para lá quando ainda era administrável. Os governos foram forçados a estourar seu teto de gastos ou torcer para que a questão tivesse sido exagerada.

Bemer foi um oráculo que reconheceu o valor de sofrer pequenos prejuízos no presente para evitar imensas perdas no futuro. Há um Bemer na cabeça de cada um, mas na maior parte do tempo ignoramos sua voz, como os programadores de computador pareceram fazer entre as décadas de 1960 e 1980. A maioria dos humanos opta por não fazer nada hoje mesmo que tenha de trabalhar dobrado amanhã. Essa constatação está bem documentada e se aplica a pessoas de todo o planeta. Algumas se recusam a dar ouvidos ao mantra do "mesmo que não seja um problema minúsculo, está longe", mas a vasta maioria, na maior parte do tempo, sofre de miopia. Segundo um estudo, precisamos ser compensados em média com uma taxa de juros de 28% se tivermos de aguardar um ano para receber dinheiro. Em outras palavras, preferiríamos mil dólares hoje a qualquer quantia inferior a 1280 dólares daqui a um ano. No mundo real, taxas de juros anuais de 28% são impossíveis de encontrar, assim milhões se agarram ao que têm e se recusam a abrir mão de algo hoje mesmo diante da perspectiva de ter mais amanhã.

Existe um modo de "bemerizar" as pessoas — ou seja, deixá-las propensas a considerar tanto o longo prazo como o aqui e agora. Há cerca de dez anos, testei uma espécie de intervenção de bemerização que pareceu ajudar as pessoas a focar o longo prazo.[10] Nossos problemas em economizar começam cedo. Muitas decisões importantes de poupar para a aposentadoria são tomadas na casa dos vinte anos, quando ingressamos no mercado de trabalho. Isso é problemático por criar a expectativa de que jovens nessa idade se privem em nome de seus futuros eus aos setenta anos. Fica difícil imaginar alguém sendo generoso com seu futuro eu se não há uma conexão emocional com essa pessoa, de forma que uma solução é diminuir o abismo entre esses dois eus.

Para bemerizar um grupo de jovens na casa dos vinte anos, requisitei os serviços de um hipnotizador profissional, que os convenceu de que haviam acabado de se aposentar. O hipnotizador os induziu a acreditar que eram quarenta ou cinquenta anos mais velhos e lhes pediu para pensar em como gostariam de passar seu primeiro dia de aposentadoria. A seguir os instruiu a imaginar que não haviam economizado dinheiro suficiente em seus anos de trabalho, mas gastado quase tudo que ganharam no minuto em que entrava na conta bancária. Como podemos prever, eles ficaram arrasados. Haviam sonhado em viajar pelo mundo, jogar golfe e viver uma aposentadoria confortável, e de uma hora para outra viam seus sonhos serem frustrados pela realidade da insegurança financeira. Então o hipnotizador acordou um por um e lhes pediu para refletir sobre suas metas de economizar dinheiro. A experiência pareceu transformá-los. Alguns pegaram o celular e anotaram um lembrete de mudar suas alocações financeiras para a aposentadoria. Quase todos manifestaram um desejo mais forte de poupar, tendo tanto se identificado com seu futuro eu como percebido as consequências de economizar pouco. "Foi surpreendente", afirmou um participante, "porque [meu futuro eu] era mais jovem do que eu esperava." Outro afirmou que seu futuro "não parecia meu futuro; parecia mais tangível".

Isso foi apenas uma demonstração — a hipnose não é uma solução viável para a armadilha do "mesmo que não seja um problema minúsculo, está longe" —, mas revela a importante verdade de que muitos pontos de estagnação que parecem distantes estão bem mais perto do que calculamos. Muitos deles podem ser evitados se tomarmos pequenas medidas hoje, em vez de permitir que se agravem cada vez mais, como fez o mundo todo em relação ao bug do milênio.

Também vale observar que essa armadilha não se aplica apenas às finanças, mas a qualquer situação em que um pequeno passo na direção certa hoje, e talvez todos os dias depois desse, evitará um grande obstáculo a longo prazo. Limite a quantidade de bolo de chocolate que você come hoje se espera estar mais saudável e magro amanhã. Gaste dois minutos para passar protetor solar todos os dias e você evitará os danos do sol e o câncer de pele amanhã. Exercite-se durante vinte minutos várias vezes por semana e, salvo alguma surpresa, você gozará de uma vida mais longa e saudável. Isso não significa que precisamos virar monges ascetas. Não é preciso economizar metade da renda, recusar todas as sobremesas e suar como um atleta, caminhando 20 mil passos todos os dias. Mas, tomando algumas medidas simples, e aplicando o sistema de verificação ABC a sua vida, você evitará muitas armadilhas em que caem as pessoas que não pensam como Bemer.

Várias armadilhas que encontramos em nosso caminho são evitáveis, contanto que adotemos as estratégias certas: fazer manutenção preventiva e manter um olhar cético que questione se grandes pontos de estagnação podem estar disfarçados de problemas menores e trivialidades. Mas essas abordagens intelectuais para evitá-las são apenas parte da solução. A sensação de ficar empacado e depois tentar sair da estagnação é dominada pela ansiedade. Administrar nossa reação mental ao atrito não basta; temos de administrar também nossa reação emocional. A gestão emocional é um precursor essencial dos avanços, e é quase impossível formular uma resposta coerente aos pontos de paralisia se não formos capazes de administrar nossas emoções.

Parte II

Coração

4. Expire

Nosso corpo foi engenhosamente projetado para lutar contra uma situação em que fiquemos aprisionados. Todos os nossos sistemas transmitem a mensagem: "Faça alguma coisa, agora". Os batimentos cardíacos e a respiração se aceleram, ficamos com visão em túnel, a capacidade de ter pensamentos racionais é suspensa. Não é hora de pensar, mas de *agir*. Em uma emergência, alguns chegam até a desenvolver a chamada *força histérica* — uma capacidade sobre-humana de mover objetos pesados. O artista Jack Kirby, criador do Incrível Hulk no início dos anos 1960, contou em entrevistas que sua inspiração veio de presenciar uma mãe libertar o filho preso sob um carro.[1] De tantos em tantos anos, vemos histórias similares nos noticiários locais, com manchetes como "Super-mulher ergue carro e salva o pai".

A boa notícia é que hoje em dia é extremamente raro alguém ficar aprisionado dessa forma; a má é que o aprisionamento mental acontece o tempo todo, e nosso corpo e cérebro sofrem para diferenciar uma coisa da outra. Em ambos os casos sentimos ansiedade, o coração dispara, ficamos com visão em túnel e somos pressionados a *fazer alguma coisa, agora*. Essa descarga hormonal pode produzir força física, mas, quando estamos mentalmente aprisionados, inspira a reação instintiva oposta. Em vez de trazer a força histérica, o aprisionamento mental deixa a maioria impotente. O segredo para superar a paralisia do aprisionamento mental é ignorar o instinto de fazer algo de imediato. Muitas vezes, a melhor maneira de lidar com a sensação de ficar mentalmente empacado é agir menos.

* * *

    Miles Davis foi genial em mais de um aspecto. Sua genialidade musical era óbvia, mas ele também foi um extraordinário psicólogo intuitivo. Podia ser "volátil", "arrogante" e "frio",[2] mas ao mesmo tempo sabia que muitos músicos ficavam intimidados com seu talento. A única maneira de levá-los a brilhar era se valer de certa delicadeza. Só que no caso de Miles isso não lhe vinha naturalmente. Às vezes, ele observava dos bastidores e só voltava ao palco quando faltavam poucos segundos para seu próximo solo. Mesmo assim, sabia de forma intuitiva em que momentos aumentar ou aliviar a pressão.

    Herbie Hancock, outro virtuose, tocou piano com Davis durante cinco anos em meados da década de 1960. Como afirmou, era uma experiência "assustadora", mas ele também testemunhou como Miles Davis podia se equilibrar perfeitamente entre ser tirano e protetor, como vemos em um clipe incrível de um concerto em Milão em 1964.[3] Com quarenta minutos de apresentação, Davis está no meio de um solo quando Hancock, no outro lado do palco, toca algumas notas que interrompem sua fluência: ele tira o trompete da boca, franze os lábios e fuzila com o olhar seu pianista. A expressão capturada no vídeo é fulminante, mas a essa altura os dois tocavam juntos havia cerca de um ano, e Davis sabia que Hancock era capaz de lidar com a pressão.

    Menos de um ano antes disso, porém, eles tocavam juntos pela primeira vez. Aos 23 anos, Hancock tinha um talento imenso e estava absolutamente aterrorizado. Davis o convidara para uma *jam* em casa com vários outros músicos. "Quando cheguei", relembrou Hancock, "vi Tony Williams, o baterista. Ron Carter, o baixista, estava lá. George Coleman, o saxofonista, também."[4] Na sala de Davis se reuniam cinco dos maiores músicos de jazz de todos os tempos. "Miles tocou um pouquinho, largou o trompete no sofá e se mandou para o andar de cima, meio que deixando Ron Carter fazendo as honras enquanto a gente repassava algumas músicas." Hancock presumia que estivesse sendo testado como o quinto membro do grupo, de modo que o sumiço lhe pareceu um mau sinal. Durante três dias seguidos, Hancock foi à casa de Davis e tocou com Carter, Williams e Coleman, mas o grande trompetista continuou conspicuamente ausente. Até que, ao final do terceiro dia, Davis reapareceu e tocou algumas músicas com a banda.

Para a surpresa de Hancock, ao fim desse dia Miles o convidou para se juntar ao grupo na semana seguinte nos estúdios da gravadora Columbia. Como Davis mal dera as caras na maior parte dos três dias, ele se convencera de que havia arruinado sua chance, mas as ausências foram orquestradas com cuidado. "Descobri anos mais tarde", recordou Hancock, "que depois de largar o trompete e subir correndo, Miles ia para o quarto e ficava escutando pelo interfone. Porque, como falei, eu estava assustado. Ele sabia como todo mundo ficava nervoso com ele por perto, assim queria nos escutar tocando livre desse peso."

Davis tinha consciência de que sua presença inspirava uma reação reflexa como a força histérica. Jovens músicos como Herbie Hancock ficavam com a boca seca, as mãos suando e a respiração acelerada por saber que Davis estava escutando. O corpo se preparava para lutar ou fugir no momento em que mais precisavam estar relativamente calmos. Davis percebeu que às vezes a única maneira de encorajá-los era desaparecer de cena. O antídoto para a força histérica, e a chave do sucesso colaborativo de Davis, era reduzir a intensidade em vários graus.

Outras parcerias de Davis viveram uma experiência similar. O guitarrista John McLaughlin começou a tocar com a banda em 1969. No primeiro ensaio, sentiu-se esgotado. "Quarenta e oito horas após chegar a Nova York", relembrou ele, "entrei no estúdio com Miles. Eu estava suando, com as roupas encharcadas, e nervoso."[5] Davis ficou descontente com a execução de uma nova música, então interrompeu a todos e disse a McLaughlin para tocar a melodia do piano na guitarra. McLaughlin foi dominado pela ansiedade. Tinha seguido de forma hesitante a condução do pianista, mas agora era forçado a conduzir, enquanto o piano permanecia em silêncio. "Eu não sabia se estava preparado. Fiquei apavorado. E ele esperando que eu fizesse alguma coisa. A única coisa que me disse foi: 'Toque como se não soubesse tocar guitarra.'" Davis era famoso por esses pedidos musicais bizarros, crípticos. Era o contrário de *faça alguma coisa, agora*. Estava instruindo McLaughlin a parar de pensar com tanta força, a confiar nos instintos que desenvolvera ao longo de duas décadas como guitarrista. A banda fez uma pausa de dez minutos e, quando voltou, McLaughlin seguiu fielmente a orientação de Davis. Tocou a melodia sem pensar demais, e Davis adorou. "Fiquei em choque, porque ele conseguiu tirar de mim uma coisa que eu não sabia que era capaz de fazer", contou. "[Miles] era um homem muito inteligente. Estou certo de que sabia que não tínhamos ideia do que fazer, mas ele nos punha num estado de espírito em que tocávamos mais do que sabíamos. Era preciso necessariamente sair da caixa e fazer algo que nem a gente sabia ser capaz. E isso era magistral, na minha opinião — como ele conseguia fazer isso com seus músicos."

Davis era um solista espantoso. Podia brilhar com ou sem banda de apoio, mas sabia que grande parte do seu melhor trabalho vinha da colaboração. Para fazer com que funcionasse, tinha de extrair a grandeza de seus parceiros. O que diferenciava Davis de outros talentos brilhantes era saber o momento exato de aliviar a mão.

Quando alguém vai se apresentar, seja na música, seja em outra área, parte do diálogo interno da mente simula esse comportamento de Miles Davis na presença de outros músicos. Na maioria das vezes, o instinto é agir como Miles quando Herbie Hancock feriu suas sensibilidades musicais no palco: fazer cara feia, punindo de modo furtivo a falha de desempenho com uma expressão contrariada. Mas o segredo é se permitir "tocar como se não soubesse". Diminuir a pressão; contrariar o impulso de *faça alguma coisa, agora*, imunizando-se contra a ansiedade e recorrendo à intuição.

Reduzir a intensidade contraria a sabedoria convencional moderna. No século XXI, a ousadia está na ordem do dia. Quem não ama a correria, não trabalha cem horas por semana, não respira, come e dorme o triunfo, está fadado à mediocridade. Se a pessoa não quer ficar empacada, não deve parar de se mover. Na verdade, deve acelerar, porque diminuir a velocidade é o mesmo que estagnar.

Em geral esse é um péssimo conselho. Sabemos disso em parte graças aos resultados de um experimento laboratorial realizado em um aquário em 1992.[6] O pesquisador, um biólogo chamado Lee Dugatkin, que trabalhava na Universidade Estadual de Nova York, em Binghamton, estudava a ousadia do lebiste ou barrigudinho, um pequeno peixe tropical de cerca de três centímetros de comprimento. Como ocorre com os humanos, alguns lebistes são mais audaciosos que outros. Vivem pela agitação. Em seus rios nativos na América do Sul e no Caribe, esses lebistes mais ousados são os primeiros a explorar, não hesitando em abandonar a segurança do cardume para satisfazer sua curiosidade pelos predadores. Eles assumem um risco grande pelo potencial de uma grande recompensa. Aprendem mais sobre o ambiente e encontram alimento mais rápido, e seu atrevimento convence alguns predadores a procurar presas mais dóceis. Lebistes tímidos, por outro lado, são maria vai com as outras. Preferem observar e aguardar. Deixam escapar algumas oportunidades de se alimentar, mas costumam viver para lutar no dia seguinte.

Dugatkin achava que a ousadia tinha um preço, então realizou um experimento para determinar se a tendência de exploração dos lebistes mais audaciosos podia ser fatal. Ele começou por separar sessenta machos com base na curiosidade demonstrada em relação a um peixe-lua em um tanque ao lado. Esses peixes foram direto na direção do predador, e os mais tímidos ficaram para trás, atentos. A seguir, Dugatkin pôs os lebistes e o peixe-lua no mesmo tanque e os deixou ali por sessenta horas, comendo e explorando. Ele não sabia muito bem o que esperar quando voltasse. Alguns colegas acreditavam que a ousadia era uma vantagem, e que o peixe-lua faminto preferiria atacar os lebistes tímidos, aparentemente mais submissos que seus companheiros de cardume.

A ousadia na verdade se revelou uma estratégia desastrosa. Setenta por cento dos lebistes tímidos sobreviveram nas primeiras 36 horas, e 40% continuavam vivos ao final das sessenta horas. Entre os audaciosos, por outro lado, apenas 25% sobreviveram às primeiras 36 horas, e ao final das sessenta horas nenhum mais estava vivo. A redução da intensidade — ficar para trás, observar e aguardar — foi a chave para a sobrevivência.

Os lebistes tímidos no tanque de Dugatkin aguardavam de forma estratégica. Pareciam priorizar a sobrevivência, enquanto a impulsividade e a curiosidade não eram bons traços adaptativos. Não que não ficassem intrigados com o peixe-lua, ou com a estranheza da situação, mas na verdade decidiram ajuizadamente esperar enquanto coletavam mais informação. É raro ver peixes adotarem esse tipo de estratégia — eles tendem a viver de momento a momento —, mas a timidez nos lebistes funcionava como um pensamento de longo prazo.

Quando Herbie Hancock e John McLaughlin falaram sobre Miles Davis, pareceram reconhecer que ele também os autorizava a uma estratégia de longo prazo. Em vez de atormentar os novos parceiros de banda com um senso de urgência, Davis relaxou e permitiu que fossem tímidos. Incentivou-os a confiar no que sabiam e lhes proporcionou espaço de sobra para fazer suas explorações musicais sem a pressão da ansiedade.

Senti parte do que Hancock e McLaughlin descreveram quando iniciei minha pós-graduação, quase vinte anos atrás. Após passar trinta horas em carros, aviões, trens e ônibus, cheguei à Universidade Princeton em uma manhã de verão. Tudo que eu tinha estava em duas malas de tamanho médio, que carreguei pela escada até meu novo apartamento. Depois de guardar minhas coisas, saí para caminhar durante dez minutos entre os edifícios góticos dos dormitórios das faculdades, observando as árvores para chegar ao prédio do departamento de psicologia, onde passaria a maior parte dos cinco anos seguintes. Nessa manhã, e em muitos daqueles primeiros meses, o peso da reputação de Princeton me oprimiu. Eu era um intruso que de algum modo fora aprovado no processo de seleção em uma universidade onde haviam estudado Toni Morrison, F. Scott Fitzgerald, Richard Feynman, Joyce Carol Oates, John F. Kennedy e John Nash.

Com o passar do tempo, fiquei mais à vontade, mas percebi ansiedades parecidas em alguns alunos para quem dei aula mais tarde. Como eu, muitos vinham de uma origem improvável. Haviam frequentado escolas públicas pequenas em partes remotas dos Estados Unidos (ou eram de outros países), e às vezes foram os primeiros de suas cidades ou famílias a frequentar uma faculdade. Não conheciam ninguém ali e constituíam a minoria em termos de etnicidade, riqueza, nacionalidade ou herança cultural. Por outro lado, algumas escolas preparatórias enviam dezenas de alunos para universidades como Princeton todos os anos. A Lawrenceville School, por exemplo, mandou 47 alunos para lá entre 2015 e 2017. A admissão não é garantida, mas se você for um ótimo aluno da Lawrenceville que queira seguir morando na cidade, tem boas chances. Quando chega como calouro, não está sozinho. A família provavelmente vive perto e alguns de seus colegas de ensino médio também estarão por lá. Princeton é uma extensão de seus anos no ensino médio, mais do que um salto para algo completamente novo, diferente e intimidador do que conheceu antes.

Imagine dois alunos igualmente brilhantes, talentosos e motivados, mas que vêm de origens bem diferentes. Um se matricula em Princeton após se formar numa escola pública pequena e rural do Wyoming e o outro se junta a uma dúzia de colegas vindos da Lawrenceville que também dirigem menos de dez quilômetros para ir de casa ao campus. Sei que ambos estão nervosos no primeiro dia de faculdade, mas o que veio do Wyoming carrega todo um peso adicional. Será que pertenço a este lugar? Serei um impostor? Não há mais ninguém de Wyoming por aqui, onde me encaixo? Será que esperam que eu fracasse? Ficamos empacados com facilidade quando estamos paralisados por questões como essas, e elas me lembram de muitas das perguntas que fiz a mim mesmo quando cheguei a Princeton.

Quando questionei diretamente alguns desses alunos "improváveis", eles confirmaram minhas suspeitas. Não viviam o tempo todo preocupados com suas origens, mas se alguém perguntava onde haviam estudado no ensino médio ou de que cidade vinham, por exemplo, começavam a se fazer as mesmas perguntas que eu me fizera alguns anos antes.

Decidi conduzir um pequeno experimento para verificar se poderiam se livrar desse fardo da mesma forma que Miles Davis aliviara a ansiedade de Herbie Hancock e John McLaughlin.[7] Cada aluno fez um pequeno teste de matemática com questões da prova que eu fizera ao me candidatar a Princeton. Eis um exemplo:

QUESTIONÁRIO DE HABILIDADE INTELECTUAL

Se Leah é seis anos mais velha que sua irmã Sue, e John é cinco anos mais velho que Leah, e a soma de suas idades é 41, quantos anos tem Sue?

a) 6
b) 8
c) 10
d) 14

(Com um pouco de tentativa e erro, ou de álgebra, descobrimos que Sue tem oito anos.)

Um grupo que realizou o teste vinha de lugares como Lawrenceville, enquanto o outro, de escolas que nunca, ou raras vezes, mandavam alunos para Princeton. Muitos alunos dos dois grupos se saíram bastante bem — no entanto, certos alunos foram bem pior. Esse grupo incluía estudantes de escolas pouco representadas que, antes de começar o teste, precisaram responder a uma pergunta sobre quantos alunos de sua escola costumavam ingressar por ano em Princeton. Fazer isso os obrigou a pensar em suas origens, o que gerou muita ansiedade. (Os alunos também precisavam relatar o nível de ansiedade que sentiam, e esse grupo informou os mais elevados.) Como resultado, pontuaram cerca de 20% a menos do que alunos dos outros grupos — incluindo os de escolas pouco representadas que não precisaram responder nada sobre sua origem antes de começar. Ser de uma escola com pouca representação só atrapalhava o desempenho quando o estudante era lembrado desse fato antes de fazer o teste.

Mas é aqui que entra a intervenção de Miles Davis. Para o jovem Herbie Hancock, tocar na frente do grande trompetista era uma experiência carregada de ansiedade. Em termos psicológicos, Hancock tentava se orientar diante de uma "ameaça" — uma situação estressante que sobrecarregou seu cérebro e sequestrou parte dos recursos mentais valiosos de que precisava para ter seu melhor desempenho. Davis restaurou esses recursos ao atenuar a ameaça e transformá-la em um "desafio". Desafios também exigem certo nível de desempenho, mas a indulgência é maior. Têm mais a ver com ambição do que com ameaça. Podemos estar à altura de um desafio e sucumbir diante de uma situação ameaçadora. Isso soa como uma pequena recontextualização, talvez trivial, mas é fundamental. Quando as ameaças parecem finais e definitivas, podemos tentar refazer o desafio no dia seguinte, se não formos bem-sucedidos hoje.

Para alguns alunos em meu experimento, o teste foi descrito como um "Questionário de habilidade intelectual", que deveria ser encarado como uma "medida confiável de habilidade quantitativa básica". Mas, para o grupo de desafio, o teste foi intitulado "Questionário de desafio intelectual". Eles eram orientados a fazer o melhor que pudessem e a "tratar o questionário como um desafio". O título e a descrição não fizeram diferença para a maioria, mas para os alunos das escolas menos representadas que tiveram de informar sua origem no cabeçalho da prova, o desempenho foi bastante influenciado. Se por um lado alguns tiveram dificuldades quando o teste foi apresentado como uma "medida confiável de habilidade quantitativa básica", por outro passaram com facilidade quando a prova foi descrita como um desafio. Os recursos mentais necessários para resolver um problema de matemática funcionaram melhor quando eles não se sentiram ameaçados pela seriedade da prova.

Esses resultados sugerem duas coisas. Primeiro, se estamos numa posição de poder, devemos reconhecer que nossa simples presença é uma fonte de ansiedade. Davis não exibiu seu talento musical quando Herbie Hancock foi a sua casa em 1963 porque estava mais interessado em obter uma medida real do talento do pianista do que mostrar sua própria capacidade. Ele nunca saberia se Hancock merecia um lugar na banda se permitisse que a ansiedade o impedisse de exibir seu melhor desempenho. Embora Davis fosse por natureza ríspido, percebeu que a única maneira de avaliar a habilidade de Hancock era saindo da sala. Quando não é possível tomar essa atitude, devemos fazer o possível para recontextualizar a interação como um desafio em vez de uma ameaça, permitindo aos mais tímidos seguirem no próprio ritmo enquanto tentam se situar.

A segunda implicação do estudo de desafio diz respeito aos próprios indivíduos testados. Às vezes enfrentamos uma prova importante que não pode ser trivializada por um floreio linguístico. O exame da ordem dos advogados não é menos importante se for chamado de desafio da OAB; o Enem não fica mais fácil se for chamado de Desafio Nacional do Ensino Médio. Mas, se parecem intimidadores, pode ser benéfico diminuir sua temperatura emocional. Uma maneira de fazer isso é resistir à tendência de "visualizar o sucesso", que soa como autoajuda. Em vez disso, faça o oposto. Concentre-se durante algum tempo na pior das hipóteses. E se eu não passar no exame da ordem? E se minha pontuação no Enem for menor do que eu esperava? E se eu não conseguir entrar na faculdade que escolhi? E se eu tiver de fazer o exame da ordem pela terceira vez? Ou pela quarta? É doloroso seguir esse caminho, mas é muito importante porque mostra que existe vida do outro lado da decepção. E alivia do fardo de ficar obcecado com a perspectiva de falhar, algo que aumenta a probabilidade do erro.

Essa estratégia tem suas raízes numa abordagem para sair da estagnação conhecida como aceitação radical — aprender a aceitar e a conviver com a perspectiva do fracasso. O termo foi cunhado por Tara Brach, uma proeminente psicóloga clínica e budista praticante. Brach descreve o medo de fracassar como um mal universal que atormenta todo mundo de tempos em tempos.[8] Ela o descreve como uma forma de sofrimento que a pessoa só consegue superar se puder ser bondosa consigo mesma e aprender a relaxar. Brach viaja pelo mundo há mais de vinte anos descrevendo para públicos de todos os tipos a aceitação radical, e o que ela sugere é que devemos aprender a apreciar nossa vida atual e treinar para aceitar nossas falhas. Brach faz questão de dizer que aceitar radicalmente tal perspectiva não é fácil. Exige prática e, em particular nas culturas individualistas do Ocidente, vai contra a corrente. "Em culturas individualistas", afirma Brach, "não há um senso inato de pertencimento, como em culturas mais coletivas", assim vinculamos nosso valor social ao sucesso. Se não obtemos uma nota excelente no Enem ou no exame da ordem, não há lugar para nós na sociedade.

Reformular as ameaças como desafios é uma importante ferramenta da aceitação radical, ao encolher a perspectiva opressiva de fracasso para algo administrável. Em vez de levar tudo às últimas consequências, como fizeram os lebistes ousados de Lee Dugatkin, podemos perceber como a autocontenção é valiosa. Enquanto vivermos para lutar outro dia, a vida prossegue, e amanhã teremos uma nova chance de superar nossos desafios.

Sou um cientista, e parte de mim considera esse tipo de conselho confuso e impreciso. Por um tempo, relutei em adotar a aceitação radical. Mas *funciona*. Há um limite para a quantidade de recursos mentais que somos capazes de mobilizar quando fazemos esforço demais; se esses recursos estiverem constantemente ocupados com a ameaça de fracasso, o mais provável é ficarmos empacados. Utilizei essa abordagem — visualizar as piores consequências de falhar — durante quase vinte anos, e ela continua a ser libertadora para mim, assim como fez Miles Davis com Herbie Hancock e John McLaughlin.

Se não estamos prontos para aceitar o fracasso, podemos tentar relaxar nossa definição de sucesso. As raízes dessa abordagem remontam ao conceito de *satisficing*. A palavra é uma combinação de *satisfy* [satisfazer] e *sacrifice* [sacrificar]. Em 1956, o cientista cognitivo e economista Herb Simon sugeriu que havia duas abordagens para o processo decisório: maximização e *satisficing*.[9] Maximizar exige uma sondagem exaustiva do ambiente em busca do melhor resultado, ao passo que no *satisficing* realizamos a busca até topar com uma opção que seja simplesmente boa o bastante. Simon percebeu que maximizar consumia demasiado tempo e energia, ao passo que *satisficing* era um método conservador e sensato. Na prática, é quase impossível encontrar e analisar todas as opções, assim determinar um limiar aceitável faz muito mais sentido.

Quase cinquenta anos depois, o psicólogo Barry Schwartz e vários de seus colegas sugeriram que maximização e *satisficing* eram mais do que estratégias:

descreviam estilos de personalidade duradouros.[10] Alguns tendem a maximizar, enquanto outros, a realizar o *satisficing*. Para o arquimaximizador, qualquer coisa abaixo do melhor resultado é um fracasso. Se a pessoa não compra o melhor carro ou casa nem ganha muito dinheiro, fracassou na maximização. Como podemos imaginar, ela é carregada de ansiedade. Em um mundo com milhões de carros e empregos, como é possível confirmar que encontraremos a melhor opção? O fracasso é uma condição inerente à maior parte da nossa vida, e quando enfim alcançamos o sucesso, a busca nos deixa exaustos. Maximizadores tendem a ganhar mais do que *satisficers*, mas ao preço de taxas mais elevadas de remorso e depressão e de menos felicidade. Ao contrário dos maximizadores, os *satisficers* são mais indulgentes. Em vez de procurar o melhor carro, por exemplo, distinguem entre itens essenciais e bônus opcionais. Compram o primeiro carro que encontram com todos os itens essenciais; se ainda por cima ele tiver algum bônus opcional, é um ganho inesperado.

A diferença entre a mentalidade do maximizador e a do *satisficer*, para mim, é visceral. Quando penso em tomar decisões importantes como maximizador, sinto um peso no peito. Fico cheio de ansiedade. Sou o lebiste ousado que não descansa enquanto não souber mais sobre o predador nas imediações. Mas meu peito fica leve assim que recontextualizo a decisão como um *satisficer*. Em quase qualquer situação imaginável, *satisficing* é bom o bastante. Também é uma mentalidade excelente para nos destravar quando estamos paralisados. Enquanto a maximização é inerentemente obstinada, a estratégia de *satisficing* é flexível, ágil, adaptável e — o mais importante — focada no futuro. Um maximizador tem o olhar voltado para trás e reconsidera repetidas vezes suas decisões após tomá-las; o *satisficer* deixa as decisões no passado e segue em frente. *Satisficing* também é diferente de "se conformar" ou desistir cedo demais, duas coisas que acontecem quando o processo termina antes de termos chegado a um desfecho realmente aceitável. Entre o conformismo e a maximização reside um ponto ideal: a primeira opção que atende de verdade seu limiar de aceitabilidade.

Embora *satisficing* seja um estilo de personalidade inato, até maximizadores podem aprender a fazer isso em contextos em que estejam dispostos a relaxar seus padrões. O primeiro passo é atribuir a cada área uma classificação de importância. Considere a compra de um carro, por exemplo. Muitas pessoas podem maximizar ao fazer essa escolha. Gastamos um bom dinheiro com isso, mas também só compramos um veículo de tantos em tantos anos, para usá-lo todos os dias e dirigir milhares de quilômetros. No começo do ano, quando resolvi comprar um carro, meu primeiro instinto foi maximizar. Com tempo de sobra, eu examinava todas as análises, notícias e fontes de dados imagináveis sobre cada veículo antes de tomar minha decisão. Porém, com o tempo limitado, e pressionado pela necessidade, decidi adotar uma mentalidade de *satisficer*. Concluí que as únicas três coisas importantes a considerar em minha decisão eram segurança, custo e espaço. Certa manhã, passei horas procurando um SUV com excelente classificação de segurança, três fileiras de bancos e um custo mensal razoável. À tarde, financiei o veículo. É seguro, acessível e espaçoso, e essa é a primeira vez que reconsiderei a decisão desde então.

Além de nos decidirmos de forma deliberada por *satisficing* e considerarmos que aspectos de uma decisão particular são inegociáveis, também podemos impor limites de tempo artificiais. Separei uma manhã para pesquisar minha compra, o que tornou a maximização impossível. Paradoxalmente, a imposição de limites pode ser libertadora, porque relaxa nossa definição de sucesso. Ela dilui qualquer ansiedade que possamos ter em relação à decisão, permitindo-nos aceitar um resultado satisfatório numa situação que de outro modo poderíamos ficar tentados a maximizar. Prazos autoimpostos para decidir e agir têm benefícios similares.[11] Ao nos permitirmos passar determinada quantidade de tempo em uma tarefa, livres de culpa, seguimos em frente sem ficar preocupados com isso. Essas meta-questões — "Estou gastando tempo demais nessa tarefa?", "Já deveria ter tomado minha decisão?" — consomem recursos mentais limitados, dificultando agir e decidir de forma competente. Ao afirmar: "Vou separar a manhã para escolher" ou "Vou decidir daqui a duas semanas", permitimo-nos ficar ocupados apenas com a tarefa do momento, sugerindo de maneira implícita ainda quanto esforço e energia deveremos dedicar a ela. É uma situação vantajosa em todos os aspectos, que reduz a ansiedade e potencializa os resultados.

A maximização se sobrepõe de modo substancial ao perfeccionismo, que costuma ser um impulso paralisante e causador de ansiedade pela erradicação das falhas. Embora um perfeccionista possa ser motivado e bem-sucedido, também é hipervigilante e autocrítico.[12] Não é possível ser um perfeccionista sem amplificar e identificar cada defeito, por mais trivial que seja, do mesmo modo que um aluno que tira nove numa prova ou alguém que não consegue uma promoção no trabalho pode ficar atolado em um ciclo destrutivo de ruminações. Segundo Paul Hewitt, um psicólogo clínico especializado em perfeccionismo, nosso estado permanente é a sensação de sermos falhos ou imperfeitos. "Uma maneira de tentar corrigir isso", diz ele, "é sendo perfeito." Uma pesquisa que analisou 284 estudos revelou que o perfeccionismo está associado a depressão, ansiedade, distúrbios alimentares, dor de cabeça, insônia, automutilação e transtorno obsessivo-compulsivo. O perfeccionismo também está em alta. Outro estudo preocupante revelou que a proporção de alunos de ensino médio que se identificavam desse modo dobrou entre 1989 e 2016.

O perfeccionismo causa atrito porque estabelece metas paralisantes. Estudantes devem obter nota dez em todas as avaliações; adultos devem conseguir promoções rápidas, salários estratosféricos, relacionamentos de cinema e amizades de sitcom. Como podemos começar a abordar um objetivo tão intimidador como a perfeição em todas as esferas da vida?

Uma solução é aspirar à excelência, não à perfeição. A psicologia mostra que aspirar à perfeição é com frequência debilitante, ao passo que a busca pela excelência melhora tanto nosso desempenho como nosso bem-estar. Ela é menos rígida que a perfeição. Podemos ser excelentes sem ser perfeitos, mas a perfeição vai além da excelência e exige um padrão de desempenho em geral inatingível. Em um estudo, os pesquisadores mostraram que pessoas que tendiam ao perfeccionismo obtinham um desempenho significativamente inferior às que priorizavam a excelência numa série de tarefas criativas. O perfeccionismo é sufocante; a excelência é mobilizadora.

Se até a excelência parece ser um padrão intimidador demais, uma solução alternativa é atomizar, ou subdividir, cada meta em seus componentes mais fundamentais. Programadores chamam essa abordagem de granularidade, desmembrando uma programação imensa numa série de tarefas administráveis, linha a linha. Há uma versão de atomização para cada ponto de estagnação imaginável — e quase qualquer um pode gerenciar microdoses de quase qualquer tarefa. Está tendo dificuldade para escrever um livro? Comece escrevendo uma palavra, e depois várias outras para formar uma sentença. Sua dificuldade é escrever a primeira frase? Tente por sessenta segundos e veja o que acontece a seguir. Corredores às vezes falam sobre a diferença entre a facilidade ou a dificuldade de correr. Quando corremos com facilidade, nosso corpo se move com fluidez, damos passadas elásticas e os quilômetros se acumulam sem nos darmos conta. A mente vagueia, e focamos menos no ato mecânico de correr do que na paisagem. Mas quando correr é difícil, cada passada parece um obstáculo intransponível. O coração, os pulmões e as pernas queimam para atingir o mesmo ritmo que pouco antes parecia fácil. Às vezes, em momentos assim, atomizar é o único truque capaz de nos convencer a continuar avançando. Cada passada é elementar, mas, combinada com outras, forma as moléculas de um quarto de quilômetro, depois um quilômetro, depois cinco, dez ou mais. Não temos tempo ou energia para pensar muito, ou ceder à paralisia, quando nossos recursos mentais estão ocupados contabilizando os átomos à medida que se acumulam rumo à nossa meta. A atomização funciona em parte porque nos obriga a nos concentrarmos intensamente na mecânica da tarefa, não na bagagem emocional que ela desperta. Em vez de nos debatermos com a tarefa, nos concentramos de forma intensa nos detalhes de seus componentes.

O valor de "deixar pra lá" ou decidir não lutar[13] é um elemento central da filosofia oriental. Reza a lenda que um imperador chinês testava os futuros membros de sua corte com uma armadilha de dedo, na qual os dedos indicadores ficavam presos num pequeno cilindro de bambu trançado. A maioria dos animais luta de forma instintiva quando aprisionada, e a armadilha de dedo capitaliza em cima desse instinto ao apertar cada vez mais quando a puxamos e afrouxar quando relaxamos. A única maneira de se libertar dela é aproximar os dedos — manusear a armadilha, em vez de brigar com ela. O imperador observava os candidatos a fazer parte da corte e rejeitava os que eram incapazes de se libertar da armadilha. Ele premiava quem relaxava, parava de lutar e conseguia se libertar pela sensatez, considerando que não só haviam superado suas intuições falhas, como também sido capazes de se acalmar diante de uma grande ansiedade. A história pode ser apócrifa, mas contém uma semente de verdade. Quando as pessoas enfrentam crises e decisões importantes, os instintos que as levam ao enrijecimento e à inflexibilidade são em geral contraproducentes. Relaxar conserva energia e nos obriga a parar e considerar nossas opções.

A despeito de o imperador chinês preferir ceder, a ideia não é popular. Ceder corresponde, por definição, a baixar os padrões, e não podemos fazer isso sem comprometer uma posição que detínhamos segundos antes. Milhares de frases de gurus de autoajuda, cientistas, artistas, atores, atletas e fontes anônimas sugerem que baixar os padrões é o início do fim. "Não baixe seus padrões para nada nem ninguém", começa uma delas, "o autorrespeito é tudo." Outra diz: "Para elevar sua qualidade de vida, estabeleça padrões mais altos". Guy Kawasaki sugeriu: "Não fazemos um favor a ninguém ao baixar nossos padrões".

Esse ponto de vista é popular, mas não ajuda a nos tirar da imobilidade. Padrões estratosféricos são paralisantes, com frequência irreais e, quase sempre, vazios. Somos ensinados a buscar o melhor em todos os domínios imagináveis, mas esse conselho pressupõe que temos mais chance de ser bem-sucedidos porque conseguimos imaginar o exemplo perfeito do sucesso. Essa obsessão com o empenho e as metas é um motivo central para tanta gente que vive atormentada com o tipo de ansiedade que, antes de mais nada, impede de progredir.

As frases motivacionais acima deixam a desejar por uma série de motivos. Primeiro, presumem que o sucesso é binário: quem não foi bem-sucedido fracassou. Na verdade, muitos objetivos são contínuos, e baixar os padrões muitas vezes resulta no que o *satisficer* poderia chamar de resultado "bom o bastante". Podemos sonhar com um salário de 100 mil dólares, terminar uma corrida de cinco quilômetros em menos de vinte minutos ou conseguir mais de 10 mil seguidores no Instagram, mas esses padrões são ilusórios. Eles fetichizam números redondos, quando um salário de 99 999 dólares, um tempo de vinte minutos e cinco segundos numa prova de cinco quilômetros e 9999 seguidores são praticamente os mesmos resultados. (Outra maneira de considerar isso é se perguntar se 100 001 dólares, cinco quilômetros em dezenove minutos e 55 segundos e 10 001 seguidores são significativamente melhores que os marcos originais. Presumindo que não sejam, ficar aquém pela mesma margem não é pior do que a meta original.)

Segundo, essas frases transformam os padrões numa questão moral. Alguns certamente o são. Jonathan Safran Foer, no primeiro capítulo de *Comer animais*,[14] narra uma conversa que teve certa vez com a avó na qual ela descreve a combinação de medo e fome que a assombrou no Leste Europeu na época em que a Segunda Guerra Mundial se aproximava do fim. Quando ela estava tão faminta que não conseguia imaginar ser capaz de viver mais um dia, um fazendeiro russo bondoso lhe deu um pedaço de carne.

"Ele salvou a sua vida."

"Eu não comi o pedaço de carne."

"Não comeu?"
"Era carne de porco. Eu não podia comer porco."
"Por quê?"
"Como assim, por quê?"
"Só porque não era kosher?"
"Claro."
"Mas nem para salvar a própria vida?"
"Se nada importa, não há o que salvar."

A avó de Foer acreditava que esse padrão particular era tão central para sua identidade moral que preferia morrer a ceder. Porém, esse tipo de padrão é raro, e na verdade a maioria dos nossos parâmetros são amorais. Eles não têm nada a ver com nossa bondade enquanto humanos. Alguém pode seguir sendo uma pessoa incrível logo após aceitar um resultado que fica aquém de sua meta original. Uma ideia, um salário ou alguma produção criativa que não está à altura de seus padrões mais rígidos pavimenta o caminho para o progresso, ao passo que ficar aferrado ao padrão original nos deixa atolados no presente.

Essas frases também são insuficientes por uma terceira razão: confundem padrões com autorrespeito. Elas presumem que abrimos mão do amor-próprio ao diminuir nossas expectativas. Os padrões em que baseamos nossa identidade ou alguma crença central talvez sejam inabaláveis, mas podemos e devemos rever outros sem sentir que comprometemos nosso autorrespeito. Empacar porque nos agarramos com teimosia a um padrão que perdeu o sentido é muito mais degradante do que aceitar que devemos nos contentar mais com a evolução do que com a revolução que planejávamos originalmente.

Em essência, é por isso que baixar os padrões faz sentido: abrimos caminho para a possibilidade de evoluir assim que abandonamos a ideia de que a revolução é a única maneira de progredir. Não importa se produzimos música ou arte, fazemos exercícios de matemática ou provas para entrar numa universidade, pleiteamos um salário maior ou uma promoção, sempre há um "amanhã". A evolução leva tempo, mas a maioria das formas de progresso se desenrola ao longo de semanas, meses, anos ou décadas. Tratar esses resultados como atos revolucionários quando um caminho aceitável nos paralisa por ser muito irrealista é uma forma segura de garantir que não avançaremos um palmo. Paradoxalmente, às vezes parar por completo enquanto nos situamos é a melhor maneira de seguir em frente.

5. Pause antes de dar play

O que separa os melhores do mundo dos outros 7 bilhões de pessoas que existem no planeta? O talento excepcional muitas vezes se parece com um ato revolucionário — uma pessoa faz algo de um modo nunca feito antes —, mas muitos talentos revolucionários na verdade são construídos sobre uma base de ajustes evolucionários, que são desenvolvidos com o tempo e em geral compensam fraquezas e ansiedades que poderiam desencaminhar um talento menor.

Tomemos como exemplo o melhor jogador de futebol do mundo, Lionel Messi.[1] Ele é o maior ganhador de troféus Bola de Ouro, concedido ao melhor jogador da temporada. Marcou mais gols num único ano do que qualquer outro jogador atual, foi o maior artilheiro do campeonato espanhol de todos os tempos e detém a maior média de gols da atualidade, com quase um por partida. Quando Messi deixou o Barcelona, em agosto de 2021, o canal de TV do clube transmitiu todos os gols marcados por ele com o time. A transmissão começou às 23h55 e foi até as 4h30 da madrugada — cinco horas nas quais foram mostradas centenas de gols que duravam apenas alguns segundos cada. (Alguns afirmam que o melhor jogador é Cristiano Ronaldo, mas Messi foi o único a vencer uma Copa do Mundo, conquistou mais premiações, tem o melhor histórico de confrontos diretos entre suas equipes e é a escolha da maioria dos melhores jogadores do mundo e comentaristas esportivos.)

Messi é um gênio do futebol por muitos motivos. Marca gols com facilidade, é quase impossível desarmá-lo quando está com a bola e é incrivelmente rápido. Em um esporte no qual simular faltas é comum, Messi odeia cair no chão e usa sua velocidade para driblar pernas que derrubariam jogadores menos habilidosos. No entanto, o mais impressionante é a sua leitura de jogo. Embora não seja alto — tem 1,70 metro —, Messi parece pairar acima do campo e ver a disposição tática dos times, enxergando o jogo com mais lucidez do que os outros 21 jogadores na partida.

A despeito de toda sua genialidade, ele é conhecido pela ansiedade. Durante vários anos, Messi costumava vomitar à beira do campo antes de jogos importantes. O técnico da Argentina na época, Alejandro Sabella, explicou que "nesses momentos, a ansiedade fala mais alto". Messi admite ser ansioso em campo. Quando a seleção argentina derrotou o Equador por um a zero na primeira partida após o fim das restrições da pandemia, em outubro de 2020, ele atribuiu o próprio início lento e o da equipe ao "nervosismo". Depois de uma série de derrotas frustrantes da seleção, Diego Maradona o criticou de forma dura, sugerindo que era "inútil tentar transformar em líder um homem que vai ao banheiro vinte vezes antes do jogo". Ser incrivelmente talentoso não torna ninguém imune à ansiedade, e muitos entre os melhores do mundo sofrem com o problema por terem uma expectativa alta em relação a si mesmos. Mas Messi não permitiu que isso diminuísse seu brilho, pois domina um mecanismo de enfrentamento que ao mesmo tempo é o segredo de sua maestria tática.

Um jogo de futebol dura noventa minutos mais os acréscimos, e praticamente todos os jogadores ficam ligados assim que o juiz apita o início da partida. Após o pontapé inicial, todos esperam receber a bola, cumprindo as determinações táticas estabelecidas pelo técnico antes do jogo.

Mas Messi é famoso por *não* jogar nos primeiros minutos. Esse é seu ajuste evolucionário, desenvolvido à medida que disputava o esporte em um nível cada vez mais alto. Nesses momentos iniciais, ele caminha de um lado para outro perto do meio-campo e quase nunca participa do jogo. Enquanto os outros jogadores correm, Messi passa a maior parte do tempo andando e, quando muito, dando um leve trote. Um cronista escreveu que "Messi mostra pouco interesse pela bola nos primeiros lances. Fica apenas rondando, mal deixa marcas no gramado, observando com atenção as fraquezas e vulnerabilidades do adversário". Apenas um número restrito de jogadores já marcou ao menos um gol em cada minuto de jogo, do primeiro ao nonagésimo, enquanto muitos outros perderam um ou dois gols em minutos aleatórios da partida. Messi, por outro lado, já marcou gols em todos os minutos — exceto nos dois primeiros.

Durante esses minutos iniciais, ele faz duas coisas. Primeiro, se acalma. Entrar no jogo devagar é sua forma de assegurar que permaneça totalmente envolvido durante o restante da partida. É assim que lida com as ansiedades que o paralisavam no começo da carreira. O problema de vomitar em campo se resolveu em parte talvez porque ele encontrou um modo mais eficaz de pôr os nervos no lugar. Segundo, usa esses momentos para analisar o outro time. Suas pernas podem se mover devagar, mas seus olhos dardejam de jogador em jogador, avaliando as habilidades, fraquezas e táticas dos adversários e acompanhando a movimentação de sua equipe com e sem a bola. Messi é menos valioso para seu time no início, mas essa pausa estratégica eleva seu valor no restante da partida. Seus treinadores no Barcelona, onde passou os primeiros dezoito anos de sua carreira profissional, aceitavam essa lerdeza inicial pelos benefícios que produzia depois. "Direita, esquerda, esquerda, direita. Ele fareja os pontos fracos dos quatro defensores", recordou seu ex-treinador Pep Guardiola. "Depois de cinco, dez minutos, ele tem o mapa. Sabe que se for por ali, vai ter mais espaço para atacar." Segundo outro ex-treinador do Barcelona, Ernesto Valverde, Messi observa cada movimento do time adversário durante esses momentos iniciais, procurando em especial as fragilidades que poderá explorar mais tarde. Alguns jogadores fazem isso antes de um jogo, estudando os pontos fortes e fracos dos adversários em vídeos ou pelas análises de especialistas. Messi prefere formar suas opiniões na hora, porque os pontos fortes e as fraquezas mudam de um dia para outro, e os jogadores reagem de forma diferente à evolução tática de sua equipe.

Se dividirmos uma partida de futebol entre os momentos em que um jogador está se "preparando" e "disputando", Messi pende bastante para o componente preparatório. Em um clássico contra o arquirrival Real Madrid, em 2017, ele correu apenas quatro minutos e caminhou durante mais de oitenta durante a partida. Quando disputava, porém, foi dinâmico, criando nove chances, marcando um gol e dando o passe para um companheiro marcar outro. Esse padrão não é incomum para Messi e é com frequência nos principais jogos que sua preparação no campo se intensifica. Isso também explica sua capacidade de sempre estar no lugar certo, na hora certa. Embora seu posicionamento pareça algo sobrenatural, nada tem de milagroso; é que no decorrer dos minutos ele percebe os espaços deixados pelos zagueiros ou vê os meio-campistas deixando algum canto desguarnecido conforme se movem em torno da linha central. "Sem dúvida deve significar algo", refletiu o comentarista irlandês Ken Early, "que o melhor jogador na era mais rápida do futebol dificilmente corre."

A assídua preparação de Messi, mesmo durante o jogo, não é única. Comparada à sua consistência, a carreira do astro do tênis Andre Agassi foi irregular. Entre um e outro momento de brilho, ele enfrentou o uso de drogas, lesões persistentes e relacionamentos amorosos famosos. Aos vinte anos, no início da carreira, Agassi perdeu uma partida importante porque, segundo ele, ficou preocupado que sua peruca de cabelos longos pudesse cair.

Quando Agassi triunfou, porém, foi em alto estilo. Ao final de sua longa carreira, era o único tenista masculino a ter conquistado o assim chamado Super Slam, vencendo todos os seis maiores torneios do mundo: Aberto da Austrália, Roland-Garros (Aberto da França), Wimbledon, Aberto dos Estados Unidos, ATP Finals e os Jogos Olímpicos. Agassi era particularmente talentoso em rebater a bola, mas sua maior arma era mental. Ele planejava, analisava e lia o jogo de forma meticulosa.

Um de seus rivais notáveis foi o astro alemão Boris Becker, famoso pelo saque poderoso. "Boris Becker me venceu nas três primeiras vezes que jogamos",[2] relembrou Agassi, "porque tinha um saque que o tênis nunca vira antes." E era de fato algo único, em que combinava uma acentuada flexão dos joelhos a um movimento de raquete com toda a extensão para mandar uma das bolas mais rápidas da história. Agassi estava empacado, sem saber muito bem como devolver o saque de Becker, e admitiu publicamente evitar jogar contra o adversário sempre que possível. A rivalidade o deixou ansioso, assim ele recorreu a uma tática diferente que refletia a estratégia de Messi: prestar atenção redobrada a cada aspecto do movimento de Becker ao sacar. Talvez houvesse uma forma mais confiável de rebater a bola.

O segredo residia em um gesto quase imperceptível com que Becker precedia cada saque. Numa entrevista concedida quase trinta anos depois, Agassi explicou a descoberta que mudou a história da rivalidade entre eles:

Assisti a um monte de vídeos dele e estive do outro lado da rede contra ele em três ocasiões diferentes, e comecei a perceber que ele tinha esse estranho tique com a língua. Ele dava aquela gingada, o movimento de sempre, e pouco antes de jogar a bola punha a língua para fora, e ela ficava bem no meio dos lábios ou no canto esquerdo da boca. Assim, se fosse sacar do lado direito e pusesse a língua no meio, era porque ia jogar a bola no meio da quadra ou em cima do adversário. Mas, se a pusesse no lado, jogaria aberto.

Becker disputara centenas de partidas contra dezenas de jogadores de elite, mas só Agassi percebeu esse "detalhe". É fácil compreender por quê. Becker punha a língua para fora por milésimos de segundo antes de cada saque, no momento em que seus adversários se preocupavam com o próprio jogo. Eles estavam focados em si mesmos, preparando o corpo para devolver o saque, ao passo que Agassi teve a presença de espírito de observar essa deixa minúscula e fugaz a mais de vinte metros de distância. Agassi recorreu aos vídeos das partidas de Becker para confirmar seu palpite e constatou que a língua dele sinalizava com perfeição onde pretendia sacar. Após as três derrotas iniciais, Agassi venceu nove das onze partidas seguintes. Becker ficou perplexo com a virada, como Agassi recordou:

> Contei isso para o Boris, depois que ele se aposentou. Não consegui me segurar e falei: "Aliás, sabia que você costumava fazer isso quando sacava?". Ele quase caiu da cadeira, e contou: "Eu chegava em casa e comentava com a minha esposa: 'É como se ele estivesse lendo minha mente'". E então me disse: "Mal fazia ideia de que estava lendo minha língua".

A ansiedade de Messi e de Agassi se devia a motivos diferentes — um, por temperamento, o outro, pela pressão de confrontar um adversário —, mas ambos a superaram com preparação e pausa deliberadas. Os melhores atletas de qualquer esporte criam a ilusão de facilidade — a sensação de que fazem coisas incríveis sem grande esforço. No calor da disputa, isso pode ser verdade, mas essa ilusão exige um planejamento considerável.

A lição para o restante de nós é clara: quando alguém está ansioso, seja no esporte, seja na vida, deve fazer uma pausa. Ir mais devagar. Preparar-se. Messi sacrifica os momentos iniciais de cada jogo e Agassi sacrificou algumas devoluções de saque para extraírem um tipo de informação que compensou o tempo perdido diversas vezes. De vez em quando, para desempacar, é melhor desacelerar do que pisar fundo.

Tara Brach, cuja abordagem da "aceitação radical" para administrar a ansiedade descrevi no capítulo 4, também acredita que para superar o problema é preciso tirar o pé do acelerador. Na verdade, mais do que desacelerar, ela defende que precisamos parar por completo. Para ela, paradoxalmente, a melhor maneira de seguir em frente quando a ansiedade nos paralisa é cessar totalmente de nos mover.[3]

A presença de Brach é desarmante. No YouTube podemos encontrar horas de gravações em que ela encanta o público em igrejas, salões e auditórios. Sua entonação é calma, sibilante e deliberada, enfatizando cada palavra como se ela própria fizesse uma pausa entre um pensamento e outro.

Em uma história, ela ilustra a importância de saber parar, de não fazer nada, ao surgir uma barreira. A anedota, contada originalmente por Tom Wolfe, gira em torno de um grupo de pilotos de teste norte-americanos na década de 1950.[4] Os pilotos de alto nível deveriam voar a altitudes vertiginosas, onde já não havia mais as leis normais que governam a aerodinâmica. Em tais alturas, "o avião podia girar como uma tigela de cereal sobre um tampo de fórmica encerado e começar a rodopiar — não em um parafuso descendente, mas girando sem parar". A maioria dos pilotos então manejava os controles de maneira frenética, tentando fazer uma correção após outra. Alguns pediam ajuda, desesperados, ao controle aéreo conforme começavam a mergulhar. Um desses pilotos de teste era Chuck Yeager, mais conhecido por ter sido o primeiro a romper a barreira do som. Yeager, como outros antes dele, manuseou os controles nessa altitude e o avião girou com tanta violência que ele perdeu os sentidos. Durante vários minutos, a aeronave mergulhou em direção ao solo, despencando por mais de 15 mil metros, com o piloto desmaiado no assento. Por fim, quando o avião atingiu o ar mais denso, ele voltou a si, estabilizou a aeronave e conseguiu pousar em segurança. Sem querer, descobrira o segredo para sobreviver durante esses momentos de terror: não fazer nada — parar — até aparecer uma oportunidade para voltar a agir.

Para Brach, a experiência de Yeager ilustra uma importante lição. A maioria se debate diante de um obstáculo. O instinto de sobrevivência sugere que em momentos de dificuldade façamos mais, não menos, e isso muitas vezes é contraproducente. Yeager sobreviveu porque ficou impedido de agir até que a ação voltasse a ser importante. Em voos posteriores, ele e outros pilotos aprenderam a resistir ao impulso de fazer alguma coisa, permanecendo imóveis conforme o avião mergulhava com violência. Brach, de sua perspectiva espiritual, chama esse momento de "pausa sagrada". A pausa nos prepara para a ação no momento mais importante e nos impede de agir de forma impulsiva, quando qualquer coisa que fizermos pode nos afundar ainda mais.

Brach sugere que façamos uma pausa em meio a qualquer situação espinhosa — durante uma conversa difícil em que deveríamos escutar, mas em vez disso sentimos necessidade de falar; quando a ansiedade nos impede de pensar, falar ou escrever; e quando nos sentimos oprimidos por nossas responsabilidades. O que torna a pausa sagrada radical é a sugestão de parar por completo tudo que estamos fazendo, seja caminhar, falar, comer, nos preocupar, até estarmos mais calmos e preparados para retomar nossas interações com o mundo.

Para Brach, as pausas radicais são acima de tudo espirituais, mas na verdade contam também com o respaldo de estudos científicos. Em um experimento, uma equipe de psicólogos investigou o valor das pausas durante negociações. Pediram a sessenta duplas de alunos universitários para negociar um pacote de benefícios, em que um dos alunos fosse o recrutador e o outro, o candidato a um emprego. As conversas em que o recrutador e o candidato negociavam os termos do pacote de benefícios eram então gravadas. Os pesquisadores focaram em como o valor total era criado durante a negociação — não apenas em qual das partes dominava a discussão. Conversas tendem a fluir com rapidez, em parte porque somos avessos ao silêncio. Preferimos o ruído, mesmo que seja contraproducente, porque mascara o constrangimento e a ansiedade. A maioria das duplas pausou por vezes durante um ou dois segundos, mas pausas mais longas foram raras. Menos da metade das duplas parou por mais de cinco segundos. Porém esses períodos foram importantes, em especial quando duraram entre três e doze segundos. Com pausas longas, as duas partes alcançaram resultados mais positivos de ambos os lados do que nas negociações que progrediram de maneira ininterrupta, sem nenhum período mais prolongado de silêncio contemplativo.

Em um segundo estudo, os pesquisadores orientaram algumas duplas a fazer pausas, deixando que as demais se comunicassem naturalmente. Mais uma vez, as pausas se revelaram valiosas. Inspiraram resultados superiores para os dois lados e os levaram a perceber que algumas questões podiam ser negociadas em benefício de ambos, sem competir por uma vantagem. Essa tendência a ver as negociações como uma competição de soma zero muitas vezes priva de valor ambas as partes, e os silêncios pareceram inspirar uma cooperação benéfica.

O silêncio aplaca a ansiedade e inspira a deliberação. Artistas que se apresentam diante do público sabem disso. Paul Simon afirmou que sua música tem alguns momentos difíceis de digerir.[5] São complexos e inesperados, e o público precisa de alguns segundos a mais para absorvê-los. "Tento deixar um espaço após uma passagem complicada", escreveu ele. "Tanto um silêncio como um clichê lírico que permita ao ouvido uma chance de 'acompanhar' a música antes que o pensamento seguinte chegue e a pessoa se perca." Comediantes talentosos usam uma abordagem similar, gerenciando os estados emocionais do público com períodos estratégicos de silêncio. O ritmo, ou a pausa, entre a história e o clímax da piada é cronometrado com precisão. Muitos comediantes inexperientes ficam constrangidos com o silêncio, e assim avançam apressados para o desfecho. Isso é um erro. Se o intervalo for curto demais, o público fica tão preocupado em entender a preparação da piada que o desfecho perde o impacto.

Alguns gênios da comédia fazem mais do que uma simples pausa; empregam um silêncio repleto de significado. Eles prolongam o intervalo para deixar o público ávido pelo clímax. Gene Wilder, conhecido como o "mestre da pausa cômica", contava o desfecho da piada com uma expressão impassível, pontuando cada palavra com um ou dois segundos de silêncio. Em *Banzé no Oeste*, de 1974, o personagem de Wilder, Waco Kid, tenta consolar o personagem de Cleavon Little, um xerife negro recém-nomeado que lida com os brancos de uma pequena cidade de fronteira.[6] "São apenas as pessoas simples destas terras", diz Wilder, devagar. "A matéria comum de que foi feito o Oeste. Sabe como é... os idiotas." Wilder passa dezesseis segundos pronunciando dezesseis palavras e faz uma prolongada pausa antes do desfecho. A piada é engraçada e ao mesmo tempo alivia a tensão ansiosa acumulada conforme o xerife Bart tenta lidar com o racismo dos cidadãos.

Como Chuck Yeager, Wilder precisa resistir ao impulso de agir. Ambos perceberam que às vezes a jogada mais inteligente é dar um tempo. Tais pausas não precisam durar muito. Poucos segundos podem fazer toda a diferença. Mas Tara Brach explica também que a pausa sagrada às vezes dura mais: "Ela pode ocorrer no meio de quase qualquer atividade e durar apenas um instante, horas ou todo um período de nossa vida". O custo disso é modesto e mais do que irá compensar mais tarde. Para Yeager e seus colegas de testes, a pausa garantiu a sobrevivência; para Messi e Agassi, ela os distraía da disputa por um breve momento, mas acalmava seus nervos e os tornava mais efetivos no longo prazo. "Ao interromper nossos comportamentos habituais", afirma Brach, "damos uma oportunidade a maneiras novas e criativas de reagir a nossas vontades e nossos medos."

Como podemos imaginar, pausar é mais difícil do que parece. Diante do silêncio e da ansiedade, nosso instinto é fazer alguma coisa. Chuck Yeager não reagiu quando o avião começou a mergulhar apenas porque ficou inconsciente por um tempo. Outros pilotos não tiveram tanta sorte, pois naturalmente reagiram. Viram o chão se aproximar e, de forma impulsiva, manusearam os controles. No entanto, após sua experiência, Yeager aprendeu a não agir, e isso é antes de mais nada uma questão de prática.

O psiquiatra e neurocientista Judson Brewer passou grande parte de sua carreira refletindo sobre como não fazer nada. Há cerca de quinze anos, ele concebeu um tratamento para vícios baseado em mindfulness.[7] Sua abordagem instrui a pessoa a resistir às ondas de ansiedade nos momentos de fissura seguindo quatro passos de uma estratégia que ele chamou de RAIN, um acrônimo para *recognize* [reconhecer], *allow* [permitir], *investigate* [investigar], *note* [observar]:

Reconheça o que está vindo.
Permita a presença disso.
Investigue suas emoções e seus pensamentos (por exemplo, "o que está se passando com meu corpo neste instante?").
Observe o que está acontecendo a cada momento.

Parece bastante com algo que Tara Brach poderia sugerir, e Brewer afirmou que se inspirou nela para essa abordagem. Para testá-la, trabalhou com fumantes que tentavam largar o cigarro. A dependência de nicotina é conhecida por ser renitente — pior do que de muitas drogas mais pesadas que produzem reação imediata no usuário. Isso porque ela é um estimulante que pode ser usado a qualquer hora do dia, em qualquer situação (não nos deixa entorpecidos como o álcool ou a heroína); é mais socialmente aceita do que outras substâncias; e embora penetre em nosso corpo percorrendo minúsculos capilares, é mais lenta do que outras substâncias em nos prejudicar, podendo ser usada por décadas sem interrupção.

Antes de usar o programa com fumantes, Brewer quis testar o sistema em si mesmo. Essa abordagem é popular entre clínicos porque revela quais aspectos funcionam ou não e lhes dá credibilidade quando pacientes céticos fazem perguntas detalhadas. O problema era que ele não fumava. Como escreveu, "precisava ser capaz de me relacionar com pacientes que achavam que perderiam a cabeça por não fumar. Não podia usar nenhuma bobagem do tipo 'faça o que seu médico diz'. Eles precisavam confiar em mim. Precisavam acreditar que eu sabia do que estava falando".

A nicotina tem meia-vida de aproximadamente duas horas; assim, para começar, o fumante precisa resistir ao desejo de acender um cigarro durante duas horas seguidas. (Observe que os fumantes tendem a parar para fumar mais ou menos de duas em duas horas.) Brewer raciocinou que fumantes capazes de ficar sem cigarro durante duas horas cultivariam novos hábitos de abstinência, estendendo esses intervalos até não sentirem mais nenhuma vontade de fumar. Ele simulou esses períodos de resistência aprendendo a meditar durante duas horas sem se mover. Em momentos de inquietação, seguia os passos RAIN — reconhecer, permitir, investigar, observar. Se ele se movesse, o relógio seria reiniciado e teria de começar tudo outra vez.

Isso pode parecer fácil, mas duas horas é um longo período para ficar parado sem distrações. (Imagine se sentar para assistir a seu filme favorito, descobrir que a TV não está funcionando e em vez disso ficar em silêncio com os olhos fechados durante o mesmo tempo que teria durado o filme.) "Surpreendentemente, não foi o desconforto físico de ficar sem me mover por um longo período que me incomodou", escreveu Brewer. "Foi a inquietação [...]. Essas ânsias que exclamavam: 'Levanta daí!'"

Durante muitos meses, Brewer chegou perto. Meditava por uma hora e 45 minutos, mas a inquietação acabava levando a melhor sobre ele. "Até que, um dia", escreveu, "consegui. Fiquei sentado por duas horas inteiras [...]. Foi ficando mais fácil a cada sessão, porque confiei que podia ser feito. E sabia que meus pacientes conseguiriam largar o cigarro. Só precisavam das ferramentas certas."

Brewer tinha razão. Embora seus pacientes estivessem empacados, sem conseguir largar uma das substâncias mais viciantes que existe, quando realizou seus estudos, comparando a mindfulness RAIN às estratégias de tratamento contra o vício mais eficazes da época, seu método se revelou duas vezes mais efetivo. Meses depois, quando a maioria dos pacientes em outros tratamentos teve uma recaída, os membros de seu grupo permaneceram firmes. Apresentaram uma probabilidade mais de *cinco vezes* maior de superar a dependência utilizando uma abordagem que basicamente os ensinava a fazer uma pausa no momento em que seu corpo os impelia a agir com maior urgência.

Dos quatro passos do modelo RAIN, o segundo — permitir — talvez seja o mais crucial. Deixar-se dominar pela experiência soa sedutoramente fácil, porque não exige *fazer* nada. Mas aí é que está o problema. Na verdade, é difícil, porque somos forçados a não fazer nada apesar do impulso contrário.

Um famoso experimento ilustra como o estímulo de agir é poderoso.[8] Na década de 1970, o psicólogo Stanley Milgram estudava o poder das normas sociais. Ele queria compreender como era a sensação de nadar contra a corrente diante de uma norma muito arraigada. Assim projetou um experimento em que um grupo de alunos pegaria o metrô em Nova York e pediria a vinte passageiros escolhidos ao acaso para se sentar no lugar deles. Um pedido simples como esse atenta contra os princípios mais básicos de conduta no transporte público, onde cada um fica na sua, e poucos cumpriram a tarefa. Após escutar seus relatos, Milgram tentou também e achou tão difícil quanto. Embarcou em um vagão, aproximou-se da primeira pessoa sentada que viu e ficou completamente paralisado. "As palavras pareciam estar presas na minha garganta e não saíam", contou em uma entrevista. Então recuou e disse a si mesmo: "Que tipo de covarde medroso é você?". Realizar a tarefa exigia que Milgram e seus alunos *se permitissem* ser levados pela experiência desconfortável.

Há alguns anos, pedi a um grupo de alunos que violassem uma norma ainda mais básica que não exigia nenhuma interação com outra pessoa. Sua tarefa era ficar de frente para o fundo do elevador, sem se virar como costumamos fazer após entrar. Sugiro que tente uma vez. É incrivelmente constrangedor. Os outros passageiros presumem que você tem algum parafuso solto. Eu mesmo experimentei, e a vontade de *fazer alguma coisa* é quase irresistível.

Muitos alunos me contaram que ao descer do elevador acabaram deixando escapar um pedido de desculpas: "É uma experiência que meu professor me pediu pra fazer!". Mas se aguentamos firme, é estranhamente libertador. Você se sente mais forte, confiante e capaz por resistir ao impulso de se explicar ou desaparecer. De forma mais geral, isso serve também para situações de atrito. A única maneira de fortalecer nossa resistência às dificuldades é enfrentar pequenas doses de dificuldade de tempos em tempos. Judson Brewer aprendeu isso ao se forçar a meditar por minutos, depois uma hora e, por fim, duas horas. Quanto mais conseguimos resistir ao impulso de agir, maior a chance de superar os atritos.

No fundo, Milgram se preocupava com a reação do passageiro quando lhe fosse pedido para ceder o lugar. Os nova-iorquinos não são conhecidos pela afabilidade, e uma interação no espaço restrito do metrô parecia arriscada. E se algum sujeito de pavio curto partisse para cima dele? E se alguém o xingasse ou gritasse? Nada disso ocorreu, pois, como Milgram descobriu, os passageiros de quem se aproximou tiveram mais medo dele do que o contrário. "Que tipo de maluco pede o lugar das pessoas?", deviam pensar. A norma violada era tão arraigada que só alguém de fato perigoso a ignoraria.

Com toda a temeridade imaginada por Milgram em seu pedido, nem a pior das hipóteses se comparava ao que Alex Honnold enfrenta com o que faz. Honnold é o protagonista de um famoso documentário de 2018 chamado *Free Solo*, em que escala sozinho e sem cordas um paredão rochoso no Parque Nacional de Yosemite, conhecido como El Capitan.

Honnold já ficou empacado muitas vezes.[9] É a natureza da escalada, até para os melhores. Se a escarpa rochosa for intransponível ou escorregadia, ou o ponto de apoio dos pés ameaçar ruir com seu peso, o melhor é dar o braço a torcer e fazer meia-volta. Ninguém sobrevive por anos em escaladas livres correndo riscos desnecessários. Esse é o paradoxo da personalidade de Honnold: ele leva um dos estilos de vida mais perigosos imagináveis, mas abomina o risco. "Odeio jogos de azar", disse em uma entrevista a Guy Raz, da NPR. "Para muita gente, quando falam sobre risco, tudo bem falhar. Em particular quando são riscos financeiros, as pessoas os assumem porque as possibilidades de ganho falam mais alto do que as desvantagens. Mas com a escalada livre não é assim, porque as desvantagens são, basicamente, infinitas. Eu preciso ter certeza de que a chance é zero, entende?"

A combinação de características de Honnold é extremamente rara. Quantas pessoas são destemidas diante da morte iminente e ao mesmo tempo fazem tudo a seu alcance para evitar o risco? É isso que o torna tão bem-sucedido. Após uma pausa e meses ou anos de preparativos antes de uma grande escalada, ele parte com tudo e sem medo nenhum quando decide que está pronto para começar.

Sua aversão ao risco e a preferência pelo planejamento meticuloso foram inspiradas em grande parte por uma experiência que teve em 2008. Nesse ano, ele realizou sua primeira grande escalada livre, em uma formação de granito no Yosemite chamada Half Dome. Conseguiu isso apenas alguns dias após escalar a formação com cordas e um parceiro. Esse treinamento lhe permitiu planejar sua subida livre *free solo* tendo clareza sobre cada etapa da rota. Só que no dia da escalada livre ele resolveu mudar o que havia praticado. A complicação de um trecho o levou a optar por uma rota um pouco diferente, mas inédita, que evitava a parte mais precária da subida.

Conforme contornava uma curva na laje de granito, Honnold se deparou com uma face lisa, sem nenhum apoio óbvio para as mãos ou os pés. Era o pior pesadelo de um escalador. Ele testou vários pontos com o pé e nenhum pareceu seguro. "Comecei a entrar em pânico", recordou. "Eu sabia o que precisava fazer, mas estava com muito medo de tentar. Só precisava erguer o corpo apoiado no meu pé direito. E então, depois do que pareceu uma eternidade, aceitei o que tinha de fazer, meu pé não escorregou e portanto não morri. Isso marcou o fim da pior parte da escalada. A partir daí segui com tudo até o cume."

Tudo deu certo nesse dia, mas Honnold ficou abalado. "Fiquei decepcionado com meu desempenho, porque sabia que tinha escapado do pior. Na verdade, depois disso fiquei mais de um ano sem fazer *free solo* porque sabia que não devia me acostumar a depender da sorte. Eu não queria ser um escalador sortudo. Queria ser um ótimo escalador." Honnold passou esse ano considerando que chegara perto de um desastre sem volta. Ficou um período empacado como escalador livre. No entanto, também aproveitou esse tempo para desenvolver novos hábitos mais cuidadosos, preparando-se para os desafios ainda maiores que teria pela frente.

Uma década mais tarde, após dezenas de escaladas sozinho ou com cordas e parceiros, ele decidiu que estava pronto para o *free solo* em El Capitan. Sua preparação foi imensa. Passou duas temporadas treinando e abortou mais de uma tentativa apenas porque não se sentia preparado ou pronto naquele dia em particular. Além de se aprimorar fisicamente em geral, teve de aprender a completar cada um dos 33 movimentos distintos que compunham a subida de mais de novecentos metros. Alguns exigiam força bruta; outros, saltos acrobáticos; enquanto outros ainda dependiam de uma flexibilidade incomum. Honnold praticou cada etapa com cordas, algumas dezenas de vezes, mas o grosso da preparação era mental. Ele ensaiou na cabeça cada movimento repetidas vezes até ter certeza de que poderia dominá-los sem equipamento.

Quando acordou no dia em que realizaria sua escalada bem-sucedida, tudo parecia perfeito. "Naquele dia em particular eu senti que não havia nenhum risco", afirmou. "Sabe como é, o dia da escalada livre em El Capitan foi a culminação de anos de esforço. E acho que a prática sempre dessensibiliza você para as coisas. Acho que é meio que a única maneira real de alargar sua zona de conforto — é só ir forçando devagar, só continuar forçando no limite até enfim se sentir bastante confortável com coisas com que não estava antes." Três horas e 56 minutos após iniciar a subida, Honnold içou o corpo pela beirada do pico El Capitan, realizando a maior escalada *free solo* da história.

A preparação tornou Lionel Messi e Andre Agassi atletas melhores, mas para Alex Honnold assegurou que empacasse "quando podia" — nas escaladas de treinamento —, e que nada o detivesse quando sua vida estava em jogo. Honnold sabe que o momento certo para ficar empacado reside em planejar e antecipar o evento principal, seja no plano físico ou mental. Ficar empacado quando se dispõe de cordas e parceiros de escalada é bem diferente de quando isso acontece no *free solo*. Da mesma forma, como todos nós ficaremos empacados em algum ponto, por que não tentar fazer com que isso aconteça em momentos de menor risco, que importam menos e nos ensinam mais? Esses momentos são seguidos de uma segunda chance ou ocorrem antes dos testes de alto risco que envolvem consequências significativas. Não há problema em ficar empacado em momentos em que não há muita coisa em jogo porque são instrutivos e nos deixam mais efetivos na hora H.

Também podemos aprender com Honnold o valor de fazer uma pausa, preparar-se e, acima de tudo, saber quando abandonar uma tentativa no meio do caminho. Honnold não tem medo de voltar atrás se sentir que está despreparado física ou mentalmente. Essa mesma forma de pausar e se preparar explica como Agassi superou o saque de Boris Becker, os insights de outro mundo que Messi tem de seus adversários e a capacidade de Judson Brewer de convencer fumantes inveterados a largar o cigarro.

Mas a despeito de todos os benefícios da pausa e da preparação, às vezes o objetivo principal não sai como planejado. Honnold abandonou inúmeras tentativas de escalada livre, Agassi e Messi perderam muitos jogos e nem todos os participantes do experimento de Brewer conseguiram ficar longe do cigarro semanas ou meses depois. Dominar a ansiedade e o desconforto que sobrevêm a esses fracassos é essencial — e uma das maiores diferenças entre quem avança e quem fica atolado indefinidamente.

6. Falhando direito

A ansiedade é um sistema de alerta multifuncional que nos informa se há algo errado. Pode ser que estejamos nos movendo rápido demais, tenhamos ficado sobrecarregados em nosso trabalho ou nosso cérebro reptiliano tenha detectado uma situação que ainda não chegou ao nosso encéfalo frontal. Às vezes, esse sistema de alerta é produtivo, levando-nos a resolver problemas imediatos que de outra forma poderiam escapar a nossa atenção. Outras vezes, porém, a ansiedade nos deixa paralisados ou aumenta de forma descontrolada mesmo diante de preocupações menores. Em momentos assim, em vez de atuar como libertadora, ela nos deixa plantados no lugar.

Grande parte da ansiedade que sentimos quando estamos empacados é dessa variedade que não ajuda em nada. Ela cresce diante de um atrito, quando interpretamos de modo equivocado um revés mínimo ou curto como uma ameaça profunda ou prolongada. A ansiedade é uma resposta natural à resistência, mas algumas pessoas, por meio da experiência, estratégia ou personalidade, são capazes de controlar ou superar esse tipo. Vejamos o que as diferencia do restante de nós.

O que aconteceria se, numa segunda-feira de manhã qualquer, você rolasse para o outro lado da cama, deixasse o celular desligado e continuasse a descansar por mais doze horas? Haveria algum trabalho urgente que estaria deixando de fazer? Filhos esperando você preparar o café da manhã e levá-los à escola? Alguém mais que depende de você e não poderia ficar sem seus cuidados nem por um dia? Quanto prejuízo você causaria por passar um único dia de pura inatividade espontânea?

A resposta a essas questões nos dá uma importante medida de nossa riqueza pessoal. Se alguém tem bilhões de dólares, mas a decisão de ficar na cama derrubará organizações multinacionais ou governos, podemos dizer, ao enxergar por esse prisma, que é uma pessoa pobre. Se levamos uma vida de classe média confortável e desfrutamos de ampla liberdade de tempo, somos imensamente ricos.

Na maior parte do tempo, não equiparamos riqueza com liberdade. Na verdade, tratamos as pessoas como se fossem balanços patrimoniais. A lista Forbes 400 exemplifica essa mentalidade. Em 1981, Malcolm Forbes pediu a seu chefe de redação para compilar uma lista com as quatrocentas pessoas mais ricas dos Estados Unidos.[1] Ele, como o pai, que havia fundado a revista em 1971, era um entusiasta do capitalismo e dos livres mercados, colecionava ovos Fabergé, tinha iates, aviões e motocicletas e ele mesmo estava avaliado em centenas de milhões de dólares. A *Forbes* escolheu o número quatrocentos porque, segundo se dizia, o cobiçado salão de baile de Caroline Astor acomodava quatrocentas pessoas. Uma pequena equipe de redatores da revista saiu pelo país atrás de matérias. Eles percorreram as famosas Park Avenue e Quinta Avenida de Nova York em busca de nomes que figurassem em mais de uma pedra fundamental de seus edifícios e conduziram centenas de entrevistas com banqueiros, jornalistas e responsáveis por arrecadar fundos. Para integrar a primeira lista, os magnatas precisavam comprovar um patrimônio líquido de cerca de 100 milhões de dólares na época (cerca de 2 bilhões em valores atuais). Entre os membros dessa primeira leva, alguns ficaram encantados, enquanto outros se irritaram. Malcolm Borg, gigante da mídia, queixou-se de que "todo maldito corretor do país começou a me ligar", ao passo que o barão imobiliário William Horvitz afirmou que se sentia "ótimo por dentro" ao se ver incluído.

Porém, ao analisar mais a fundo a lista, encontramos centenas de pessoas com imensas somas de dinheiro, mas relativamente pouco tempo disponível. A vida financeira complexa que lhes trouxe bilhões de dólares os deixou quase sem tempo livre. Não são pessoas capazes de se afastar com tranquilidade do trabalho por alguns dias, nem mesmo horas.

Abaixo desses quatrocentos multibilionários, há centenas de milhares de candidatos à Forbes 400. Sei disso porque alguns de meus alunos têm aspirações similares. O abismo entre ter uma dívida estudantil e bilhões de dólares na conta se resume a uma eficiência extrema. Se alguém não "ama a urgência", se é incapaz de galgar o topo de uma gigante multinacional ou descobrir uma start-up que "mudará tudo", não triunfa. Essa visão de mundo impõe uma pressão colossal. Não deixa margem para a ineficiência. Nenhuma folga. A urgência exige sacrificar relacionamentos, fins de semana e, acima de tudo, a felicidade imediata conforme a pessoa persegue a miragem da felicidade futura.

Pessoas com esse perfil sentem que sofrem reveses quase constantes, o que as deixa com uma ansiedade aguda. Digo "sentem" porque muitos desses reveses existem apenas na própria cabeça. Se o sentido de "urgência" assume o lugar do progresso, até parar para amarrar o sapato pode ser considerado um fracasso, assim como perder um treino na academia, esquecer de tomar um shake de proteínas rico em fibras ou perder a hora programada para cuidar de seu networking. Se nossa definição de sucesso for muito estrita, a sensação de fracasso ocorre o tempo todo. Humanos não são robôs, e tentar agir como uma máquina de eficiência é o primeiro passo para o esgotamento emocional.

Se queremos mesmo ser bem-sucedidos, a solução paradoxal proposta por muitas pessoas de sucesso é relaxar.[2] Albert Einstein foi incrivelmente prolífico, mas sua produtividade vinha em rompantes criativos. Entre esses períodos, ele afrouxava a pressão sobre si mesmo. "Se meu trabalho não está indo bem", disse, "eu me deito no meio do dia e fico olhando para o teto, escutando e visualizando o que passa na minha imaginação." Pense em Einstein com sua basta cabeleira branca deitado e olhando para o teto às duas da tarde. É bem diferente do mito, mas foi fundamental para sua grandeza. Em vez de lutar contra o atrito, ele se deixava envolver por ele como uma onda, usando-o como uma oportunidade para recuar alguns passos mentalmente, assim podia "escutar" sua imaginação. Ele permitia que o atrito o derrotasse e, com isso, aprendeu a falhar direito.

O mesmo acontecia com Mozart, que entre um e outro arroubo criativo se permitia relaxar. Ele descobriu que suas melhores composições surgiam nos momentos de maior placidez. "Quando me sinto completamente eu mesmo, por assim dizer", ele escreveu, "e estou sozinho e de bom humor — digamos, andando de carruagem, fazendo uma boa refeição —, ou quando não consigo dormir, é nessas ocasiões que minhas ideias fluem melhor e de modo mais abundante." Mozart talvez experimentasse ímpetos febris de criatividade, mas esses momentos dificilmente se sustentam. Ninguém produz uma série de realizações, compondo seiscentas sinfonias e concertos, se luta contra os próprios demônios toda vez que sua produtividade encontra um obstáculo. Como Einstein, Mozart percebeu que a maneira mais rápida de guiar a mente perdida para a produtividade não podia ocorrer à força, mas buscando espaço e solidão — e aceitando que alguns fracassos são necessários. Einstein e Mozart foram talentos únicos, um em 1 bilhão, por isso é surpreendente descobrir que de certa forma fossem personalidades tranquilas. Não se punham de forma metafórica no topo de uma montanha proclamando seu apreço pela urgência. Em vez disso relaxavam, buscavam a quietude e deixavam que suas ideias viessem no momento oportuno.

Um dos benefícios dessa estratégia despreocupada diante do atrito é que ela permite uma margem para falhar. Aceitamos que nem sempre estamos no máximo da produtividade e que a vida é feita de altos e baixos. Teorias modernas do aprendizado e do desenvolvimento admitem que o progresso é impossível sem desafios, o que por sua vez significa que precisamos fracassar antes de conseguirmos ser bem-sucedidos.

Muitos anos atrás, uma equipe de psicólogos e neurocientistas buscou identificar a proporção exata entre o sucesso e o fracasso. Numa ponta do espectro, há o sucesso absoluto, enquanto na outra está o fracasso total. Ambas desmotivam, mas por razões diferentes. O sucesso absoluto é tedioso e pouco inspirador, enquanto o fracasso total é exaustivo e desmoralizante. Em algum lugar entre esses dois extremos há um ponto ideal que maximiza o progresso de longo prazo. "Quando aprendemos algo novo, como uma língua ou um instrumento musical", escreveram os autores, "costumamos buscar desafios no limite da nossa competência — não difíceis demais a ponto de nos desencorajar, mas não fáceis demais a ponto de nos entediar. Essa intuição simples, de que há um ponto ideal de dificuldade, uma 'zona Cachinhos Dourados', para a motivação e o aprendizado reside no cerne dos métodos modernos de ensino."

Segundo os pesquisadores, a taxa de erro ideal é de 15,87%.[3] É evidente que a taxa real varia mais do que esse número enganadoramente preciso sugere. Em dias bons, podemos tolerar uma taxa de erro mais alta, e em dias em que nos sentimos desestimulados ou cansados podemos preferir evitar por completo o erro. Algumas tarefas talvez impliquem uma taxa de fracasso mais elevada que outras, e se estamos com pressa de aprender talvez precisemos conviver com mais fracassos. A personalidade provavelmente faz diferença. Einstein e Mozart, com sua abordagem relaxada em relação ao atrito, talvez fossem mais dispostos a tolerar o erro do que a maioria das pessoas, e isso pode explicar em parte seu sucesso duradouro.

O que torna valiosa a mera existência dessa taxa de fracasso ideal é que ela faz duas coisas por nós. Primeiro, fornece um referencial objetivo para o grau ideal de dificuldade. Se estamos falhando muito mais do que uma a cada cinco ou seis tentativas, é provável que a frequência esteja elevada demais; se quase nunca ou raras vezes falhamos, é provável que não estejamos errando com frequência suficiente. Segundo, de uma perspectiva emocional, a taxa de erro ideal nos dá licença para falhar. Não só afirma que não há problema, como também que isso é *necessário*. Sem aqueles momentos em que olhavam para o teto, no sentido literal e metafórico, Einstein e Mozart talvez tivessem sido menos produtivos e bem-sucedidos. Esses altos e baixos não representam mau funcionamento, são antes componentes essenciais do processo.

Essa métrica de uma falha a cada cinco ou seis tentativas é um guia útil quando estamos aprendendo uma nova habilidade, em particular à medida que a tecnologia facilita quantificar o sucesso, seja estudando uma nova língua, aprendendo programação, treinando uma nova técnica de futebol, buscando correr determinada distância em determinado tempo, tentando meditar por períodos cada vez mais prolongados etc. No início, a taxa de falha pode ser maior do que uma em seis, mas se não estiver diminuindo, sabemos que estamos falhando com uma frequência alta demais para sermos produtivos.

As mesmas regras se aplicam a organizações, que também se saem melhor quando toleram um pouco de falhas. No fim da década de 1990, dez anos antes da popularização dos celulares, a Motorola lançou um provedor de telefonia via satélite chamado Iridium.[4] O nome da empresa se referia ao 77º elemento na tabela periódica, porque o projeto original exigia uma rede de 77 satélites orbitando a Terra, assim como o irídio tem 77 elétrons orbitando seu núcleo. A empresa prometia algo espetacular: uma rede telefônica global que oferecia recepção perfeita em qualquer lugar do planeta e uma proporção desprezível de ligações perdidas. Nem a tecnologia mais sofisticada dos celulares atuais consegue competir com a Iridium. Os especialistas de Wall Street ficaram encantados quando as ações foram lançadas no mercado, mas o foco da empresa na clareza e nas conexões perfeitas tornou seus aparelhos caros de modo proibitivo. Os executivos da Iridium adotaram uma abordagem de tolerância zero para falhas de produção, mas não era isso que os usuários queriam. O consumidor estava disposto a aceitar uma pequena queda na clareza e um ligeiro aumento nas ligações perdidas em troca de celulares e planos de serviço significativamente mais baratos. Uma maneira infalível de ficar empacado é buscar com rigidez a perfeição.

Presumindo que os reveses sejam necessários até certo ponto, a questão seguinte é como lidar com eles. Como lidamos com as 15,87% das vezes em que as coisas não funcionam conforme o planejado? A resposta não é apenas falhar, mas fazer isso *direito*, e alguns o fazem melhor do que outros.

Falhar direito é crucial, porque raramente é a última coisa que fazemos. É quase sempre um ponto intermediário em um caminho extenso, cujo trecho remanescente é moldado por como lidamos com esse fracasso. O fundamental é reagir à falha de forma produtiva, e uma das maiores diferenças entre os sucessos e os reveses é que a maioria das pessoas reage aos sucessos de forma similar, ao passo que as falhas suscitam uma gama diversa de respostas. A maioria das pessoas sabe como celebrar uma vitória, e o faz bem. Aprendemos a não contar vantagem já na infância, e para a maioria de nós a lição começa bem cedo. Vencedores do Oscar, ganhadores do Grammy e campeões olímpicos estão preparados para vencer com elegância, e desde muito jovens os vemos se comportar de forma respeitosa ao vencer. É fácil ser elegante na vitória, mas é mais raro que isso ocorra na derrota.

Grande parte do que determina se reagimos aos reveses com elegância é como interpretamos essas experiências. Em "Falhar e voar", o poeta americano Jack Gilbert sugere que tendemos a ignorar os sucessos e focar nossa atenção nos fracassos.[5] Gilbert ilustra essa ideia reformulando a lenda de Ícaro. "Todos esquecem que Ícaro também voou", começa ele, notando que nos lembramos universalmente de Ícaro por despencar do céu após se aproximar demais do sol. Gilbert conclui o poema com os versos: "Acredito que Ícaro não falhava enquanto caía,/ chegava apenas ao fim do seu triunfo". O que Gilbert escreveu é verdade para os humanos em geral. Na maior parte do tempo, quando focamos nossa atenção em perdas, falhas e erros, ficamos protegidos de repetir nossos equívocos e tomar decisões arriscadas.[6] Mas quando tentamos sair da estagnação, focar nos aspectos negativos nos deixa ainda mais presos.

A resposta de Gilbert é focar nossa atenção nos sucessos que nos levaram até o ponto onde ficamos empacados. Em muitos casos, ficar empacado é sinal de progresso — de ter se movido para além de uma situação de conforto e maestria para outra em que somos desafiados. A chave é lembrar que penetrar em terrenos mais difíceis facilita os reveses, mas eles são essenciais para o progresso a longo prazo.

Os contratempos podem ser inevitáveis, mas a ansiedade que os acompanha é superável. Um modo de garantir que não reagiremos a todos com ansiedade é nos expormos a testes de estresse que nos deixem calejados contra eles. Essa abordagem é popular entre atletas. Jogadores de golfe de elite sabem que a perda temporária de foco ameaça uma pontuação impecável. Se esperamos acertar 77 tacadas durante uma rodada, um único lapso — digamos, na quinquagésima — pode acrescentar duas, três ou quatro tacadas extras. Um circuito completo de dezoito buracos pode durar quatro ou mais horas, assim a distração e o cansaço são quase inevitáveis. Quando o jogador de golfe americano Phil Mickelson não está disputando algum torneio, põe suas habilidades de atenção à prova jogando pelo menos duas rodadas por dia.[7] "Estou progredindo cada vez mais em tentar prolongar meu foco", disse ele. "Posso jogar 36, 45 buracos em um dia, e assim tentar me concentrar em cada tacada; quando for jogar dezoito não parece muita coisa." Se Mickelson treina para acertar duzentas tacadas sem perder o foco, deveria ser capaz de acertar setenta e tantas em um dia normal de torneio. "Estou tentando usar a minha mente como um músculo e expandi-la", disse ele. Essa abordagem repousa na ideia de que os humanos são tremendamente flexíveis. Para a maioria dos jogadores de golfe, manter o foco durante dezoito buracos seguidos é um desafio significativo, mas esse número constitui apenas 40% do treino de fortalecimento de Mickelson.

Essa técnica de treinar de forma exaustiva funcionou para postergar a fadiga física e mental no campo de golfe, e a mesma abordagem também estimula a resiliência emocional. Para testar essa ideia, eu e mais três colegas examinamos o desempenho de equipes de basquete universitário durante um período de dez anos.[8] Antes do início das competições, as equipes disputam uma série de amistosos de pré-temporada, treinando para o momento em que os jogos forem para valer. O importante é que os amistosos são marcados de forma aleatória. Em alguns anos, uma equipe pode pegar uma série de adversários muito difíceis, em outros, jogar contra adversários fracos. Queríamos verificar se as equipes se saíam melhor na temporada ao treinar antes contra adversários mais fracos ou mais fortes.

A resposta não é óbvia. Entrevistamos treinadores especialistas e atletas universitários de elite de diversos esportes e suas opiniões variaram. Alguns afirmaram preferir pegar equipes mais fáceis na pré-temporada, pois isso instilaria confiança para as competições. Afinal, nada melhor do que iniciar a temporada após uma série invicta de vitórias, certo? Além disso, em geral ocorrem menos contusões, e os técnicos podem poupar seus melhores jogadores para as partidas de verdade.

Outros treinadores e jogadores achavam o contrário: que uma pré-temporada desafiadora era crucial para a preparação do time. Quem joga contra times mais fracos não tem oportunidade de aprimorar as estratégias de que vai precisar ao jogar depois contra as melhores equipes. Alguns afirmaram também que é importante aprender a perder. Derrotas são inevitáveis — mesmo os times mais fortes costumam perder um ou dois jogos a cada temporada ou torneio —, assim aprender a se recuperar de uma derrota é uma habilidade essencial. Alguns treinadores mencionaram a preocupação de que sua equipe pudesse entrar em parafuso após perder, encadeando uma série de derrotas antes de conseguir recuperar o equilíbrio. A melhor maneira de lidar com isso seria perder num momento em que isso não tivesse tanta importância.

Essa abordagem é conhecida como inoculação de adversidades. O termo, emprestado do tratamento de doenças infecciosas, sugere que nosso corpo e nossa mente se tornam mais resistentes a grandes desafios quando foram imunizados contra eles. A melhor maneira de fazer isso contra uma doença é ser exposto a doses reduzidas ou inertes antes de contraí-la de fato. A inoculação de adversidades também se aplica a reveses. Ao longo de dez temporadas, descobrimos que as equipes de basquete universitário se saíram melhor durante os jogos oficiais após uma pré-temporada mais desafiadora. E o efeito também foi amplo. Nosso modelo sugere que as equipes com uma pré-temporada mais fácil poderiam ter ido até uma ou duas rodadas mais longe no torneio eliminatório se tivessem feito uma pré-temporada mais exigente.

A inoculação de adversidades funciona também no domínio intelectual. O complexo jogo chinês *go* é disputado há milhares de anos e, embora o desempenho tenha melhorado ao longo do tempo, nas últimas décadas houve uma estagnação. Isso ocorreu até algum momento entre 2016 e 2017, quando uma nova inteligência artificial superou a capacidade humana no jogo. Os melhores jogadores de *go* do mundo perderam para a IA,[9] mas essas derrotas abriram caminho para uma nova era nas partidas. Durante muitos anos parecia que a habilidade humana tinha atingido um teto, mas após a introdução da IA todo o universo dos jogadores de *go* pareceu melhorar. Novas estratégias foram formuladas e pontuações maiores foram alcançadas na escala de classificação que costuma ser mais usada. A adversidade de enfrentar uma máquina superior libertou uma reserva de aptidões que a maioria dos jogadores de *go* deixara de aproveitar no início de suas carreiras.

Além dos esportes e das aspirações intelectuais, também podemos ser imunizados contra os desafios emocionais. Uma pessoa que conhece isso em primeira mão é Michelle Poler, estrategista de marca e fundadora do movimento Hello Fears [Alô, Medos]. Poler foi uma criança ansiosa que cresceu numa família ansiosa. Seus ancestrais haviam fugido do nazismo durante a Segunda Guerra Mundial para começar uma nova vida na Venezuela, e muitas dessas ansiedades seguiam vivas meio século depois, quando Poler passava a infância em Caracas. "Minha mãe foi criada com uma porção de medos, assim como eu", conta ela. "E embora seja possível que nossos medos não tenham sido os mesmos, ambas tínhamos a mesma atitude quanto a isso: fingir que não existiam!" Em 2014, Poler superou uma porção de medos para se mudar para Nova York,[10] onde começou um mestrado em branding na Escola de Artes Visuais. No primeiro dia de aula, o professor fez duas perguntas que mudaram a vida dela. Primeiro, perguntou a Poler onde ela imaginava estar em dez anos. A lista dela incluía virar uma empreendedora de sucesso, viajar com o marido, falar em empresas de todo o mundo e comprar um apartamento em Manhattan. Segundo, o professor perguntou se havia algum obstáculo crucial que poderia impedi-la de conquistar essas coisas. A resposta veio em letras maiúsculas: MEDO. "O medo era o único obstáculo que podia me impedir de realizar meu plano de dez anos", Poler percebeu. "Como eu me candidataria às melhores empresas de Nova York se tinha medo da rejeição? Como poderia me tornar uma empreendedora se não sabia lidar com a incerteza? Como seria capaz de falar em conferências sobre minhas 'realizações' se morria de medo de falar em público? Eu queria essas coisas, mas tinha um medo terrível delas."

Poler nunca tinha ouvido falar no termo *inoculação de adversidades*, mas admitia que seus sonhos podiam não se concretizar se ela não aprendesse a controlar sua ansiedade. Suas opções eram não fazer nada e continuar se isolando do medo ou aprender a administrar seus medos em nome desse plano de dez anos. Ela escolheu o caminho da inoculação e assim começou sua campanha "cem dias sem medo".

Todos os dias, durante cem dias, Poler fazia alguma coisa que temia. Alguns desses medos giravam em torno da dor e do perigo, outros tinham a ver com vergonha, rejeição e solidão, e outros com controle e nojo. Ela começou por comer três ostras no jantar de aniversário de casamento de seus pais no restaurante Balthazar, em Nova York. "Fico com receio de comer qualquer coisa com aparência, textura ou cheiro que me dão nojo", explicou ela em seu site. "Para tentar manter distância dessa situação desconfortável, costumo ficar na minha zona de segurança alimentar, que inclui pizza, macarrão com queijo, *hot roll* de atum, arepas, cereal e coisas de aspecto delicioso que não tenham olhos, tentáculos, cascas nem conchas." Poler registrou sua experiência em vídeo. Não correu bem. Ela quase vomitou algumas vezes, cuspiu a primeira ostra e precisou respirar fundo antes de empurrar outra com um gole de vinho tinto.

Ela continua a detestar ostras e não acredita que comê-las tenha algo a ver com seu plano de dez anos. Confrontar seus medos, contudo, vacinou-a para os desafios legítimos com que talvez viesse a lidar à medida que tentasse concretizar seu sonho. Comer ostras foi sua pré-temporada, e ela tinha começado com uma tarefa particularmente difícil.

A lista de medos de Poler era diversa. No 14º dia, dirigiu sozinha pelas ruas de Miami à noite. No 26º, passeou de helicóptero. No 35º, falou em público. No 39º, doou sangue. Depois, hospedou-se na casa de um desconhecido, entrou de penetra em um casamento, fez comédia stand-up, pilotou um avião, fez rapel em um despenhadeiro e — no centésimo dia — deu uma palestra TED diante de quinhentas pessoas. A experiência foi transformadora. Ao final do projeto, a rede de TV em língua espanhola Telemundo a convidou para uma entrevista nos estúdios de Miami. Ela estava incrivelmente nervosa. Continuava a ter medo de falar em público e, em particular, de aparecer ao vivo na TV — e seus piores temores se concretizaram quando a entrevista correu terrivelmente mal. "De repente, esqueci como falar espanhol (minha primeira língua)", recordou. "Comecei a usar várias palavras em inglês, coisa que não tinha cabimento. É só que eu estava tão nervosa que não conseguia pensar direito." Quando a entrevistadora revelou que Poler faria uma viagem surpresa à Polônia para participar da Marcha Internacional dos Vivos (uma passeata entre os campos de concentração de Auschwitz e Birkenau para marcar a memória do Holocausto), ela ficou paralisada e demorou para se recuperar. Mas — e isso é crucial — não só sobreviveu ao constrangimento da entrevista, como também usou a situação para se fortalecer para futuros desafios. Essa era sua nova filosofia. Cada vez que ficava ansiosa ou enfrentava uma barreira, ela se lembrava dos mais de cem obstáculos que havia confrontado e superado em sua jornada para se imunizar contra adversidades.

O medo é um componente tão elementar da estagnação que a abordagem de Poler se aplica a mais coisas do que apenas fobias agudas. Independentemente de o ponto de estagnação envolver uma conversa difícil, uma mudança de carreira, a ansiedade de tentar aprender uma nova habilidade, essa estratégia da terapia de exposição é uma ferramenta valiosa. Em um nível, mostra o valor de se expor a doses administráveis de ansiedade na tentativa de superar uma barreira. Em outro, mais profundo, sugere que nos tornamos globalmente mais resilientes aos obstáculos quando adotamos a filosofia de Poler. Após enfrentar alguns de nossos receios, passamos a ser o tipo de pessoa que enfrenta o medo, em vez de fugir dele. Quando uma nova ansiedade relacionada a um obstáculo surge, estamos preparados para encarar o desafio.

À medida que o tempo passa, Pole continua a se expor a novos medos, em parte para garantir que continue imunizada. Estendendo ainda mais a metáfora da vacinação, essas novas exposições são como testes de anticorpos que confirmam sua imunidade. Isso também é uma parte importante do processo — assegurar que saibamos se e até que ponto conseguimos administrar a ansiedade de novos reveses.

Viver constantemente com medo não é para qualquer um, mas há outra maneira de determinar se estamos vacinados. Essa técnica se baseia em um fenômeno psicológico conhecido como ilusão de profundidade explanatória.[11] É assim: pergunte-se em que medida você é capaz de explicar o funcionamento de uma bicicleta e atribua uma pontuação de um a dez para a sua explicação, sendo que um significa que não faz ideia de como funciona (ou talvez nem saiba o que é uma bicicleta) e dez que é capaz de explicar perfeitamente. A maioria se atribui uma pontuação de seis ou sete, ou seja, acredita ser capaz de explicar de forma razoável. Agora tente explicar como uma bicicleta funciona usando suas próprias palavras. Tente de verdade.

Quase todo mundo sabe que ela tem guidão, rodas, corrente, engrenagens e pedais, mas hesita ao explicar seu funcionamento. As pessoas não têm certeza de como os componentes interagem entre si, como produzem movimento, de que maneira a corrente está ligada aos pedais e às engrenagens, e assim por diante. Eis a ilusão. Sem nenhum questionamento, presumimos saber como uma bicicleta funciona, mas quando pressionados a *analisar* o que sabemos, temos dificuldade. O mesmo ocorre com muitos outros dispositivos mecânicos, como a caneta esferográfica e o zíper, e até com posições políticas defendidas por figuras públicas proeminentes. Na maior parte do tempo, essas deficiências permanecem ocultas. Confundimos nossa compreensão superficial sobre *o que é* uma bicicleta com o *modo como* ela funciona. A única maneira de revelar essa falha é questioná-la — perguntarmo-nos, como uma criança faria, para analisar nosso conhecimento. Só quando somos forçados a expressar nosso conhecimento por completo, percebemos o que não sabemos.

Lidar com os reveses é parecido, no sentido de que raramente questionamos como administraríamos a ansiedade em relação ao atrito antes que este seja real. A campanha de Michelle Poler foi eficaz porque mostrou a ela exatamente com que conseguiria ou não lidar, o que a deixou mais resiliente. À medida que progredia ao longo dos cem dias, ela registrou como se sentia antes, durante e após cada desafio. Ao comer ostras, o medo chegou a dez em sua escala, mas depois caiu para seis. Por outro lado, ir a um parque de cachorros foi assustador na antecipação (oito), um pouco menos no momento (seis) e quase nada em retrospecto (três). Esses números são importantes porque explicitaram para ela duas narrativas diferentes desses medos específicos: seu receio de ostras permanece o mesmo e ela não planeja comê-las outra vez, mas consegue se imaginar passando um tempo com cachorros. "Não acredito que superei esse medo em tão pouco tempo", escreveu, "mas isso me ajudou a compreender que os cachorros não querem me fazer mal, apenas se divertir."

Há algo nessa estratégia que todos podemos usar, mesmo se não estivermos pondo nossos medos à prova. Uma técnica para tratar o medo de voar de avião é expor a pessoa aos poucos à experiência. Essa terapia oferece doses cada vez maiores de medo para que ela aprenda a lidar com a tensão de pegar um voo de verdade.[12] No início, podemos mostrar imagens do interior de um avião ou pedir que a pessoa se sente em um assento que não esteja dentro de uma aeronave. Depois ela pode entrar em um avião de verdade, sentar-se e sair antes que decole. Também poderia usar um simulador de realidade virtual para saber como é a sensação de voar, ciente de que a experiência não é real. Após completar cada um desses passos, pode de fato voar um trajeto curto, e então quem sabe um mais longo.

A mesma abordagem funciona, porém, com qualquer ponto de paralisia, independentemente de envolver ou não medos agudos. O segredo é imaginar como lidaríamos com a ansiedade de ficar empacados, concebendo cada vez mais detalhes, até um ponto em que ficamos imunizados contra o obstáculo caso se materialize. Essa técnica funciona particularmente bem se estamos paralisados pelo medo do fracasso. Tentar algo novo, seja trocar de emprego ou abrir um negócio, é ameaçador porque exige abraçar o desconhecido. Muita gente não avança porque fica paralisada pela perspectiva de falhar. Esse medo permanece abstrato e mal definido porque não nos envolvemos com profundidade o bastante para imaginar como o fracasso pode de fato afetar nossa vida. Faz sentido reconsiderar começar um novo negócio se, caso fracasse, for deixar a pessoa quebrada e sem ter onde morar, mas na medida em que ela tenha economizado o suficiente para dispor de uma rede de segurança financeira, o fracasso representa mais angústia que ruína. Podemos trabalhar o potencial golpe em nossa autoestima e status social da mesma forma que o aerofóbico trabalha seu medo de voar — imaginando antes como será a situação se o negócio fracassar. Como explicaremos isso para amigos e familiares? Que passos concretos tomaremos em seguida? Temos algum outro negócio em mente para o caso de não dar certo? Abandonaremos temporariamente nosso empreendedorismo? Responder a questões como essas é a melhor maneira de testar como lidaremos com o fracasso — bem como de seguir em frente a despeito do medo de não ser bem-sucedido.

Essas técnicas, da inoculação de adversidades à terapia da exposição, funcionam no nível individual, mas dificilmente vão além disso. É quase impossível lidar com a ansiedade de ficar empacado em uma organização ou um grupo de pessoas com soluções que não alteram a estrutura organizacional ou do grupo como um todo. Para isso precisamos dar aos membros da coletividade uma margem para falhas.

* * *

Há uma regra prática para a sala de aula que diz mais ou menos o seguinte: elogie os alunos três vezes mais do que os repreende. Essa proporção sugere que podemos mimá-los com excesso de elogios. Há alguns anos, uma equipe de especialistas em educação pôs essa afirmação à prova. Eles acompanharam professores e alunos do ensino fundamental durante três anos em dezenove escolas dos Estados Unidos. Alguns professores foram instruídos a elogiá-los de forma mais generosa, enquanto o restante dos docentes continuou com o tratamento habitual. Os pesquisadores compararam o comportamento dos alunos em ambos os grupos.

Os dados mostraram que o progresso foi maior com elogios.[13] A proporção de três para um era arbitrária. Em algumas turmas, o professor elogiava nove vezes mais do que criticava, e foram nessas que os alunos se saíram melhor. Quanto mais elogios e menos críticas, maior a tendência a permanecerem concentrados na aula. (Os pesquisadores foram cuidadosos em minimizar a possibilidade de os alunos mais comportados exigirem menos reprimendas, o que poderia sugerir que estes recebem mais elogios.)

Esse efeito não se restringia a crianças numa sala de aula. Uma pesquisa examinou em que medida treinadores abusivos da NBA moldavam a carreira de jovens atletas em suas equipes.[14] O estudo acompanhou o desempenho de centenas de jogadores treinados por 57 técnicos ao longo de seis anos. Os resultados foram inequívocos. Jogadores com treinadores abusivos eram menos eficientes e cometiam mais faltas técnicas até mesmo dez anos após escapar desses treinadores. Talvez não surpreenda que o comportamento abusivo seja contraproducente, mas, por incrível que pareça, ele continua a prejudicar o atleta ao longo de toda a sua carreira. Esse resultado é preocupante também porque um segundo estudo revelou que entre um sexto e um terço dos treinadores de basquete universitário são abusivos, o que sugere que os danos psicológicos podem ocorrer antes mesmo de os atletas estarem plenamente amadurecidos.

O elogio na sala de aula e na quadra de basquete é eficaz porque contrapõe a ansiedade que alunos e atletas poderiam de outro modo sentir ao longo de seu desenvolvimento. É uma licença para que possam falhar e assumir riscos, duas coisas que tendem a provocar ansiedade, mas que são cruciais para os avanços que vêm após períodos de aprendizado e desenvolvimento. O elogio é um amortecedor que protege alunos e atletas jovens de ameaças à sua autoestima.

O elogio e o apoio mudam o prisma pelo qual as pessoas enxergam o mundo ao alterar a maneira como percebem a ansiedade. Embora o estresse e a ansiedade sejam desagradáveis na hora em que os sentimos, é quase impossível ser bem-sucedido sem vivenciá-los de tempos em tempos. Tanto a falta como o excesso de estresse podem prejudicar o desempenho. O importante é interpretar a ansiedade e o estresse mais como motivadores do que como detratores do sucesso.

A psicóloga Alia Crum e seus colegas demonstraram, após dezenas de experimentos, que encarar o estresse como benéfico melhora de forma drástica o desempenho. Em um estudo, por exemplo, Crum acompanhou 174 Navy SEALs — a principal força de operações especiais da Marinha dos Estados Unidos — numa série de treinamentos. Os exercícios eram fisicamente exigentes e indutores de estresse, assim Crum investigou se quem via o estresse como propulsor de desempenho se sairia melhor do que os demais, para quem seria uma desvantagem. E, de fato, aqueles que o viam como benéfico tinham maior probabilidade de persistir durante o treinamento, completar mais rápido as provas de obstáculos e receber menos avaliações negativas de colegas e instrutores. Em outros estudos, Crum e sua equipe treinaram indivíduos para ter uma visão positiva do estresse, e eles também se saíram melhor numa série de tarefas físicas e mentais.

Talvez o exemplo mais notável de intervenção capaz de alterar o modo como a ansiedade e o estresse são percebidos pelas pessoas seja a introdução de uma renda básica universal (RBU). A RBU são impostos negativos pagos a todos os membros de determinada região ou país — digamos, mil dólares por mês, sem demandar nada em troca.[15] Um dos argumentos mais fortes a favor dela é que libera as pessoas para assumir riscos em empreendedorismo que de outro modo evitariam. Se queremos começar um novo negócio, por exemplo, e sabemos que ficaremos sem receber rendimentos por vários meses ou mais conforme o negócio cresce, a RBU nos deixa livres para assumir esse risco, enquanto sem ela isso seria impossível. Uma das descobertas mais consistentes dos experimentos com a RBU, ao longo de muitas décadas, é que ela reduz a ansiedade e libera a pessoa para focar em algo além de pôr comida na mesa todos os dias.

Antes de escrever o primeiro livro da série Harry Potter, J. K. Rowling vivia na penúria. O que a salvou foi o seguro-desemprego pago pelo governo. Em uma entrevista a Jon Stewart, ela explicou a importância disso: "Eu não teria conseguido escrever o livro se não fosse o mais pobre possível que podemos ser no Reino Unido sem virar sem-teto. Vivemos do que vocês chamam de previdência social, eu chamaria de benefícios, por alguns anos". Stewart perguntou a Rowling se sustentá-la nesse período fora um bom investimento para o governo. Rowling respondeu: "Claro que sim, meu país me ajudou, enquanto em alguns lugares do mundo eu teria morrido de fome".

Uma política de RBU similar na Nigéria teve tremendo sucesso. Em 2011, o governo nigeriano distribuiu 60 milhões de dólares entre 1200 empreendedores que abriam novos negócios — cerca de 50 mil para cada. Três anos após o início do programa, 54% de um grupo de empreendedores sem financiamento continuava a tocar seu negócio, enquanto 93% dos participantes do programa tinham prosperado. Essas empresas também demonstraram uma chance três vezes maior de crescer para além de dez funcionários. O dinheiro ajuda em parte porque proporciona os recursos para iniciar novos empreendimentos, mas também porque é liberador. A maioria dos empreendimentos e das inovações é arriscada, e assumir riscos é algo menos intimidador para os privilegiados. Se o risco nos expõe à ruína, isso é muito mais assustador do que para quem tem um respaldo financeiro sólido. Uma beneficiária da RBU explicou que receber um dinheiro regularmente a encorajou a ser mais empreendedora: "Me deu segurança para começar meu próprio negócio". Dezenas de outros beneficiários alegam a mesma coisa, alguns comparando a experiência a "ganhar na loteria".

Talvez o argumento mais convincente para os efeitos antiparalisia dos programas de RBU venha do New Leaf, na Colúmbia Britânica, no Canadá. Financiado pela Universidade da Colúmbia Britânica e por uma organização de caridade chamada Foundations for Social Change, o programa concedeu 7500 dólares para cinquenta sem-teto de Vancouver e acompanhou o comportamento deles ao longo de um ano. Eles gastaram o dinheiro numa combinação de comida, aluguel, roupas, transporte e despesas médicas, e a vasta maioria conseguiu guardar mais de mil dólares ao longo do ano, mesmo com o alto custo de vida em Vancouver. Alguns também se sentiram livres para procurar emprego, matricular-se em cursos e aprender novas funções. "Meu objetivo é me aprimorar", disse um deles, Ray, à New Leaf. "Quero atuar na linha de frente contra o abuso de álcool e drogas; retribuir ao lugar de onde vim. Acabei de começar meu treinamento em informática, então estou progredindo." Para Ray, teria sido impossível sair da paralisia se o programa não atendesse suas necessidades básicas e, consequentemente, a ansiedade que ele sentia por ser sem-teto.

Dominar a reação emocional ao atrito é fundamental, mas controlar a ansiedade é apenas o primeiro passo para sair da paralisia. O passo seguinte é aprender a pensar sobre o problema de modo a correr menos risco de ficar empacado, em primeiro lugar, e também de ficar assim por muito tempo, quando ocorrer. Pensar de uma maneira inteligente sobre o problema começa, paradoxalmente, quando percebemos que os avanços muitas vezes surgem mais ao limitar as opções do que ao expandi-las.

Parte III

Cabeça

7. Auditorias de atrito e a arte da simplificação

Na década de 1980, um arquiteto chamado Bill Hillier perambulou por Londres para mapear os bairros mais labirínticos da cidade. Alguns eram abertos e projetados com quadras regulares, enquanto outros, como o Barbican Estate, eram tão tortuosos que os turistas só conseguiam se orientar seguindo marcações amarelas na rua. Hillier utilizou o termo matemático *inteligibilidade* para captar a complexidade de cada bairro.[1] A pontuação de inteligibilidade ia de zero a um, na qual bairros "ininteligíveis" com baixa pontuação tinham uma tendência maior a confundir os recém-chegados. A pontuação de inteligibilidade de Hillier se aplica também a outros domínios de complexidade. Por exemplo, todo labirinto com que já nos deparamos tem uma pontuação de inteligibilidade que capta seu grau de dificuldade. A grande sacada de Hillier foi que a mesma complexidade que levava as pessoas a ficarem empacadas ao tentar se localizar num bairro tortuoso ou num labirinto também descrevia a complexidade da vida em termos mais amplos. A melhor maneira de desempacar, segundo Hillier, é simplificar o ininteligível. Remover a complexidade para abrir um caminho mais direto do início ao fim. Isso é verdade em particular quando o conceito é inerentemente complexo. Pegue a área da medicina diagnóstica. O corpo humano combina dezenas de ossos,[2] centenas de quilômetros de cabelos, dezenas de milhares de quilômetros de vasos sanguíneos e trilhões de células.[3] Os seres humanos são suscetíveis a mais de 10 mil doenças identificadas, muitas delas tão raras que só foi diagnosticado um punhado de casos. Os médicos se orientam por essa teia de enfermidades recorrendo a centenas e centenas de tratamentos e curas, restando inúmeras doenças difíceis de identificar e ainda mais difíceis de tratar.

Para os casos mais complexos, especialistas como o dr. Thomas Bolte, de Nova York, são procurados para dar sua opinião.[4] "Na medicina convencional, há uma expressão: 'Se você escutar cascos, não comece a procurar primeiro por zebras'", afirma o dr. Robert Scully, que trabalhou com Bolte. "Como consequência, deixamos zebras escaparem o tempo todo. Tom é um caçador de zebras." O foco de Bolte em diagnósticos complexos lhe rendeu o apelido de Dr. House da vida real, que evoca o famoso médico interpretado na TV por Hugh Laurie, que elucidava casos excepcionalmente complexos e incompreensíveis para seus colegas. Bolte brilha quando os cascos proverbiais da enfermidade pertencem a zebras, não a cavalos.

Com o cabelo loiro curto, que o faz parecer um menino, dr. Bolte se desloca de patins entre seu consultório e os apartamentos de seus pacientes confinados ao leito. É um homem da ciência, mas também um espiritualista que aprecia a psicologia junguiana e a importância de manter a mente aberta. Ele passa um tempo fora do comum escutando os pacientes, fazendo dezenas ou até centenas de perguntas antes de chegar a um diagnóstico. Embora os trate de forma humanitária, reconhece que seus corpos enfermos são uma coisa mecânica governada por determinadas leis da ciência e propensos a um conjunto finito de males.

Bolte aprendeu a diagnosticar desde pequeno, mas seus primeiros pacientes foram casas, não pessoas. Seu pai morreu devido a um melanoma quando ele era criança, e sua mãe, Rosemarie, sustentou os dois filhos reformando e alugando casas dilapidadas à beira-mar em Long Island. Os inquilinos de Rosemarie costumavam entregar o imóvel destruído, assim ela empregava uma equipe para fazer os reparos e voltar a alugá-lo. Observando os homens, Tom não demorou a dominar serviços básicos de encanador, marceneiro, gesseiro e eletricista. Mais tarde, estudou como consertar eletrônicos, carros e computadores e chegou à conclusão de que devia haver uma fórmula para arrumar até as coisas mais complexas. Só bastaria dominá-la. Isso funcionou no caso de reformas domésticas simples, na manutenção de aparelhos eletrônicos e, inclusive, no tratamento de pessoas doentes.

Quando era jovem, Bolte aprendeu a importância de simplificar os diagnósticos. No linguajar de Hillier, para elucidar o labirinto ininteligível do corpo humano, ele utiliza um algoritmo que quase sempre rende um diagnóstico bem-sucedido. O algoritmo de Bolte é um questionário de 32 páginas. Todo paciente precisa preencher o documento, que cobre, entre outros tópicos, histórico médico da família, comportamento social, hábitos e hobbies, trabalho, exposição a substâncias químicas e viagens ao exterior. A maioria dos pacientes leva de duas a três horas para completar a tarefa, e Bolte acredita que as respostas são o primeiro passo para a recuperação. Com o tempo, ele refinou as perguntas, vertendo toda a complexidade diagnóstica nesse molde simplificador.

Bolte pode não ser o médico mais rápido do mundo para chegar a um parecer — mas é um dos que tem maiores chances de fazer uma descoberta. Ele avança de forma lenta e metódica e, com mais frequência do que a grande maioria de seus colegas, encontra um caminho para a solução. Já trabalhou em práticas médicas tradicionais, mas a seu ver a ênfase delas na rapidez não funciona. As companhias de seguro classificam os médicos de acordo com a quantidade de pacientes que veem por hora — uma espécie de "média de rebatidas de beisebol" — e, por essa métrica, em quase tudo que faz ele teria ficado em último. "Houve uma época neste país em que os médicos atendiam o paciente em casa e, quando terminavam", diz ele, "sentavam-se para jantar com a família. É assim que se conhece a pessoa. Quando alguém voltasse a ficar doente, o médico sabia o contexto familiar. Sabia como era a vida doméstica das pessoas, no que trabalhavam e assim por diante. Hoje em dia a pessoa tem sorte se a consulta durar vinte minutos. Como é possível descobrir tudo que a gente precisa sobre um paciente em vinte minutos?" Bolte não janta com seus pacientes, mas seu questionário exaustivo realiza grande parte da coleta de informação que esses relacionamentos sociais proporcionavam antes de a moderna medicina se transformar numa mercadoria. Ele reduziu o processo a um algoritmo porque sabe que a complexidade do diagnóstico médico é paralisante. Sem simplificação, identificar uma zebra entre cavalos é quase impossível.

A história do dr. Bolte me lembrou de uma experiência que tive há mais de vinte anos como jovem aluno de direito. Entre as aulas, eu trabalhava durante meio período num grande escritório de advocacia no centro de Sydney, a 45 minutos de ônibus da minha casa, no subúrbio norte da cidade. Passava muitas dessas viagens de ônibus lendo processos e me preparando para as aulas.

Ao longo dos anos, li centenas, talvez milhares de julgamentos, examinando uma montanha de casos de direito penal, contratos, direito à propriedade, direito civil e de muitas outras áreas. Os processos em geral eram uma leitura cansativa. Juízes não são famosos por escrever de forma bonita ou simples, e muitos casos mais antigos estão escritos num legalês impenetrável. Minha mente vivia divagando, e eu tinha de voltar e mergulhar na massa de texto. Às vezes, pegava no sono enquanto lia e, ao acordar, começava tudo de novo.

Nesses trajetos de ônibus, havia um advogado proeminente com trinta anos de experiência que sentava no mesmo banco que eu. Na Austrália, a profissão se divide entre o *solicitor*, a pessoa encarregada principalmente de preparar os casos, e o *barrister*, que costuma apresentar a argumentação no tribunal, perante o juiz. Cerca de 10% a 15% dos *barristers* mais antigos são conhecidos pelo título honorífico de *Senior Counsel*. Meu colega de trajeto era um deles e um dos principais advogados do país. Era (e continua sendo) brilhante — um conhecedor impecável da lei e muito ágil na argumentação oral. Às vezes, no ônibus, ele andava com uma pilha de fichários cheios de documentos legais. Quando a quantidade era grande demais para carregar, usava um carrinho de bagagem para subir no ônibus.

Se eu tivesse uma semana para ficar sozinho, sem interrupção, não conseguiria ler e processar toda a informação que havia nas pastas desse advogado. Mas era exatamente o que ele fazia. Conversava durante dez minutos, pedia licença e começava a leitura. Pegava as pastas uma após outra e as folheava rapidamente e, em certos momentos, devagar. Então parava em algumas páginas durante alguns minutos, depois praticamente ignorava centenas de outras, antes de se deter de novo em mais uma página crucial. Essas viagens de ônibus começavam cerca de 7h30 da manhã, e eu sabia que ele estaria no tribunal algumas horas depois, fazendo uma argumentação oral de cinco ou seis horas com base no que lera durante nosso trajeto compartilhado.

Certa manhã, incrédulo, perguntei: "Como você consegue ficar no tribunal por horas com tão pouca preparação?". Seu método me parecia incompreensível, mas, para esse advogado, assim como para Thomas Bolte, o algoritmo era simples. "Faço isso há muito tempo", contou-me (estou parafraseando aqui). "Todo caso se baseia em poucas informações sutis — evidências críticas ou um fato crucial. Basta compreender isso, combinado a uma vida de conhecimento legal, para apresentar sua argumentação por dias a fio."

Eu não estava à altura de seu conhecimento legal, mas levei a sério a importância de aprender a simplificar milhares de informações e extrair os componentes essenciais. Não aprendemos lendo tudo que há, mas descobrindo quais partes não precisamos ler. Eu não lia milhares de processos na faculdade de direito por precisar aplicar as ideias de casos antigos a novos. Lia para aprender a simplificar — reconhecer a diferença entre dados essenciais e distrações. O mesmo funcionava para o dr. Bolte, cujo questionário de 32 páginas era a versão escrita de seus princípios básicos. Décadas de conhecimento médico, no caso de Bolte, e de conhecimentos legais, no caso do advogado do ônibus, eram destilados em uma série de passos que simplificavam tarefas complexas.

Transformar labirintos ininteligíveis em algoritmos otimizados tem alguma coisa de meta, porque o procedimento em si requer o uso de um algoritmo. O primeiro passo do algoritmo exige que nos tornemos taxonomistas. Taxonomia é a ciência de nomear ou classificar, e o primeiro passo para simplificar é atribuir um nome ou classificar todos os aspectos do processo complexo que estamos tentando otimizar. Para médicos como Bolte, isso pode envolver fazer uma lista com todos os sintomas e compará-la a potenciais diagnósticos. Por exemplo, na maior parte do tempo uma tosse sinaliza bronquite ou uma infecção no aparelho respiratório superior — mas daí há as zebras: por vezes, a tosse indica uma reação alérgica a algum remédio, asma, câncer de pulmão ou coqueluche. Para os advogados, a taxonomia pode identificar as principais questões nas quais um caso tende a se basear — as regras legais que têm grande chance de serem debatidas no tribunal.

Uma vez rotulados os ingredientes, o passo seguinte é organizá-los. Uns costumam andar juntos com mais frequência que outros? Conjuntos de sintomas médicos ou questões legais tendem a ocorrer de forma simultânea? Em termos médicos, os sintomas se agrupam para formar síndromes que por sua vez inspiram diagnósticos? De fora, Bolte pode parecer digressivo ou despreocupado, mas em sua cabeça está examinando uma lista de pistas potenciais para determinar se são becos sem saída ou trilhas abertas para zebras elusivas. A lista de Bolte, embora longa, é *finita*. Um dos problemas com a complexidade é que ela pode parecer ilimitada. Se não sabemos onde o mundo termina, é impossível obter um senso de controle, assim temos muito mais chance de ficar empacados. Mas uma vez identificadas as fronteiras, independentemente da imensidão do território que precisamos cobrir, transformamos uma rede bastante complexa em um algoritmo inteligível. Isso é o que rotular e organizar conseguem — fornecem os ingredientes para criar, por exemplo, um questionário de 32 páginas que nos leva das trevas à luz.

O que Bolte faz pelos diagnósticos, venho tentando nos últimos anos fazer por empresas e indivíduos do mundo todo. Chamo essa simplificação de algo complexo de *auditoria de atrito*. Assim como um auditor examinaria os balanços financeiros da empresa, eu examino processos e negócios para identificar pontos de atrito. Digamos, por exemplo, que você tenha uma pequena loja on-line que vende tênis esportivos. O potencial cliente empreende um percurso virtual que começa ao descobrir a loja e termina — de modo ideal — ao comprar um par de tênis. Hoje em dia é possível rastrear esse trajeto. Podemos monitorar como o cliente encontrou a loja, em que links clicou, que páginas visitou e por quanto tempo, se continua no site e quanto tempo leva para efetuar uma compra. Na melhor das hipóteses, o cliente diz: "Quero tênis de corrida da Nike". Durante, digamos, quinze minutos, ele pesquisa isso no Google, descobre sua loja, verifica o estoque, escolhe um par, adiciona-o ao carrinho de compras e paga.

Esse tipo de percurso livre de atrito é raro. A maioria dos clientes experimenta inúmeros pontos de atrito ao longo do caminho, alguns dos quais os afasta de sua loja. O cliente pode achar sua página confusa, clicar no botão errado ao comprar, o site pode não funcionar direito, o cliente talvez tenha dificuldade de escolher dentre uma variedade excessiva de tênis e assim por diante. Cada um desses pontos de atrito aparece nos dados coletados pelo servidor de seu website. Os gargalos aparecem na forma de tempo gasto em cada página. Você pode ver, por exemplo, que centenas de visitantes de seu site navegam pelas primeiras páginas com facilidade, mas costumam ter problemas para se situar na interface do carrinho de compras. Digamos que gastem em média dez minutos tentando fechar a compra e muitos voltem ao carrinho e ao site duas ou três vezes antes de finalizá-la. Pior ainda, muitos podem não comprar o tênis que puseram no carrinho. Uma auditoria de atrito é feita com três finalidades: localizar esses pontos de estagnação; consertá-los simplificando o que está complicado ou fazendo fluir o que está desajeitado; e verificar mais tarde se os consertos funcionaram. Só isso. Três passos que, se realizados da forma correta, fazem uma imensa diferença para o desempenho do negócio e a vida das pessoas.

Alguns anos atrás, trabalhei com uma série de imobiliárias de imóveis comerciais. Algumas se especializavam em shopping centers. Elas constataram que alguns clientes iam ao shopping e passavam horas caminhando pelas lojas, mas partiam de repente sem comprar nada do que pretendiam. Isso era um enigma. Por que alguém desperdiçaria horas de seu tempo para depois sair às pressas? A resposta, que para mim não é uma surpresa porque tenho dois filhos pequenos, é que seus filhos queriam ir embora rápido. A maioria das crianças não se importa de fazer compras durante algum tempo, mas para elas demorar demais pode ser o fim do mundo — e, portanto, também para os pais. Alguns desses shoppings perdiam centenas de milhares de dólares por mês porque os pais não conseguiam terminar de fazer suas compras. Esse foi o primeiro passo da auditoria: localizar o ponto de atrito.

O segundo passo foi conceber uma solução. Como acalmar crianças que chegaram ao limite? A resposta se revelou razoavelmente simples e barata: investir uma soma modesta de alguns milhares de dólares numa área de recreações infantis decente. Ao instalar um playground no meio do shopping, cria-se uma área de lazer para as crianças amuadas e seus pais exasperados. Em vez de ir embora, os pais sabem que podem fazer uma pausa durante as compras. As lojas da IKEA já sabem disso há algum tempo. Muitas possuem uma área para crianças chamada Småland, que funciona como uma creche gratuita. "Os funcionários da Småland da IKEA cuidam dos seus filhos de graça por uma hora", explica o site da empresa. Shopping centers e lojas na Alemanha, China e Índia introduziram uma versão da Småland para outro tradicional ponto de paralisia: maridos que preferem não fazer compras. Esses "depósitos de armazenamento de maridos", como um shopping center chinês os chama, são abastecidos com cerveja, consoles de videogame e TVs nas paredes transmitindo esportes. Seja lá o que achemos dessas soluções, elas funcionam. Mantêm os clientes nas lojas por mais tempo do que de outro modo ficariam, e o custo de uma Småland ou um "depósito de armazenamento de maridos" é insignificante perto da receita extra que lojas e shoppings obtêm porque seus clientes conseguem terminar as compras que planejaram.

Esse processo de auditoria de atrito não tem a ver apenas com o incremento das vendas; podemos aplicá-lo à vida em geral. O atrito reside na raiz da paralisia, e a auditoria de atrito nos fornece uma ferramenta algorítmica tanto para encontrar como para erradicar pontos de atrito indesejados, e também para inserir outros, a fim de prevenir comportamentos indesejados. Se você se alimenta mal, está empacado em um trabalho insuportável ou tem dificuldade de encontrar tempo para se exercitar, uma auditoria de atrito identifica o problema, informando-o por sua vez sobre onde precisa intervir. Considere um de meus pontos fracos: comer mais chocolate do que deveria. Muitas pessoas se alimentam mal porque o atrito que as separa das coisas pouco saudáveis que tentam evitar é insuficiente. Por diversos motivos, comer chocolate para mim é uma experiência sem atrito. Sempre tem algum na minha casa, assim não preciso ir longe para encontrar. Costumam ficar no mesmo lugar em minha despensa, então sei onde procurar. Toda vez que como, eu me sinto bem e não percebo de imediato as desvantagens de abusar do seu consumo. (Imagino que as pessoas comeriam coisas mais saudáveis se cada mordida automaticamente se traduzisse numa mudança pequena mas visível no corpo.) No passado, usei uma espécie de auditoria de atrito para cortar meu consumo de chocolate. Tomei as três providências que enumerei acima: parei de comprar; quando havia chocolate em casa, eu o guardava em lugares onde tinha menos probabilidade de encontrá-lo rápido (assim preciso ser consciencioso em comê-lo); e — a chave — torno perceptíveis as consequências de comê-lo. Um truque recomendado pelos especialistas é deixar o chocolate em um pequeno móvel perto de um espelho, onde você é obrigado a se ver — olhos nos olhos — quando o pega. Se tentamos evitá-lo, reagir a nosso reflexo ao tirar o chocolate do armário é um ponto de atrito surpreendentemente eficaz.

Auditorias de atrito são ferramentas de simplificação que podem ser usadas por praticamente qualquer um, embora se requeira certa arte e ciência para aplicá-las bem. Isso vale para a maioria das ajudas de simplificação. Se há mesmo uma fórmula, por que nem todo mundo consegue usá-la de modo eficiente? Se a abordagem do dr. Bolte do diagnóstico médico segue uma fórmula, por que outros não a utilizam para desempacar quando enfrentam um diagnóstico complicado? Se todo processo depende de algumas informações essenciais, por que nem todo advogado consegue digerir milhares de páginas de processos num trajeto de ônibus de meia hora? Alguma coisa deve diferenciar esses gigantes dos médicos e advogados que empacaram antes deles e foram incapazes de encontrar uma solução.

Tais fórmulas são incrivelmente poderosas, e se outros médicos e advogados as empregassem, chegariam, digamos, a 80% dos mesmos resultados. O ensino em boa parte funciona dessa forma. Dê às pessoas as estruturas e ferramentas para dominar uma nova habilidade e elas desenvolverão uma versão útil dela. Poderão não mover montanhas, mas serão bem-sucedidas, e em geral conseguirão desempacar ao topar com barreiras.

Para ver o poder dessas fórmulas, só precisamos perguntar aos especialistas como simplificar o que é complexo. Pegue como exemplo contar histórias e narrar. Histórias bem contadas fundaram impérios. O sucesso da Disney se baseia na excelência em contar histórias. Sem a propriedade intelectual de histórias envolventes, a habilidade técnica da Disney como empresa de animação e produção não significaria nada. Em teoria, não há limite para a quantidade de arcos narrativos diferentes que podem definir uma boa história. Elas poderiam ziguezaguear de forma imprevisível, dividindo-se em tantos mapas narrativos diferentes quanto as vidas dos bilhões de habitantes da Terra. Não existem duas vidas exatamente iguais, mas as histórias seguem um conjunto restrito de paradigmas e princípios.

Durante um mês e meio, em 2011, uma roteirista da Pixar — subsidiária da Disney — chamada Emma Coats postou 22 tuítes resumindo como a Pixar abordava a arte de contar histórias.[5] Cada um descrevia uma "regra de narrativa" a que Coats e seus colegas recorriam para construir suas animações. Ela explicou que aprendera os fundamentos básicos com colegas mais velhos. A lista atraiu atenção considerável, porque Coats, especificamente, e a Pixar, em geral, são especialistas em contar histórias. A Pixar revolucionou a indústria da animação com filmes como *Toy Story*, *Monstros S. A.*, *Os Incríveis* e *Procurando Nemo*, e Coats trabalhou em *Up: Altas aventuras*, *Valente* e *Universidade Monstros*, entre outros.

Além de outros itens, a lista incluía:

4. Era uma vez____. Todo dia,____. Um dia____.
Por causa disso,____. Por causa disso,____. Até que finalmente____.

Mais cara de fórmula do que essa quarta regra, impossível. Ela resume a arte de contar histórias à ideia de que a mudança — desvios do passado e os resultados desses desvios — é a essência de uma narrativa interessante.

A sexta regra de Coats também tem muito de formulaico:

6. Em que seu personagem é bom, em que ele se sente à vontade? Confronte-o com algo que seja diametralmente oposto a ele. Desafie-o. Como ele lida com isso?

Essa regra preceitua desafiar os personagens com adversidades — e, combinando as regras 4 e 6, sugere que as narrativas avançam com oposições e contrastes. Uma história fica interessante quando a consistência e a força encontram seus opostos, a mudança e a fraqueza.

Muitas dessas regras lidam com a estagnação. Coats sabe que escrever histórias é difícil, e os contadores de história às vezes enfrentam bloqueios:

5. Simplifique. Concentre-se. Combine personagens. Pule os desvios. Você pode sentir que está perdendo coisas valiosas, mas será libertador.
9. Quando estiver empacado, faça uma lista do que *não aconteceria* a seguir. Muitas vezes o material para tirá-lo da estagnação vai se revelar.
11. Pôr no papel possibilita começar a aprimorar. Se a coisa fica na sua cabeça, uma ideia perfeita, você nunca a partilhará com ninguém.

Essas 22 regras são fórmulas para desempacar. Não são exatamente como Coats as descreveu, mas é assim que funcionam. E não são as únicas regras para desempacar, ou ter um ponto de partida, ao redigir narrativas. O roteirista Ken Miyamoto publicou uma lista de dez estruturas narrativas que descrevem alguns dos maiores filmes dos últimos cem anos. "A estrutura de um roteiro não tem nada a ver com a mitologia ou com salvar um gato", afirma Miyamoto. "Tem a ver com algumas escolhas básicas que um roteirista pode fazer para determinar como quer contar sua história. Na verdade, é bem fácil: você só precisa saber com que estruturas consegue lidar." Entre as opções, Miyamoto descreve a estrutura em três atos (preparação; conflito; resolução) dos filmes de ação, incluindo *Guerra nas estrelas*, *Caçadores da arca perdida* e *Duro de matar*. A estrutura em tempo real, por outro lado, segue os eventos do momento, como em *Doze homens e uma sentença* e na série de TV *24 horas*. Outras estruturas incluem múltiplas linhas do tempo, cronologia reversa e circularidade, em que o fim do filme volta ao começo.

Outras regras de outros escritores são mais holísticas e abrangentes do que estruturais. Quando Trey Parker e Matt Stone, os criadores de *South Park*, visitaram um grupo de alunos de cinema da Universidade de Nova York, explicaram seu processo narrativo.[6] "Descobrimos essa regra que é mesmo simples", afirma Parker. "Podemos pegar esses trechos, que são basicamente os trechos do seu esboço, e se as palavras *e então* se encaixam entre um e outro, você basicamente está fodido. O que você tem nas mãos é algo bem chato." Parker explica: "O que deveria acontecer entre os trechos que você escreveu é a palavra *portanto* ou *mas*". Ele delineia a estrutura usando um exemplo mais concreto: "Você tem uma ideia e é mais ou menos 'acontece isso', e depois 'acontece aquilo [...]'. Não, não, não. Deveria ser: acontece isso e portanto acontece aquilo, mas acontece isso, portanto acontece aquilo. Vamos escrever para ter certeza de que está saindo". Stone continua: "Nós vemos uma porção de roteiros por aí de gente inexperiente, em que é, tipo, 'acontece isso, e daí acontece aquilo, e daí acontece isso [...]', e então você fica: 'Por que estou assistindo a essa merda?'".

Embora a simplificação seja efetiva, as pessoas muitas vezes fracassam em sua tentativa porque ela é completamente contraintuitiva. Seja pelo motivo que for, as pessoas são mais propensas a somar algo ou complicar uma situação antes de até mesmo considerar subtrair algo ou simplificá-la. Há alguns anos, Leidy Klotz, engenheiro e especialista em design comportamental, observava seu filho Ezra brincar com blocos de Lego.[7] "Meu filho tinha cerca de dois anos e meio na época, e a gente estava construindo uma ponte de Lego", disse Klotz. "Uma coluna da ponte era maior do que a outra, então, para nivelar, virei para pegar um bloco e acrescentar à coluna mais curta. Quando olhei de novo, Ezra removera um bloco da coluna maior." Remover um elemento muitas vezes leva a um design melhor, percebeu Klotz, mas ele ficou surpreso com seu instinto de acrescentar algo à estrutura, em vez de subtrair. "Um exemplo que adoramos", disse, "são as bicicletas de equilíbrio — bicicletinhas sem pedal feitas para crianças pequenas. Quando a gente vê uma criança de dois anos numa delas, lamenta que no nosso tempo elas não existiam. A inovação foi apenas eliminar os pedais." Por décadas, os engenheiros haviam acrescentado rodinhas, mas remover os pedais é um modo muito mais efetivo de ensinar crianças pequenas a se equilibrar — a principal habilidade envolvida em andar de bicicleta.

Klotz levou sua observação para o laboratório, onde propôs um desafio a duzentas pessoas. Cada uma recebia uma estrutura de Lego pequena e instável em que um bonequinho ficava sob um teto feito com as peças. O teto se equilibrava sobre uma única peça pequena, que por sua vez estava apoiada em um conjunto de blocos maiores e mais estáveis. A tarefa era pôr um bloco padrão sobre o teto sem deixar a estrutura desmoronar. Para isso, era possível acrescentar torres de blocos à estrutura, deixando o telhado mais firme, ou remover aquela peça solitária, permitindo que o telhado repousasse diretamente sobre o conjunto estável de blocos maiores. Klotz disse aos participantes que receberiam uma pequena soma em dinheiro para completar a tarefa, mas que teriam de pagar dez centavos por cada bloco acrescentado à estrutura. Apenas 41% deles retiraram a pecinha solitária; os demais acrescentaram peças, apesar do custo, sugerindo o apelo intuitivo de acrescentar em vez de subtrair. (Quando Klotz também disse: "Subtrair blocos não custa nada", 61% eliminaram a peça solitária, sugerindo que esse erro intuitivo poderia ser resolvido em parte com um leve estímulo.) Klotz e seus colegas mostraram o mesmo efeito em oito experimentos: a não ser quando encorajadas a subtrair, as pessoas tendem a resolver problemas acrescentando complexidade, em vez de tirar e simplificar.

O trabalho de Klotz é fascinante, mas também tem importância prática. Acrescentar é dispendioso e consome tempo. No trabalho de Klotz como engenheiro, ele também consome matéria-prima, e isso tem mais chance de deixá-lo atolado quando está empacado; simplificar, remover e aprimorar são agentes de desbloqueio. Desse modo é mais fácil nos fazer contornar ou superar um obstáculo, e isso ainda custa menos.

A simplificação é um bom lugar para começar, mas o progresso exige mais do que apenas a aplicação de algoritmos e fórmulas. Se essas coisas bastassem, todo advogado, médico, roteirista e engenheiro seguiria um manual canônico idêntico. Obviamente, os melhores fazem algo diferente. Eles infundem a seu trabalho um tempero secreto que transcende estruturas pré-fabricadas. Emma Coats, a roteirista da Pixar, percebeu isso. Embora sua lista fosse vista como um conjunto de "regras", ela não demorou para revisar o termo. Em sua biografia no Twitter, ela diz: "Ex-Pixar [...] escreveu as '22 regras narrativas', mas deveria chamá-las de orientações".[8] Para ela, as orientações eram um ponto de partida. Eram valiosas, mas também opcionais. Os melhores escritores sabem quando obedecê-las e quando abandoná-las, e exatamente como combinar ortodoxia e iconoclastia. Regras, orientações, fórmulas e algoritmos — não importa como esses elementos são chamados na área mais relevante para nós — são ajudas valiosas, mas aderir a elas o tempo todo também não funciona. A chave é aprender quando obedecer e quando desafiar, e, paradoxalmente, a maneira mais fácil de experimentar a desobediência é nos limitarmos com restrições autoimpostas.

Por muitos anos, o pintor Phil Hansen praticou o pontilhismo. Com inúmeras pinceladas num papel ou numa tela, ele fazia uma série de pontos com distâncias variáveis entre si que, vistos de longe, se tornavam algo identificável. Milhares de pontos se transformavam na imagem de Bruce Lee ou do *Davi de Michelangelo*. Hansen era talentosíssimo e na época, quando estudava em uma escola de arte, ficou conhecido como um pintor jovem e inovador.

Um dia, ele notou que seus pontos começaram a parecer girinos. Enquanto antes os pontos eram do tamanho certo e perfeitamente redondos, agora eram seguidos de uma inconfundível linha sinuosa. Ele desenvolvera um tremor e, como sua arte exigia grande precisão, ficou devastado. "E assim meu sonho de me tornar um artista foi destruído", contou ao público na conferência TED 2013 em Long Beach, na Califórnia.[9]

No início, ele combateu sua nova enfermidade. Segurava o pincel de forma cada vez mais intensa, tentando superar o tremor com a força de vontade. Isso só piorou o problema. Ele começou a sentir dor nas articulações e a desenvolver lesões por esforço repetitivo, o que agravou a situação. Conforme sua condição se deteriorava, ele foi ficando incapaz de segurar não apenas uma caneta ou um pincel, como também qualquer objeto. Desolado, abandonou a escola e, mais tarde, o mundo da arte.

Mas Hansen sentiu falta disso. Ele sonhava em voltar a exercitar seus músculos artísticos, mas não conseguia imaginar como pintar pontos minúsculos numa tela se sua mão se recusava a ficar firme. Quando foi ao neurologista, recebeu uma notícia devastadora. Aquilo provavelmente sempre o acompanharia e, para piorar, o médico explicou que todos aqueles anos fazendo pontos haviam deixado Hansen com danos crônicos nos nervos. Ao sair do consultório, ele ouviu do neurologista: "Mas por que você simplesmente não adota o tremor?". Hansen sofria com uma restrição que não escolhera — um fator limitante que o impedia de pintar como queria. É difícil pensar em muitos fatores limitantes tão profundos quanto um tremor crônico para um pintor que depende da precisão. Mas "adotar o tremor" teve o efeito estranho e paradoxal de levar a atenção de Hansen para o que ele *podia* fazer. Um artista plástico é constituído em grande parte da visão. Ele precisa ser capaz de enxergar com a imaginação o que espera representar na tela. Precisa distinguir entre a imagem que espera criar e as infinitas opções que tenta evitar. A capacidade dele de enxergar o mundo de forma nítida e traduzir sua visão em arte era central para seu talento como artista. E, mais importante, essas habilidades estavam intactas.

Ele voltou para casa após a consulta e pegou um lápis. "Apenas deixei minha mão tremer sem parar", recordou. "Comecei a esboçar todas essas imagens. E ainda que não fosse o tipo de arte pela qual eu era completamente apaixonado, me senti ótimo. E, mais importante, a partir do momento em que adotei o tremor, percebi que ainda podia pintar. Só precisava encontrar uma abordagem diferente da arte que eu queria."

O que Hansen pretendia ainda se baseava na fragmentação do pontilhismo. Ele adorava "ver pontos minúsculos se combinando para compor um todo unificado". Assim, em vez de usar as mãos, pisava na tinta preta e aplicava os pontos com a sola dos pés. Depois usou uma tábua para aplicar a tinta. Chegou até a usar um maçarico para chamuscar a tela. Seus trabalhos eram maiores agora, pois os métodos para aplicar a tinta haviam mudado, mas conservavam a mesma fragmentação e visão responsáveis pela qualidade do seu trabalho anterior.

Por um tempo, Hansen ficou em êxtase por voltar a pintar, mas, após a empolgação inicial, sofreu um bloqueio criativo. Concluiu que o problema era o material de pintura de qualidade inferior, já que usava os mesmos desde os tempos de ensino médio e faculdade. Agora que tinha um salário, podia comprar materiais melhores, assim foi a uma loja e "fez a festa". Comprou todo tipo de material imaginável que conseguiu encontrar — mas depois continuou tão empacado quanto antes. Ao comprar coisas novas, ele tentou dar a si mesmo mais opções, mas isso só serviu para deixá-lo ainda mais atolado. Complicar não era resposta; o segredo estava na restrição:

Percebi que na verdade estava paralisado por todas as escolhas que nunca tinha tido antes. E foi então que voltei a pensar em minhas mãos trêmulas. "Adotar o tremor." E percebi que se eu esperava conseguir minha criatividade de volta, tinha de parar de me esforçar tanto para pensar fora da caixa e voltar ao trabalho. Pensei: "Será que é possível ficar mais criativo ao impor limitações? E se eu só pudesse criar gastando no máximo um dólar com os materiais?".

Um dia, Hansen visitou a Starbucks local e pediu cinquenta copos extras. Para sua surpresa, eles o fizeram sem questionar, e assim Hansen criou um projeto gastando apenas oito centavos. "Para mim, foi uma verdadeira iluminação perceber que a gente precisa se limitar para ficar ilimitado."

Em pouco tempo, Hansen se tornou conhecido não pelo pontilhismo, mas pelas restrições artificiais que impunha a seus trabalhos. "Adotei essa abordagem de pensar dentro da caixa para minhas telas", recordou ele, "e me perguntei se em vez de pintar numa tela, não poderia pintar no meu peito. Assim, pintei trinta imagens, uma camada por vez, uma em cima da outra, e cada imagem representava uma influência em minha vida. E se, em vez de usar pincel, eu só pintasse com golpes de caratê? Assim, mergulhei minhas mãos na tinta e comecei a golpear a tela, e na verdade bati com tanta força que machuquei meu dedo mindinho e ele ficou imobilizado por duas semanas."

Quando sua doença teve início, Phil Hansen descobriu que até restrições indesejadas são agentes de simplificação. Em um universo paralelo, ele poderia ter seguido uma carreira longa e feliz como pontilhista, mas neste ele foi forçado a trabalhar com suas limitações recém-adquiridas. O resultado foi uma maneira de pintar excêntrica, criativa e de fato inédita, que o diferenciou de qualquer outro artista no planeta. Houve incontáveis pontilhistas desde que os impressionistas Georges Seurat e Paul Signac desenvolveram a técnica em 1886, mas apenas um artista, hoje e sempre, pinta como Phil Hansen.

Como o caso de Hansen mostra, as limitações são agentes do avanço em parte porque forçam a pessoa a abandonar o óbvio em favor da novidade. A mesma percepção se aplica aos membros de uma equipe. Muitos times de basquete profissional, por exemplo, são dominados por um ou talvez dois astros que passam quase todos os minutos da temporada em quadra, enquanto seus colegas se revezam entre o banco e o jogo. Esses astros estão envolvidos em quase todas as jogadas, funcionando como a opção natural sempre que seus companheiros querem fazer um passe. Mas o que acontece se os astros estão contundidos?

Para examinar o efeito de lesões no desempenho, um grupo de pesquisadores analisou mil partidas de basquete entre 1992 e 2016, concentrando-se nos períodos em que os astros estavam temporariamente sem condições de jogar.[10] Chamemos os cinco jogadores que estão a qualquer momento na quadra de A, B, C, D e S, sendo este último a estrela do time. O que costuma acontecer é a bola fluir mais ou menos assim: A → S → B → S → C → S → D → S. A estrela funciona como um nexo constante, tocando na bola duas ou três vezes mais do que os jogadores secundários A, B, C e D. Esses jogadores aprendem a passar e receber do jogador principal, mas não jogam entre si. Com o tempo, os adversários percebem essa tendência e isso torna o time previsível. Se a estrela estiver em uma noite ruim, a equipe toda piora muito — e ainda mais, se seu astro permanecer lesionado durante vários jogos, a equipe é obrigada a adotar uma estratégia completamente nova. Agora na quadra há os jogadores A, B, C, D e o jogador E — que ficará pouco tempo no time —, e como nenhum jogador é uma estrela, a bola flui de forma mais igualitária entre eles. Então a bola segue este caminho: A → B → C → D → E → C → A → E → D → B; e assim por diante.

Por mais difícil que seja para os times reformular suas estratégias, essa limitação é *boa* para eles a longo prazo. Torna o time mais versátil, menos previsível e, no fim das contas, melhor do que era antes de seu astro se lesionar. A melhor evidência disso? Quando a estrela se recupera, volta de imediato a jogar, mas a bola passa menos por ele, e o time vence mais jogos, se saindo de um modo geral melhor do que antes. A restrição "não podemos depender de S para resolver nossos problemas" desempaca a equipe e revela todo um novo cardápio de opções estratégicas que permaneciam ocultas devido à complacência.

Remover as opções mais importantes funciona também em outros contextos. Por 48 horas, de 5 a 6 de fevereiro de 2014, o metrô de Londres ficou paralisado por greves que fecharam 63% das estações. Para muitas pessoas, essas estações fechadas eram suas "estrelas" — um eixo central no trajeto diário que realizavam entre a casa e o trabalho. Nesse período, milhões de londrinos foram forçados a experimentar novas baldeações, partindo de onde quer que houvesse estações não afetadas pela greve. Se você já viu o mapa do metrô de Londres, sabe que é uma série de linhas coloridas artificialmente retas que remetem pouco aos trilhos ziguezagueantes que representam. O mapa é feito mais buscando clareza do que para mostrar com precisão as distâncias entre cada estação. Assim, a menos que os trabalhadores experimentem inúmeras rotas, muitos acabam adotando um trajeto que pode acrescentar tempo desnecessário à viagem.

Uma equipe de economistas se perguntou se a greve poderia ter benefícios inesperados.[11] Eles pesquisaram quantos trabalhadores mantiveram a nova rota após o fim da greve e calcularam quanto tempo era economizado. Descobriram que ela levou cerca de 5% dos trabalhadores a adotar uma nova rota, o que em termos coletivos poupou cerca de 1500 horas diárias de baldeação no trajeto casa-trabalho. Tirar da jogada a solução óbvia foi um agente de desbloqueio surpreendentemente eficaz para trabalhadores antes estagnados numa rota aquém da ideal.

As limitações nesses exemplos — danos neurológicos, contusões esportivas e greves de transporte — eram indesejáveis, mas às vezes encontramos pessoas que impõem restrições artificiais a si mesmas. Isso exige perceptividade, pois é preciso aceitar o paradoxo de que uma limitação pode ser libertadora. Um exemplo bem conhecido é a "regra dos vinte espaços", do magnata dos negócios Warren Buffett.[12] O então braço direito de Buffett, Charlie Munger, explicou a ideia em um discurso de formatura numa escola de negócios, quase trinta anos atrás: "[Warren diz que pode] melhorar seu bem-estar financeiro final dando-lhe um bilhete com apenas vinte espaços, de modo que você tenha vinte marcações que representam todos os investimentos que poderá fazer na vida. Após ter perfurado esse cartão, você não poderia fazer mais nenhum investimento. Seguindo essas regras, você pensaria com muito cuidado no que fazer e seria forçado a acumular seus recursos, concentrando-se apenas no que escolheu. Desse modo se sairia muito melhor".

A estratégia de Buffett é imediatamente esclarecedora porque força o investidor a focar o que mais importa. Se a pessoa se restringir a vinte investimentos durante toda a vida, não fica estagnada em estratégias marginais nem em prever movimentos de preços de ações conhecidas por serem voláteis no curto prazo. Como Buffett sabe melhor do que ninguém, o segredo para ganhar (muito) dinheiro é não fazer nada — deixar investimentos sólidos sossegados por dias, semanas, meses e décadas conforme o "milagre dos juros compostos" faz seu trabalho.

As mesmas regras se aplicam ao domínio da criatividade. Desde 1979, o artista francês Pierre Soulages pintava usando apenas tinta preta.[13] Simplificando sua paleta de cores, Soulages, que completou cem anos em 2019, afirma que seu trabalho parte da experiência emocional de observar a ação da luz sobre as diferentes texturas de pigmento preto. "Não acredito no mito do artista caótico com tintas por toda parte", disse ele. A escolha de cores é fundamental para muitos artistas. Foi central para o movimento impressionista francês, que chegou ao auge pouco antes de Soulages nascer, e pintores como Claude Monet cobriam a tela com ondas de *impasto* de todas as cores imagináveis. Atendo-se ao preto, Soulages ficou livre para gastar sua energia artística em outras decisões.

De modo similar, alguns escritores se restringem à formalidade do haicai, com sua estrutura de cinco-sete-cinco sílabas estruturadas em três versos, ou às limitações rítmicas de formas poéticas que vão desde os relativamente comuns pentâmetros aos mais raros *cinquains*, *nonets* e até poemas com estrutura inspirada em Fibonacci. Para um desafio real, tente compor suas memórias com seis palavras, algo que o forçará a se concentrar nos elementos essenciais do que significa ser você. Essas abordagens nos limitam em termos artísticos, mas também são paradoxalmente libertadoras. Quando nosso campo de opções encolhe, ficamos livres para sermos criativos com as opções restantes.

Podemos aplicar essa filosofia da simplificação pela restrição de forma mais ampla ao automatizar ao máximo nossa vida. A automação restringe nossas opções ao erradicar pontos de decisão. Em vez de escolher entre um conjunto de opções, por exemplo, seguimos uma escolha padrão. Essa ferramenta adaptável funciona em quase qualquer contexto. Você costuma perder o celular com frequência? Escolha um ou dois lugares onde ele costuma ficar durante o dia. Você está vendo mais TV do que deveria? Adote um procedimento padrão de não assistir a mais do que dois episódios por dia, algo que podemos aplicar ao configurar um alarme ou usar um aplicativo que intervém quando passamos tempo demais diante da tela. Não consegue decidir o que comer no almoço ou no jantar ou o que vestir? Padrões automáticos que vinculam essas decisões a dias particulares da semana liberam seus recursos limitados para decisões mais importantes. Foi essa filosofia que levou Barack Obama a fazer seu famoso rodízio entre um mesmo conjunto de ternos, e Steve Jobs a usar os mesmos suéteres pretos característicos de gola rulê — uma filosofia que liberou os dois para preservar sua energia mental para tarefas mais importantes.

Simplificar é uma ferramenta flexível e poderosa e um primeiro passo fundamental para desempacar. O passo seguinte, porém, é pensar na melhor forma de combinar as opções restantes. Essas combinações e configurações são muito mais importantes do que a maioria das pessoas imagina. São o coração pulsante da engenhosidade humana e quase qualquer exemplo de criatividade exige combinar duas ou mais ideias existentes para formar um produto novo e diferente.

8. Recombinações e guinadas

Há uma diferença importante entre ficar empacado de fato e se sentir empacado por exigir demais de si mesmo. Quando pessoas criativas afirmam sofrer um bloqueio, por exemplo, o que estão dizendo na verdade é que não conseguem atender a seus próprios padrões elevados. Um pintor sempre pode levar o pincel à tela, e um escritor sempre pode enfileirar palavras, mesmo que as imagens e sentenças resultantes não tenham nada de revolucionárias. Isso pode parecer uma distinção trivial para um especialista com padrões elevados, mas faz diferença porque baixar seus padrões, ainda que por certo tempo, é muitas vezes a melhor maneira de produzir ideias e obras de fato excepcionais. Esse é especialmente o caso quando medimos o sucesso pela originalidade, porque em muitas áreas a originalidade genuína é cada vez mais rara. Com frequência, a melhor maneira de desempacar na busca por originalidade é combinar duas ideias antigas para formar uma nova, em vez de ficar à procura de uma pérola criativa singular e inédita. Isso foi sem dúvida o que aconteceu a um jovem compositor no início de sua colossal carreira nos anos 1960.

Robert Zimmerman era um calouro na Universidade de Minnesota na passagem da década de 1950 à de 1960. Pouco após ingressar, Zimmerman começou a cantar e tocar violão em um café local. Por vezes, ele se apresentava como Bob Dylan, mas continuou a ser oficialmente Robert Zimmerman até 1962. Ele explorava diferentes identidades musicais quando escutou um álbum que o levou a trocar o rock pela música folk — e assim mudou os rumos da música popular no Ocidente. Fuçando numa loja de discos local, Zimmerman comprou o álbum *Ballads and Blues*, de 1957, da cantora Odetta.[1] Ao escutá-la pela primeira vez, relembrou ele, "saí e fui trocar minha guitarra e meu amplificador por um violão Gibson. [...] Aprendi quase todas as canções do álbum na mesma hora, copiando até o estilo *hammer-on* de tocar". Odetta passou por Minnesota nesse mesmo ano, e ela e Zimmerman tiveram um breve encontro — mas o suficiente para ela elogiar o jovem músico, que era uma década mais novo.

Zimmerman afirmou ter "se apaixonado" por Odetta. Largou a faculdade no fim do primeiro ano e se mudou para Nova York em busca de seu destino na música. Ele voltou a assistir a uma apresentação de Odetta em 1961, dessa vez quando ela cantou o hino antiescravidão "No More Auction Block for Me". Soldados negros haviam cantado o hino quando marchavam durante a Guerra Civil, lamentando sua vida prévia como escravizados e jurando jamais voltar a pisar num "tablado de leilão", onde seu cativeiro começava. Zimmerman ficou tão comovido com a canção que ela não saiu mais da sua memória. Permaneceu adormecida ali por alguns anos conforme ele lançava seu primeiro álbum de estúdio e mudava formalmente o nome para Bob Dylan, alcançando grande sucesso comercial. Então, antecipando seu segundo álbum, Dylan gravou um de seus maiores sucessos, "Blowin' in the Wind".

Bob Dylan é muitas vezes descrito como um talento único. Independentemente do que alguém possa achar de sua música, todo mundo parece concordar que não há ninguém como ele. O cineasta David Lynch — outro artista original — falou sobre Dylan: "Ele encontrou uma espécie de veio e nunca mais parou. Não existe ninguém como ele. É único, sem comparação". O compositor Jackson Browne, que ocupa o Rock n'Roll Hall of Fame, afirmou: "Minha maior influência? Tive várias, em épocas diferentes, mas a maior para mim foi Bob Dylan, um cara que apareceu quando eu tinha doze ou treze anos e simplesmente mudou todas as regras do que significava compor canções". John Mellencamp também considerava Dylan "o compositor supremo. [...] Ninguém conseguia escrever músicas tão boas quanto ele, e ninguém nunca mais fez isso como ele".

O incrível é que apesar de todas essas afirmações de originalidade, "Blowin' in the Wind" parece *muito* com "No More Auction Block for Me". Ambas começam com a mesma melodia e seguem a mesma estrutura até o fim. Dylan sabe disso, e Odetta também. Ela via isso com bom humor, mas admitia que as duas canções se sobrepunham numa medida que não podia ser atribuída ao acaso. Quando morreu, em 2008, o *New York Times* publicou uma entrevista em vídeo recém-gravada com Odetta:

> Entrevistador: "Porque ele roubou à vontade de você".
> Odetta, rindo: "Não, não, não, não. Na música folk não chamamos de roubar nem de se apropriar. É passar a tradição adiante. Não tem a ver com o que você diz, mas como você diz, certo? Essa influência foi só uma chave que abriu alguma coisa que era o próprio material dele [...], assim não posso nem receber o crédito pelo modo como ele escutou alguma coisa".

Até artistas originais como Dylan são propensos a se apropriar, tomar emprestado ou "passar adiante" a tradição folk.

Da menos à mais caridosa, há três maneiras de explicar casos de similaridade gritante. A primeira é afirmar que pessoas criativas trapaceiam, mentem e roubam o tempo todo e que seria ingenuidade acreditar que buscam a originalidade. De acordo com esse ponto de vista, músicos, artistas, escritores e outros envolvidos na produção criativa seriam oportunistas por natureza, escavando sucessos do passado em busca de achados que possam remodelar um pouco para uso próprio. Considero isso raro — acho que poucas pessoas criativas procuram de forma deliberada plagiar o trabalho de outros (além das penalidades serem severas, muitos plagiadores acabam desmascarados).

A segunda explicação é que o ser humano sofre de criptomnésia.[2] Esse distúrbio ocorre quando tomamos uma memória esquecida por uma ideia nova, e essa é uma das principais explicações para os casos de plágio involuntário. Digamos que alguém tenha escutado o "Parabéns a você" apenas na infância, e a canção ressurge em sua cabeça décadas depois, quando o indivíduo é adulto. Tendo esquecido que a escutou quando era pequeno, ele pode imaginar que a tirou do nada — e assim, se estivesse escrevendo uma nova melodia, poderia de forma inadvertida copiar o "Parabéns a você". Nós nos deparamos com "novas" ideias como essa o tempo todo, e às vezes guardamos seu conteúdo por mais tempo do que recordamos onde, quando ou como as encontramos. À medida que nossa lembrança da fonte dessas ideias diminui, muitas vezes esquecemos por completo que já as encontramos, acreditando em vez disso que de modo milagroso apareceram na nossa cabeça como lampejos inexplicáveis de inventividade. A diferença entre essa explicação e a primeira é que a criptomnésia não é intencional, e desse modo não seria tão desonesta quanto roubar de maneira deliberada. Acredito que ela seja relativamente comum e explica muitas semelhanças óbvias entre canções, livros e obras de arte quase idênticos.

A terceira explicação para essa evidente sobreposição entre obras artísticas — minha explicação preferida e a mais importante, se estamos em busca de obter um avanço — é que *não existe esse negócio de originalidade genuína; apenas diferentes graus de sobreposição*. Em termos simples, tudo é uma remixagem de alguma outra coisa. Dylan remixou Odetta, e Odetta remixou os milhares de artistas que encontrou ao longo da vida. Algumas remixagens são mais evidentes do que outras, mas toda obra criativa se apoia nos ombros de trabalhos anteriores.

Muitos dos artistas mais proeminentes de hoje sabem que os empréstimos estão por toda parte. Quando Olivia Rodrigo foi acusada de plagiar "Pump It Up", de Elvis Costello, ele comentou: "Não tem problema! É assim que funciona. Você pega os pedaços quebrados de outra emoção e faz um brinquedo novo em folha". O baterista do Nirvana, Dave Grohl, é o responsável pelas batidas pulsantes de "Smells Like Teen Spirit", grande sucesso da banda de 1991. Grohl foi surpreendentemente aberto sobre tomar emprestadas ideias de lugares improváveis, incluindo bandas disco que não podiam ser mais diferentes no tom e no estilo do grunge de Seattle no início da década de 1990.[3] "Enfiei tanta coisa da Gap Band e da Cameo [bandas disco] e de Tony Thompson [baterista de disco] em todas aquelas canções", admitiu Grohl numa entrevista. Questlove é um polímata — um músico, e também escritor, que toca seis ou sete instrumentos e é a espinha dorsal de sete ou oito bandas — e também admitiu que sua aparente originalidade obscurecia a liberalidade de seus empréstimos. "O DNA de toda canção está em outra", diz ele. "Todas as ideias criativas derivam de outras."

Eis por que essa interpretação simplista da originalidade importa: ela é incrivelmente libertadora. Tentar produzir algo *completamente novo* é uma receita para a paralisia. Presto consultoria a dezenas de start-ups e empreendedores que estão em busca de algo novo e diferente, e um dos obstáculos mais comuns enfrentados por eles é o impulso de ser profundamente original.

Em vez de buscar a inovação incremental de que as pessoas de fato precisam, aspiram a uma inovação radical que ninguém exige. Na maioria das vezes, o sucesso vem de um ajuste oportuno, uma combinação inédita de dois ou mais elementos existentes, ou a melhor versão de uma ideia ou um produto ainda não aperfeiçoado.

Se não estiver convencido, apenas dê uma boa olhada em muitos dos produtos e das ideias mais bem-sucedidos hoje. Eu o desafio a encontrar mais do que alguns que sejam verdadeira e profundamente originais — produtos e ideias que não devam nada a inventores e criadores do passado. No capítulo 2, mencionei que o Google foi o 22º a entrar no mercado de motores de busca. O Google fez um trabalho muito melhor do que os buscadores que vieram antes, mas estava longe de ser radicalmente novo. A Amazon não foi a primeira loja on-line nem a primeira livraria on-line, mas sob a liderança de Jeff Bezos a empresa se tornou a melhor máquina de distribuição de produtos do mundo. Coisas que antes levavam semanas para ir de uma parte do globo a outra passaram com a Amazon a ser entregues em questão de horas ou dias. A Apple e a Microsoft não foram as primeiras empresas de computadores a surgir, e seus produtos, desde sistemas operacionais a tablets, celulares e laptops, tampouco foram os primeiros no mercado. Mas a Apple e a Microsoft triunfaram sobre concorrentes anteriores ao aprender com seus pontos fortes e descartar os pontos fracos. No entanto, se alguém imagina ser possível investigar a história desses produtos e empresas até chegar à fonte original, estará se esforçando em vão. Podemos encontrar o computador original, mas dê uma espiada na cabeça de seu criador e você verá uma porção de influências de áreas próximas e não tão próximas. A versão extrema da originalidade que associamos a gênios é uma ficção; na prática, a realidade se resume apenas a pegar ideias emprestadas com mais eficiência do que outros fizeram antes.

Essa forma de originalidade é chamada de recombinação porque exige encontrar combinações novas entre dois ou mais conceitos existentes — e portanto *não originais*. É o casamento do punk com a disco feito por Dave Grohl para formar o som de bateria grunge do Nirvana ou a Apple juntando o celular e o laptop para criar o iPad.

Um dos meus exemplos favoritos de recombinação é o trabalho de Arlene Harris, a empreendedora que aos 57 anos se tornou a primeira mulher a entrar para o Wireless Hall of Fame.[4] Muitos empreendedores de tecnologia estão na casa dos vinte ou trinta anos, dirigindo sua atenção a segmentos do mercado que naturalmente compreendem: outras pessoas na casa dos vinte ou trinta anos. O resultado dessa peculiaridade demográfica é um mercado de tecnologia inundado com produtos concebidos para jovens adultos — mas poucos pensados para adultos mais velhos. Isso não faz muito sentido, porque adultos mais velhos têm mais dinheiro para gastar do que os mais jovens, e se você consultá-los eles lhe dirão que estão ansiosos por produtos que atendam suas necessidades.

Embora grande parte da indústria ignorasse as pessoas mais velhas, Arlene Harris prestava atenção. E o que ela escutou foi que os celulares convencionais eram complicados demais e tinham botões muito pequenos, e não havia ninguém para ajudar adultos mais velhos quando se deparavam com dificuldades. Escutar esses clientes negligenciados não foi um ato de caridade, mas de empreendedorismo perspicaz. "Pessoas trabalhando na fronteira da inovação estão focadas demais em tentar criar coisas que as pessoas queiram", disse Harris, "em vez de olhar no retrovisor e dizer: 'Será que deixamos pra trás alguma coisa que precisa ser aperfeiçoada, agora que temos uma tecnologia melhor para isso?'. E é aí que reside a grande diferença entre financiar coisas descoladas e financiar coisas necessárias para melhorar nosso estilo de vida e que nos ajudarão a construir uma cultura humana melhor."

Para construir sua versão dessa "cultura humana melhor", Harris e o pioneiro da indústria eletrônica Martin Cooper formaram em 2005 uma empresa de celulares chamada GreatCall, que projetou o aparelho Jitterbug. Ele nada tinha de novo nem original. Era o tradicional celular estilo *flip* com grandes botões de borracha e uma ampla tela brilhante. O anúncio do celular na TV mostrava jovens dançando ao som do ritmo jitterbug nos tempos da Segunda Guerra Mundial e explicava que os usuários do aparelho teriam acesso a serviço pessoal por um número gratuito para pedir assistência. "Farei a ligação com prazer, sra. Kelly", um operador diz em seu *headset*. Costumo mostrar o anúncio do Jitterbug para meus alunos de MBA de vinte a trinta e poucos anos, e eles no começo acham graça, depois, quando se dão conta de que Harris ganhou muitos milhões de dólares com o aparelho, ficam em silêncio. Ela combinou dois elementos — um celular tradicional e um segmento negligenciado do mercado — de uma maneira original. Em vez de competir em um mercado superaquecido dominado por empresas gigantescas como Apple e Samsung, o Jitterbug de Harris ocupou um nicho só seu. Em pouco tempo, ela começou a projetar novos produtos, de smartphones baseados em tela a alarmes de emergência pessoal, e a empresa acabou sendo adquirida pela gigante dos eletrônicos Best Buy por quase 1 bilhão de dólares.

A recombinação — nos negócios, na arte, na música ou em qualquer outra área — é surpreendentemente simples: pegue dois ou mais conceitos existentes e os misture de uma maneira nova. Harris pegou um produto projetado para gente jovem e o adaptou a um público negligenciado de adultos mais velhos que estava ansioso por gastar sua considerável renda disponível. A carreira de Bob Dylan prosperou quando ele encontrou uma nova maneira de combinar blues, poesia e o violão folk. O princípio que Harris e Dylan usaram para desempacar suas respectivas indústrias funciona também em outros contextos. O segredo é encontrar dois conceitos existentes que possam ser combinados para criar algo novo e útil.

Uma forma valiosa de usar essa compreensão da originalidade para sair da paralisia é manter um diário de grandes ideias e observações. Faço isso há tantos anos que já virou automático. Toda vez que vejo uma boa ideia — um produto, uma obra de arte, uma solução para um problema, um texto —, armazeno em um documento multiuso, que foi criado há quase vinte anos e contém milhares de grandes ideias. Há alguns anos, decidi organizá-lo para torná-lo mais útil, e hoje as ideias estão mais ou menos separadas por tema. Quando fico empacado ao tentar escrever um parágrafo espinhoso ou pensar em soluções para um problema de negócios do cliente, seleciono de forma aleatória duas anotações do documento. Eis um exemplo que mostra duas ideias do tema "tecnologia":

Ideia n. 487: Um tapetinho-alarme que obrigue a pessoa a ficar de pé para desativar,[5] impedindo assim que ela acione a função soneca e perca a hora.

Ideia n. 522: O dispositivo de "pós-play" da Netflix, que mudou a configuração padrão da plataforma de "aperte para começar o próximo episódio" para "o próximo episódio começará automaticamente em quinze segundos".[6]

No livro que escrevi antes deste, *Irresistível*, investiguei por que as pessoas passam tanto tempo grudadas em telas.[7] Desde 2012, quando a Netflix introduziu a ideia n. 522, do pós-play, grande parte desse tempo é passado assistindo a um episódio de série atrás do outro na plataforma. (O termo *binge-watching* mal existia antes de 2012 — podemos agradecer à Netflix por apresentá-lo ao mundo.) Ao conduzir de forma automática a um novo episódio, o pós-play sabota nossa capacidade de parar de assistir. Depois que o novo começa, em geral demora poucos segundos ou minutos para que seja introduzido um novo elemento no roteiro que só se solucionará ao final do episódio ou da temporada. Os programas são escritos para captar nossa atenção logo no começo, porque sem esses ganchos pararíamos de assistir antes do que de fato fazemos.

A ideia n. 487, do tapetinho com alarme, não tem nenhuma relação óbvia com a Netflix, mas sugere uma solução simples para a armadilha do pós-play. Para desligar o alarme, a pessoa que dorme profundamente precisa mover o corpo, o que gera duas consequências importantes: impede-a de acionar a função soneca (e perder a hora) e a obriga a se levantar, estimulando o corpo a se mexer. Para o público da Netflix, o pós-play sabota exatamente esse processo: ele nos mantém num estupor entre um episódio e outro, permitindo na prática que acionemos a função soneca conforme assistimos a "só mais um episódio", que, lá pelas quatro da manhã, virou mais seis. A solução: decida quantos episódios de um seriado você quer assistir, acerte o alarme para tocar num momento que coincida com a conclusão desses episódios e — aqui está o truque — ponha esse alarme em outro cômodo ou longe o suficiente da TV para obrigá-lo a andar para desligá-lo. Ninguém consegue ver TV de forma despreocupada enquanto um alarme estridente apita ao fundo, e se levantar para desligá-lo quebra o domínio que o programa exerce sobre nós. É uma solução analógica simples para um problema digital e combina a parte ruim do pós-play à parte boa do tapetinho-alarme para produzir uma inovação não tão original assim, mas efetiva.[8]

Quando combinamos duas ideias para formar uma nova, precisamos relaxar as fronteiras que cercam essas concepções preexistentes. Se pensamos nelas com demasiada rigidez, apenas em termos de seu propósito original, deixamos de perceber como podem interagir. A maneira mais fácil de compreender essa adaptabilidade mental é usar uma metáfora do mundo do golfe.

Jogo golfe raramente (e não muito bem), mas o melhor conselho que recebi veio de Sam Snead, um jogador de golfe americano que dominou o jogo por muito tempo, entre as décadas de 1930 e 1970. Seu swing era uma combinação sublime de graça e potência. Jack Nicklaus descreveu seus movimentos como "perfeitos", e Gary Player afirmou que era o "melhor swing no golfe de qualquer humano que já viveu". Quando perguntei seu segredo, Snead disse que a pegada era tudo: "Você deve segurar o taco de golfe com a mesma pressão com que seguraria um passarinho.[9] Com força suficiente para que não saia voando, mas de forma suave para não esmagá-lo". Nunca segurei um passarinho na mão, mas imagino como deve ser toda vez que me preparo para uma tacada, e meu jogo, por pior que seja, melhorou graças a essa visualização.

O conselho de Snead não é útil apenas para o golfe. Ele também é valioso se você estiver tentando sair da mesmice. Quando Arlene Harris decidiu levar a tecnologia a adultos mais velhos, e Bob Dylan trocou sua guitarra por um violão Gibson, ambos demonstraram o tipo de agilidade mental que vem de segurar as ideias como se fossem um passarinho — com firmeza, mas de modo gentil. Ao seguir projetando e vendendo produtos de tecnologia, Harris se apegava ao que sabia, mas, ao abandonar o dogma de que a tecnologia era para jovens, passou a segurar esse conhecimento com leveza. Ela estava disposta a ser flexível diante de novas percepções, assim como Dylan estava disposto a tentar algo novo sampleando o universo acústico da música folk.

Em termos gerais, segurar um passarinho com delicadeza nos prepara para mudar de direção, para uma *guinada* — uma habilidade cognitiva crucial quando tentamos evitar a inércia. Para dar uma guinada precisamos estar dispostos a sacrificar o progresso de hoje pela possibilidade de dar grandes saltos numa nova direção amanhã. A fim de encontrar esse novo caminho, devemos estar abertos à ideia de que o trajeto percorrido até o momento talvez não seja o melhor a ser seguido.

Um dos exemplos mais surpreendentes de guinada — de segurar ideias estimadas como se fossem passarinhos — vem do químico David Brown.[10] No início da década de 1990, Brown trabalhava em uma grande empresa farmacêutica. Durante oito anos, sua equipe pesquisou um novo medicamento para o coração. Oito anos é bastante tempo para permanecer num único objetivo, mas, para um químico como Brown, pouca coisa era mais importante do que descobrir um novo remédio capaz de salvar milhares de vidas. Infelizmente, sua procura não estava dando resultado. Brown sabia que uma de duas coisas estava para acontecer: sua equipe encontraria uma inovação ou teria de ser desfeita.

A equipe de Brown testou centenas de formulações diferentes, mas nenhuma funcionou. "Apresentei-me perante o comitê de desenvolvimento clínico e, como em trimestres anteriores, fui crucificado por perder dinheiro", recordou Brown. "E, basicamente, recebi um ultimato: 'Volte em setembro. Se não tiver bons resultados até lá, vamos dar por encerrado.'" Prevendo o fim do projeto, a equipe de Brown fez uma última tentativa desesperada. "Estávamos tão perto de fracassar que ninguém mais vinha às reuniões", recordou Brown. "Sabe quando as pessoas meio que sentem o cheiro do fracasso e somem? Chegou bem perto disso."

Foi um ponto de inflexão para Brown e sua equipe. Restava uma última esperança: uma fórmula projetada para tratar a sensação de pressão e aperto no peito conhecida pelo código UK-92480. Os testes começaram em 1993, quando um grupo de mineiros galeses concordou em experimentar o medicamento. Dez dias depois, os mineiros se reuniram em pequenos grupos focais na sede da equipe de pesquisa. Brown participou de um dos primeiros encontros e ficou decepcionado, porque o remédio continuava a não fazer efeito. Quando o grupo focal foi encerrado, Brown decidiu perguntar aos homens se haviam notado alguma diferença ou se queriam relatar alguma coisa. Um deles levantou a mão e disse: "Bom, parece que tive mais ereções noturnas do que o normal". Brown se lembra dos outros sorrindo e falando: "Eu também".

A presença de espírito de Brown ao improvisar essa pergunta extra acabou valendo dezenas de bilhões de dólares. Ele e sua equipe haviam sem querer descoberto o Viagra.

Muitos membros da equipe de Brown ficaram desanimados. Ian Osterloh, seu colega na Pfizer, acreditava que a equipe tinha fracassado. "Na época, ninguém pensou de fato: 'Isso é fantástico, que ótima notícia, estamos mesmo encontrando algo aqui. Vamos mudar a direção do programa.'" Mas Brown se mostrou receptivo a uma nova orientação. Em vez de enxergar no episódio um novo fracasso, ele percebeu que um efeito colateral embaraçoso para uns poderia ser uma verdadeira bênção para outros.

Brown implorou a seus gerentes para financiar um estudo de follow-up. "Preciso de 150 mil libras para fazer um estudo sobre impotência", disse ao chefe de pesquisa e desenvolvimento, "e não saio da sua sala enquanto não me der o dinheiro." Os primeiros testes começaram em Bristol no fim de 1993, e a seguir foram feitos na França, na Noruega e na Suécia.

A descoberta de Brown rendeu à Pfizer quase 40 bilhões de dólares com o medicamento entre 1998 e 2018, e concorrentes tanto de marca como genéricos inundaram o mercado mundial.

Das cinzas de um remédio para o coração fracassado surgiu uma solução lucrativa para a disfunção erétil. A guinada de Brown do medicamento cardíaco para o tratamento da impotência é um conto de fadas dos negócios bastante popular. Quando comento sobre isso com meus alunos de MBA, eles costumam se ver em David Brown. Acreditam que também perceberiam a centelha da oportunidade em um teste "fracassado". Mas, na verdade, a habilidade de Brown é algo raro e, para a maioria das pessoas, contraintuitivo. O restante da equipe admitiu que o Viagra só existe hoje porque Brown fez esse movimento em vez de jogar a toalha. Ele possuía uma série de habilidades essenciais para o sucesso do medicamento: a capacidade de reconhecer uma oportunidade em meio ao fracasso; a determinação de brigar por mais testes após dezenas de pesquisas preliminares malogradas; e a capacidade de controlar a decepção por tempo suficiente para fazer as perguntas certas e prestar atenção às respostas.

As habilidades de Brown podem em grande parte ser aprendidas. Elas se baseiam em saber quando fazer as perguntas certas e se acostumar a fazê-las. Sempre que farejamos que o fracasso ou alguma forma de obstáculo se aproxima, devemos fazer alguns questionamentos clássicos para dar uma guinada. Primeiro, há algum aspecto dessa tentativa que vale a pena preservar ou é um fracasso completo? Em outras palavras, embora não esteja correndo conforme o planejado, qual é seu aspecto mais favorável? Ela tem algum ponto positivo? A segunda questão é se algum ajuste pequeno ou moderado teria mudado o resultado. O que poderíamos ter feito diferente? Na indústria farmacêutica, o Viagra está longe de ser o único medicamento que transformou a derrota de uma aplicação no sucesso de outra, de forma que continuar a se propor questões após o teste dar errado é fundamental. Brown sabia disso e agarrou a ideia de que o remédio poderia ter um uso alternativo não intencional, mas potencialmente lucrativo.

Essa abordagem da guinada não se restringe à indústria farmacêutica. Um século antes do movimento triunfante de Brown, William Wrigley Jr. viajou da Filadélfia até Chicago para vender sabão. "Ele começou do nada", dizia seu obituário no *New York Times*, "a menos que 32 dólares possam ser considerados capital. Não contou com protetores nem influência. O que teve foi coragem e espírito empreendedor, e um otimismo que nunca o deixou na mão."[11] O pai de Wrigley tinha sido um comerciante de sabão, assim vender o produto foi um caminho natural para ele. O negócio era competitivo porque é um produto razoavelmente fácil de fabricar. Bastava obedecer a algumas leis básicas da química e acrescentar os ingredientes certos na proporção correta para obter o sabão abrasivo que Wrigley e muitos outros comerciantes costumavam vender na década de 1890. Era uma mercadoria comum — todas as marcas eram igualmente boas —, então Wrigley introduziu um diferencial para promover seu produto. "A competição era acirrada", afirmou o *New York Times*, "mas Wrigley se saiu razoavelmente bem ao dar brindes para seus clientes." A cada barra de sabão comprada, a pessoa ganhava um pequeno pacote de fermento em pó.

Em se tratando de brindes, fermento em pó foi uma escolha inteligente. Assar coisas estava se tornando um passatempo popular à medida que o século XIX dava lugar ao XX, de modo que a jogada se tornou o principal atrativo do fabricante. Não demorou para os clientes começarem a perguntar mais sobre o fermento do que sobre o sabão. Como David Brown, na Pfizer, Wrigley estava atento a essas dicas, assim a Wrigley Soap Company se tornou a Wrigley Baking Powder Company. Ele continuou a oferecer brindes, agora incluindo duas caixinhas de chiclete para cada pacote grande de fermento em pó. As primeiras gomas de mascar — inicialmente com sabor de alcaçuz, depois, tutti frutti — haviam entrado no mercado nas décadas de 1870 e 1880, então Wrigley concluiu que a combinação de novidade e baixo preço do produto constituíam um acréscimo perfeito. Ele tinha razão. Em uma espécie de déjà-vu, o chiclete em pouco tempo se tornou mais popular que o fermento em pó, e Wrigley deu uma segunda guinada. Parou de vender sabão e fermento em pó e passou a comercializar os chicletes Spearmint e Juicy Fruit.

O talento dele para as vendas não terminou com esses novos produtos. No início, ele pensou no chiclete como algo a ser consumido por impulso — o tipo de coisa que compramos sem pensar quando estamos na fila para pagar as compras que de fato tinham nos levado ao mercado. Mas a compra por impulso era limitada. Wrigley queria que as pessoas procurassem pelo chiclete, não que o comprassem por falta de autocontrole ao sair do mercado. Ele enviou amostras grátis para milhares de lares americanos e hipotecou sua casa para financiar uma ampla campanha publicitária. Na esteira da campanha, explicou o *New York Times*, "o que fora um mau hábito se tornou um costume generalizado". Wrigley sustentava que mascar chiclete após a refeição proporcionava hálito mais fresco, dentes mais limpos e saudáveis e menos inchaço e desconforto após comer demais. Durante a Primeira Guerra Mundial, convenceu as Forças Armadas de que chiclete aliviava a sede e acalmava os nervos. Essas não eram propriedades de um produto comprado por impulso, mas de um produto indispensável. Então o valor de sua mercadoria foi às alturas e, em 1929, ele virou capa da *Time*.

A guinada de Brown e Wrigley é impressionante, mas não incomum. Para evitar passar por isso, é preciso estar certo todas as vezes na primeira vez, seja nos negócios, seja em outras áreas da vida. Se você recordar, verá que seu passado é cheio de redirecionamentos. Evitar guinadas significa nunca mudar de ideia — casar com a primeira pessoa com quem saiu, seguir a primeira carreira com que sonhou na infância, viver na mesma cidade a vida toda e assim por diante. Os seres humanos se desenvolvem e amadurecem ao longo de toda a vida, e nossas preferências e atitudes também mudam. Aprendemos e crescemos, assim a mudança é inevitável.

A agilidade mental de Brown e Wrigley exemplifica o mantra de Sam Snead — basta trocar "taco de golfe" por "ideia". Você deve segurar a *ideia* com a mesma força que seguraria um passarinho: com pressão suficiente para não sair voando, mas suave o bastante para não esmagá-la. Na prática, significa saber quais aspectos de uma ideia segurar com força e quais segurar gentilmente, de modo que ela tenha espaço para mudar e crescer. Brown não acordou no dia seguinte e decidiu se tornar um artista ou um contador; continuou sendo químico, mas aplicou suas habilidades a um novo objetivo. Wrigley comercializou três produtos diferentes, mas a cada ocasião percebeu o valor de oferecer brindes para seus clientes, enquanto permanecia receptivo ao que lhe diziam.

Essas ideias importam mesmo que não fabriquemos remédios nem chicletes e são fáceis de aplicar a qualquer situação. São constituídas de apenas três passos, e eles se sobrepõem à auditoria de atrito descrita no capítulo anterior: isole o problema, faça uma lista das potenciais soluções ou caminhos para avançar e então escolha a melhor dentro do cardápio resultante.

Essa é a estratégia que Ties Carlier, cofundador de uma fabricante de bicicletas holandesa chamada VanMoof, adotou em 2015 quando os produtos caros de sua empresa chegavam amassados ou quebrados aos lares americanos.[12] "Em 2015, começamos a mandar nossas bicicletas para os Estados Unidos", explica o blog da empresa. "O único problema era que muitas chegavam quebradas aos novos clientes. Era um aborrecimento para eles e saía caro para nós. Não podíamos afirmar com certeza, mas as transportadoras americanas não pareciam tomar tanto cuidado quanto esperávamos." O problema estava claro, então Carlier considerou suas opções. Tentou uma série de transportadoras, porém os resultados foram parecidos. A seguir, ele e sua equipe esboçaram algumas novas opções de empacotamento. Consideraram caixas mais robustas e duráveis ou até embalagens mais resistentes do que papelão, mas ambas as opções se mostraram caras e improdutivas. A estratégia decepcionante não impediu que as bicicletas fossem manuseadas de qualquer jeito, e mesmo com os aperfeiçoamentos na embalagem continuava a haver uma quantidade significativa de produtos quebrados. Sem dúvida teriam de continuar a ser enviadas em caixas de papelão — mas como Carlier faria para garantir que fossem transportadas com cuidado?

Ele se fez uma simples pergunta: *em que circunstância* caixas de papelão são manuseadas com cuidado pelas transportadoras? Após uma breve pesquisa, ele se deu conta de que sua taxa de produtos danificados superava em muito à das fabricantes de TVs, embora televisores fossem frágeis e embalados em caixas parecidas com as usadas pela VanMoof. Ainda assim, poucas chegavam quebradas ou danificadas porque suas caixas exibiam a mensagem chamativa: CUIDADO FRÁGIL. A ideia de escutar uma TV se estilhaçar pelo mau manuseio decerto devia encorajar os funcionários das transportadoras a tratá-la com cuidado. Assim Carlier adotou a solução que parecia mais barata e fácil: pediu a seu fornecedor de caixas que pusesse a foto de uma TV nas embalagens da VanMoof. Não era propaganda enganosa — as caixas continuavam a incluir a foto de uma bicicleta e diziam o que continham —, mas eram dominadas por uma grande foto de um televisor.

"Esse pequeno ajuste exerceu um impacto gigante", explica o blog da VanMoof. "Da noite para o dia, nossos danos com transportadora caíram de 70% a 80%. Vendemos 80% de nossas bicicletas pela internet e continuamos a mostrar uma TV em nossas caixas. Hoje, enviamos mais de 60 mil produtos para nossos clientes no mundo todo." Em pouco tempo, porém, para consternação de Carlier, outras fabricantes começaram a adotar a mesma estratégia. "Tentamos [manter o estratagema] pelo maior tempo possível", explicou Carlier numa entrevista, "até um jornalista em nossa loja em Nova York tuitar sobre isso e revelar o truque para o mundo. [...] Quanto mais fabricantes fizerem o mesmo, menos eficaz será." O novo projeto de caixa foi a expressão perfeita da abordagem firme, mas flexível de Snead. Carlier se manteve firme em continuar a enviar bicicletas em caixas de papelão, mas foi flexível em perceber que as embalagens podiam ser repensadas para incentivar de forma gentil as transportadoras a tratarem seu produto com mais carinho.

Uma característica que une Bob Dylan, David Brown, William Wrigley e Ties Carlier é que se distanciaram de sua especialização para voltar a serem novatos em algo. Dylan tocava guitarra, mas se arriscou no violão folk. Brown tinha passado uma década aprendendo a química de medicamentos para o coração, mas deu uma guinada para estudar a disfunção erétil. Wrigley era especialista em sabão antes de vender fermento e, depois, chiclete. E Carlier, que entendia muito de bicicleta, mas pouco de embalagens, concebeu um método de embalar que evitava quatro em cada cinco prejuízos de transporte.

Todos eram iniciantes em suas aspirações, mas novatos têm uma vantagem surpreendente sobre especialistas: não são restringidos pelos grilhões do conhecimento.[13] É impossível *desa*prender o que já sabemos, e o conhecimento prévio tende a constranger a criatividade. Isso não costuma ser um problema — na maior parte do tempo o que funcionou no passado continuará a funcionar no futuro —, mas quando buscamos um avanço, e um caminho novo e criativo, a especialização pode nos impedir de pensar de forma tão ampla quanto deveríamos.

A especialização nos proporciona o que o cientista cognitivo Herb Simon chamou de "uma estrutura de informação hierárquica", ou um senso de como diferentes ideias se encaixam. Em 1962, Simon descreveu como relojoeiros especializados dependem de informação hierarquizada ao montar um relógio. Relógios complexos contêm centenas de partes minúsculas que constituem um quebra-cabeça intrincado. Elas têm nomes como bezel, coroa, caixa e pêndulo, e para um especialista compõem minúsculos subcomponentes que se combinam para formar o relógio. O taquímetro, que mede a velocidade, pode conter uma dúzia de peças; o mecanismo que impulsiona o ponteiro dos segundos pode conter outras duas dúzias de peças; e assim por diante. Se o relojoeiro experiente é interrompido por um telefonema enquanto monta um subcomponente específico, pode retomar de onde parou, perdendo talvez apenas alguns minutos de trabalho. Os subcomponentes completos que ele já tinha montado permanecem intactos.

Por outro lado, um relojoeiro iniciante não tem a mesma informação hierárquica para organizar seu conhecimento. Para ele, o quebra-cabeça pode parecer complicado a ponto de ser impossível, e talvez precise de instruções passo a passo para montar o relógio, vendo cada peça como completamente separada das demais. Se ele for interrompido por um telefonema, sugeriu Simon, talvez tenha de começar a montar tudo do zero.

A montagem de um relógio exige o oposto da criatividade. Não podemos apenas decidir rearranjar *de forma criativa* algumas peças e esperar que funcione. A relojoaria recompensa a precisão e a destreza e pune a criatividade. Mas outros tipos de tarefas são mais abertas e nos recompensam por nossa inventividade em vez da precisão. Nesses casos, adotar uma estrutura de informação hierárquica pode ser contraproducente, como aconteceu em um estudo em que os pesquisadores pediram a dois grupos de alunos para passar uma hora construindo um alienígena com peças de Lego.[14] Metade dos alunos representava os iniciantes. Para eles, as centenas de peças foram misturadas ao acaso, simulando a estrutura fixa de informação de Herb Simon. Para os alunos que representavam os especialistas, as peças foram separadas em 48 subgrupos, em que cada um continha peças do mesmo formato e cor. Esses 48 subgrupos correspondiam aos subcomponentes do relógio descritos por Herb Simon sessenta anos antes.

Poderíamos imaginar, portanto, que a tarefa seria mais fácil para os especialistas. O trabalho de separar as peças já estava pronto; tudo o que tinham de fazer era construir o alienígena. Mas foi exatamente a falta de estrutura que ajudou os iniciantes a inventar alienígenas mais malucos. Um grupo independente de juízes considerou os alienígenas dos novatos mais criativos e menos parecidos com criaturas terrestres. Ao que parece, isso ocorreu porque eles passaram mais tempo trabalhando na tarefa e refletiram de maneira mais profunda sobre ela, explorando mais opções do que os especialistas. Saber *menos* e se esforçar *mais* contribuiu para sua maior criatividade.

Isso funciona assim também fora do laboratório. Em 1994, Seal lançou a canção "Kiss from a Rose", que lhe rendeu um prêmio Grammy, passou semanas no topo de várias paradas musicais e vendeu milhões de cópias pelo mundo. Composta por ele no fim da década de 1980, era uma música única entre as mais ouvidas. Em 2021, Rick Beato, produtor musical e personalidade do YouTube, lançou um vídeo de meia hora em que analisava a canção.[15] Beato faz um ótimo trabalho em desconstruir seu apelo, mas a menos que a pessoa também seja um especialista em música, grande parte de seus comentários é difícil de acompanhar. No entanto, a complexidade fica clara. "É um ótimo exemplo de intercâmbio modal", explica Beato. "Gosto sempre de falar sobre a teoria dessas músicas, porque são essas coisas que as tornam ótimas." Ele a seguir discute "acordes tônicos", "sextas e sétimas bemóis" e "inversões", entre outros termos musicais complicados.

No entanto, o mais interessante no vídeo de Beato é uma conversa com o próprio Seal. "A melodia é tão complexa", começa Beato, admirado. "Esses saltos de intervalos ímpares — como você consegue pensar em coisas assim?" Seal responde:

> A melhor explicação que me ocorre é que eu não sabia que na verdade não dava para fazer essas coisas ou que eram muito incomuns. Só me pareceu a coisa certa a fazer quando compus a música. A coisa toda aconteceu tão rápido — foi na verdade uma tarde de trabalho, cerca de duas a três horas, e eu não estava pensando de verdade na melodia.

Mesmo que Seal estivesse sendo modesto, o contraste entre sua simplicidade e a sofisticação de Beato é notável. Este último parece ter gastado mais tempo analisando a música do que Seal passou a compondo. Fica claro que a abordagem deste, livre de teorias e conhecimento técnico, foi o que lhe permitiu criar uma canção que agrada ao ouvido com perfeição, ao mesmo tempo que soa diferente de tudo que a indústria pop produziu nas últimas décadas.

Esse é um tema para Beato. Alguns meses depois de entrevistar Seal, ele conversou com Sting — outro gigante da música popular cujo estilo é inimitável.[16] Mais uma vez, Beato começou explorando as complexidades da abordagem de Sting:

Uma música como "Fortress Around Your Heart" é incrivelmente melódica, no entanto muda três vezes de tom. [A progressão é] muito estranha, embora soe completamente normal para o ouvido. E então a gente passa ao refrão, que é em sol, si menor, ré com fá sustenido, sol, depois dó, lá menor, dó, ré. Como você teve a ideia de compor uma música dessas?

A resposta de Sting parece muito com a de Seal:

Começa com três acordes, depois eu só embarco numa aventura. Eu a encontro e ela se escreve sozinha, sabe, e você só precisa estar num estado de graça em que a música vai lhe dizer o que fazer em seguida. [...] Não tenho treinamento musical; tenho apenas essa confiança de que a harmonia me conduzirá na direção certa. Invejo as pessoas [que possuem treinamento musical porque] isso força você a exercitar um tipo diferente de músculo. Conheço alguns músicos incríveis que são capazes de tocar praticamente qualquer coisa, mas não compõem.

Para Sting, a melodia é arte pura, enquanto para Beato a música é arte com uma dose respeitável de ciência. Essa é a parte de *logia* da musicologia, que é o ganha-pão de Beato. Sting resistiu a isso. Para ele, como para Seal, suas melhores melodias não são produto de conhecimento especializado, mas o resultado da simplicidade e da exploração. Isso não deprecia em nada o trabalho de Beato, que veste a carapuça analítica com leveza e também é uma pessoa criativa. O conhecimento especializado nem sempre é uma fraqueza — mas Sting e Seal mostram que saber menos nem sempre é a desvantagem que parece ser.

Há alguma coisa de arte marcial em como os músicos, empreendedores e cientistas neste capítulo avançaram ou, em primeiro lugar, evitaram ficar empacados. Em vez de espernear desesperadamente ao enfrentar um atrito, eles adotaram um tratamento mais leve. Alguns, como Bob Dylan e Arlene Harris, abraçaram uma definição incremental de originalidade que reconhece que as novas ideias quase sempre se apoiam nos ombros do que veio antes. A originalidade suprema, desse modo, é um mito, e acreditar que uma novidade radical é o único caminho para seguir adiante costuma paralisar. Um tratamento mais leve também é valioso quando consideramos uma mudança de estratégia ou abordagem, como David Brown e William Wrigley. A falta de conhecimento técnico muitas vezes não é ruim, mas sim algo que pode ser incrivelmente libertador, considerando que a maioria é especializada em poucas áreas da vida e iniciante em muitas outras. Não ser completamente ignorante compensa, mas o conhecimento profundo é muitas vezes uma receita para o tipo de rigidez que é mais capaz de nos deixar empacados que nos tirar da paralisia. Uma maneira de evitar esses problemas é distribuir o conhecimento especializado entre uma equipe — trabalhar em grupos diversificados e contar com os outros para compensar nossas lacunas enquanto todos se esforçam juntos para avançar. Por trás de muitos dos sucessos individuais descritos neste capítulo há equipes de apoio que foram essenciais. O capítulo a seguir examina como a colaboração coletiva [*crowdsourcing*] impulsiona o avanço.

9. Diversidade e colaboração coletiva

O cérebro humano é uma das máquinas mais engenhosas do mundo. Com ele, conseguimos curar doenças, liderar nações e inventar foguetes para levar pessoas ao espaço e trazê-las de volta. Mas ele é voraz. Para usá-lo, você precisa alimentá-lo com centenas de calorias diárias e deve estar disposto a dedicar seu tempo, atenção e energia à eventual tarefa que pedir a ele para realizar. Lidamos com essas demandas desenvolvendo padrões e hábitos que não são exatamente perfeitos, mas que na maior parte do tempo fazem um serviço satisfatório. Quando vamos ao mercado, por exemplo, decidimos por um refrigerante nas prateleiras cheias de opções, mas não examinamos cada rótulo toda vez. Escolhemos entre as poucas opções que já provamos. Caminhar e dirigir são coisas que a maioria faz quase sempre de forma automática. Por isso nossa mente divaga quando caminhamos e dirigimos. Nossos recursos cerebrais excedentes se dedicam a outras tarefas.

Uma desvantagem de fazer coisas no piloto automático é que às vezes nos vemos numa rotina monótona. As estratégias e os hábitos que simplificam nossa vida diária se tornam tão arraigados que dificilmente escapamos deles, mesmo quando precisamos tentar algo novo.

A boa notícia é que as estratégias e os hábitos de cada um podem ser completamente diferentes. Vivemos vidas distintas sob condições diversas e temos personalidades, talentos, atitudes e valores diferentes. Enquanto meus próprios hábitos me conduzem a uma rotina, os dos outros tenderão a me libertar. Foi isso que aconteceu com as equipes de criação do seriado de TV *Doctor Who* nos últimos sessenta anos.[1]

Doctor Who é o programa de maior duração da TV mundial. O primeiro episódio foi ao ar na BBC em 23 de novembro de 1963, às 17h16 — oito segundos depois do horário planejado, porque a BBC estava cobrindo o assassinato de John F. Kennedy, ocorrido no dia anterior. O programa gira em torno de um personagem extraterrestre conhecido como Doctor, que viaja no tempo usando uma cabine telefônica azul. Doctor é fascinado pelo planeta Terra. Assumindo a forma humana, viaja na companhia de humanos e salva pessoas inocentes do perigo. Ele existe há séculos, pois sua alma migra para um novo corpo sempre que é mortalmente ferido. O programa deve muito de sua longevidade a esse conceito, permitindo aos produtores escolher um novo ator para o papel sempre que o anterior resolve seguir novos rumos. Ao longo de seis décadas, treze atores interpretaram Doctor — alguns em apenas um longa-metragem, enquanto outros ficaram durante mais de seis anos.

As 39 temporadas regulares e os dezoito especiais de *Doctor Who* foram transmitidos em mais de cem países. O programa inspirou exposições em museus, *spin-offs* e *fan fiction*, livros e merchandise, e já foi citado em *The Simpsons*, *South Park*, *Family Guy*, *Futurama* e *Jornada nas Estrelas: A nova geração*. No auge, na década de 1970, atraiu uma média de 11 milhões de telespectadores por episódio, e embora sua audiência hoje seja cerca de metade disso, ainda assim atinge noventa pontos de cem possíveis no Índice de Apreciação do Público Britânico, que mede a audiência dos programas de TV na Grã-Bretanha.

Como no caso dos atores, a equipe de criação vive em fluxo constante. Cada episódio é produzido por pessoas que ocupam uma das três funções "essenciais" de produtor, diretor e roteirista. No total, a cada episódio, há entre dois e cinco profissionais distribuídos nas três funções. Tais pessoas, como qualquer indivíduo envolvido em um trabalho criativo, têm seu próprio perfil. Elas realizam cada episódio pelo prisma de sua experiência pessoal, treinamento e preferências idiossincráticas. Por exemplo, a formação de Graeme Harper, que dirigiu quinze episódios de *Doctor Who*, ocorreu no teatro dickensiano, enquanto Phil Collinson, que dirigiu 47 episódios, vinha de sitcoms e comédias. John Nathan-Turner, que produziu cinquenta episódios, era mais aberto a tramas violentas e acreditava que o programa deveria atrair o lucrativo mercado americano.

A despeito de sua longevidade, ou talvez por isso, *Doctor Who* passou por muitos pontos de estagnação. Sua audiência caiu em quase 70% no fim da década de 1980, e a BBC deixou o programa num hiato indefinido que durou dezesseis anos. *Doctor Who* reemergiu em 2005 com grande alarde, mas novos rumores de encerramento surgem sempre que o público diminui.

Os altos e baixos do seriado atraíram o interesse de pesquisadores especializados em dinâmicas de equipe: *Doctor Who* se sai melhor quando a equipe criativa é coesa e tem um mesmo modo de pensar ou a diversidade seria uma virtude? Podemos imaginar que equipes criativas se beneficiem da consistência. Os diretores aprenderiam a extrair boas ideias de roteiristas que conhecem, e os produtores descobririam as personalidades de roteiristas e diretores que tendem a criar as melhores tramas. Em momentos de dificuldade, talvez a familiaridade seja o melhor "desbloqueador". Foi essa questão que uma equipe de pesquisa propôs quando analisou cinquenta anos de episódios de *Doctor Who*: as equipes criativas em um programa longevo têm maior ou menor probabilidade de ficar empacadas, ou florescer, ao trabalhar com redes familiares (isto é, fechadas)?

Os pesquisadores começaram por coletar todo tipo de dado de cada episódio. Quem fazia parte da equipe criativa? Já haviam trabalhado juntos em outros episódios (ou em outros programas além de *Doctor Who*)? Como os telespectadores reagiram ao episódio? Como os especialistas no seriado avaliaram a criatividade do episódio (a equipe de pesquisa incluía um pequeno grupo de estudiosos devotados do seriado)? As ideias eram incomuns no contexto do passado de *Doctor Who* ou exploravam temas similares (sendo, portanto, menos criativas)? Com esses dados em mãos, os pesquisadores puderam medir o valor de um conceito conhecido como *redes sem redundância*. Em termos simples, ao longo da vida do programa as equipes criativas teriam se beneficiado da entrada de gente nova ou o sucesso era mais provável quando suas redes eram fechadas?

A resposta foi clara e inequívoca. Embora a maioria prefira trabalhar com pessoas conhecidas, a familiaridade engendra atrito. Os melhores episódios surgiram com a entrada de gente nova. "Quanto mais fechada a rede em torno de um artista", escreveram os pesquisadores, "menos criativo seu trabalho."

Equipes de criação se beneficiam de trabalhar com novos colegas, em particular quando essas pessoas atuaram em círculos diferentes no passado. A não redundância — ou novidade — produziu avanços e às vezes tirou o programa de períodos de estagnação e o levou a períodos de rejuvenescimento criativo.

Trabalhar com gente nova inspira o desbloqueio criativo por pelo menos dois motivos. O primeiro é que pessoas novas trazem ideias novas. O *conteúdo* de seus pensamentos criativos é diferente, e ideias novas trocadas entre duas ou mais pessoas descortinam outras novas ideias. O segundo é que há valor em apenas sacudir as coisas. Se ficar empacado tem a ver em parte com se prender teimosamente a hábitos antigos, a introdução de gente nova nos força a adotar um novo estilo de pensar. Como explicaram os pesquisadores, não se trata apenas de novo conteúdo; tem a ver também com reorganizar o conteúdo antigo. Gente nova "estimula a adoção de novas perspectivas e formas de enxergar, [permitindo] desse modo [que pessoas criativas] empreguem conceitos antigos de diferentes maneiras com sucesso".

Quando observamos outras produções além de *Doctor Who*, percebemos por toda parte o valor da ausência de redundância. Em 2000, o estúdio de animações Pixar estava no seu melhor momento. Entre 1995 e 1999, lançou *Toy Story*, *Vida de inseto* e *Toy Story 2* — três filmes que mudaram o modo como a indústria cinematográfica tratava a animação. Tradicionalmente, animações eram vistas como algo infantil: ideias simples com personagens bidimensionais que apelavam ao público mais jovem. Mas *Toy Story*, de 1995, foi um longa-metragem que agradou crianças e adultos, explorando temas que apelavam a ambos os públicos. Embora não totalmente realista, a animação era tridimensional e texturizada de uma forma que não era possível fazer antes de meados da década de 1990. Em 1972, o Oscar introduziu uma categoria de Contribuição Especial. A premiação era concedida de tantos em tantos anos a filmes que transcendiam as fronteiras estabelecidas no meio cinematográfico. Em 1977, *Guerra nas estrelas* venceu por suas "vozes de alienígenas, criaturas e robôs" e, em 1990, *O vingador do futuro* foi o vencedor por seus "efeitos visuais". No ano de seu lançamento, *Toy Story* ganhou a 15ª premiação dessa categoria como o "primeiro longa-metragem de animação por computador".

Com três sucessos no currículo, a Pixar poderia ter se dado por satisfeita e continuado a fazer o que já fazia tão bem: contar ótimas histórias por meio de animações lindamente renderizadas. Mas, em vez disso, optou pela não redundância.[2] Para evitar que o estúdio se tornasse preguiçoso ou complacente, os fundadores introduziram sangue novo, Brad Bird, uma pessoa de fora do meio que fazia as coisas de maneira bem diferente. Bird relembra o que lhe disseram Steve Jobs, Ed Catmull e John Lasseter quando o procuraram: "Nosso único medo é a complacência — a sensação de que já sabemos tudo. Queremos que você venha sacudir um pouco as coisas. Se o que fizer parecer absurdo para nós, vamos ter uma boa briga, mas, se conseguir nos convencer, faremos as coisas de outra forma".

Dá para entender por que os artistas da Pixar eram comprometidos com a integridade de cada imagem que criavam para suas animações. Eram puristas, porque essa incrível qualidade se tornou a marca registrada da empresa. Assim os animadores muitas vezes seguravam a produção de um filme se alguma imagem em particular não estivesse perfeitamente renderizada. Bird, porém, via as coisas de outra forma:

> Eu precisava eliminar o purista que havia em cada um — essencialmente, dar um susto neles para perceberem que eu estava preparado para usar "truques" rápidos e sujos e levar algo às telas se demorassem demais para conseguir fazer no computador. Eu falava: "Olha, não preciso fazer a água com um programa de simulação no computador. Se a gente não consegue fazer um programa funcionar, estou bastante disposto a filmar a água respingar numa piscina e apenas compor as imagens depois". Isso os deixou absolutamente horrorizados. Acabei nunca filmando a água na piscina [...], mas falar dessa forma ajudou todo mundo a entender que não precisávamos fazer algo que funcionasse de todos os ângulos. Cada tomada é de um jeito. Algumas precisam ser perfeitas, outras precisam ser muito boas, e tem algumas que só precisam ser boas o bastante para não quebrar o encanto.

Bird dominou o processo de criar animações e admitia que às vezes a única maneira de produzir filmes excelentes dentro do cronograma era acelerar o processo. Ele também era um grande adepto do valor da não redundância, e por isso contratou uma série de novos animadores — em suas palavras, "ovelhas negras" — para sacudir as coisas. "Muitos deles eram inconformados", relembrou Bird. Havia grandes ideias, mas o método estabelecido funcionava bem, assim raras vezes tinham oportunidade de pôr suas novas ideias em prática. "Demos às ovelhas desgarradas a chance de provar suas teorias e mudamos a maneira como algumas coisas eram feitas por aqui [...]. Tudo porque os chefões da Pixar nos deram carta branca para experimentar ideias malucas."

Os dois primeiros longas-metragens em que Bird trabalhou para a Pixar foram *Os Incríveis* e *Ratatouille*. Ambos ganharam o Oscar de melhor animação: *Os Incríveis* em 2004, *Ratatouille* em 2007. Este último, em particular, penava para decolar quando Bird começou a trabalhar no projeto, e muitas mudanças introduzidas por ele — incluindo a sugestão de que todos os ratos, exceto Remy, o personagem principal, andassem com as quatro patas, em vez de duas — foram cruciais para o sucesso do filme. Mas talvez sua maior jogada, e o que o tornou famoso na indústria, tenha sido seu desejo de trabalhar com as ovelhas negras da animação — os outsiders com perspectivas diferentes que os outros diretores negligenciaram.

Bird acreditava que as ovelhas negras eram valiosas simplesmente por serem diferentes. Essa característica, independentemente de se tratar ou não dos criadores mais talentosos no meio, forçou o restante da equipe de criação a enxergar as coisas a partir de uma nova perspectiva. Como ele mesmo reconheceu, a diferença fez deles excelentes agentes de desbloqueio quando as equipes topavam com bloqueios criativos. Ovelhas negras por definição têm menor probabilidade de sucesso convencional. Estão nas fronteiras das redes existentes, e assim tendem a ser menos conectadas às normas predominantes. A principal função delas é oferecer uma nova perspectiva, chamada pelos estudiosos de choque positivo. Nas palavras dos pesquisadores de *Doctor Who*: "A adição de novos nexos a uma rede preexistente representa um choque positivo que obriga seus constituintes a reconsiderar o modo como trabalham juntos e se coordenam".

Mas eis o ponto crucial das ovelhas negras — e por que sempre devemos consultar alguém de fora quando estamos empacados: experimentos mostram que até indivíduos *incompetentes* de fora fazem uma equipe progredir. Não precisam ser oráculos ou gênios. Basta serem diferentes. Segundo um estudo, acreditamos que as pessoas de alto desempenho dão conselhos melhores do que as medianas, mas na verdade são igualmente bons.[3] Por exemplo, numa tarefa de pegar um grupo de letras embaralhadas para formar palavras, esperaríamos que um especialista nesse tipo de quebra-cabeça tivesse conselhos melhores do que os de alguém mediano. Mas completar a tarefa e explicar como ela é feita são ações que se baseiam em diferentes habilidades. A única coisa que separa os indivíduos de desempenho superior dos medianos é que os primeiros dão mais — mas não melhores — conselhos do que os segundos, algo que confundimos com conselhos *melhores*.

Em outro estudo, estranhos trabalhavam juntos para resolver um quebra-cabeça on-line. Os participantes não podiam interagir, mas todos viam os movimentos feitos pelos demais. O quebra-cabeça só podia ser solucionado se o grupo trabalhasse junto. A tarefa era difícil, e às vezes os grupos fracassavam. Muitas vezes precisavam de várias tentativas até encontrar uma solução. Em outras versões, porém, os participantes na verdade eram "*bots* de ruído" — ou agentes de inteligência artificial que às vezes tomavam decisões ruins. Esses *bots* de ruído eram ovelhas negras incompetentes de forma moderada. Sua única função era se comportar de maneira aleatória de tempos em tempos, algo que frustrava os outros jogadores e os forçava a explorar novas estratégias para resolver o problema.

Os *bots* até podiam ser "ruidosos", mas também ajudaram os jogadores humanos a encontrar uma solução de forma mais confiável e rápida, "não só facilitando a tarefa dos humanos aos quais estão conectados", escreveram os pesquisadores, "como também afetando o modo de jogar quando os próprios humanos interagiram com outros no grupo, desse modo gerando benefícios em cascata".[4] Sacudir as coisas é valioso mesmo quando a pessoa (ou *bot*) que as movimenta não ajuda em nada ou é incompetente. Não fazia diferença que os *bots* não fossem bons na tarefa; o importante era serem *diferentes*.

Se você estiver empacado, a prescrição é óbvia: compartilhe sua situação com alguém novo e diferente. Procurar um especialista sábio não fará mal nenhum, mas conversar com alguém novo, mesmo que essa pessoa não seja particularmente brilhante ou instruída, tem seu valor. Tendemos a não enxergar nossos próprios hábitos e padrões, e com frequência são justamente eles que nos conduzem a comportamentos arraigados, para começo de conversa. A não redundância proporcionada por gente de fora traz as ideias latentes e ocultas ao primeiro plano, forçando-nos a enxergar além de nossos padrões instintivos.

Outro termo para a não redundância, talvez mais familiar, é *diversidade*. Quanto mais consultamos outsiders, mais diversificados são nossos dados e maior a chance de superarmos a teimosia de comportamentos pessoais padronizados. Embora ao longo dos milênios sempre tenhamos enfrentado situações em que ficamos paralisados e precisamos sair desse estado, na maior parte do tempo lidamos com os obstáculos em grupos pequenos e homogêneos que pensavam de forma similar. Faltava a esses grupos diversidade porque seus membros muitas vezes se conheciam muito bem, costumavam viver perto uns dos outros e eram parentes ou amigos íntimos.

Mesmo quando o ser humano deixou de lado a técnica de tentativa e erro em prol do método científico, as equipes de pesquisa permaneceram homogêneas. A maioria era composta de homens brancos mais velhos, ricos e com educação formal. À medida que mais mulheres ingressaram na medicina, nas décadas de 1980 e 1990, o foco mudou para enfermidades e problemas de saúde tipicamente femininos, como osteoporose, menopausa e câncer de mama.[5] Parte dessa mudança surgiu porque as mulheres da equipe conduziam as pesquisas para novas direções, que em grande parte escapava aos pesquisadores homens. Até experimentos projetados para examinar o comportamento humano em geral tendiam a se concentrar em homens. Em 1958, o Estudo Longitudinal sobre Envelhecimento, em Baltimore, foi feito para observar o "envelhecimento humano normal", mas em seus primeiros vinte anos analisou apenas homens. Da mesma forma, os pesquisadores envolvidos no Estudo de Saúde dos Médicos recomendaram que tomar todos os dias doses baixas de aspirina podia reduzir a cardiopatia, mas suas conclusões se basearam nos dados de 22 mil participantes homens e *nenhuma* mulher. O Estudo de Intervenção de Múltiplos Fatores de Risco, de 1982, explorava o papel da dieta e dos exercícios em enfermidades cardíacas, mas foi realizado com 13 mil homens e, mais uma vez, nenhuma mulher.

Uma equipe de pesquisa não ficou satisfeita com anedotas esparsas, então revisou quase 7 milhões de publicações para explorar a relação entre diversidade de gênero em equipes de pesquisa médica e inovação. Os artigos tinham sido escritos por 7 milhões de cientistas médicos, publicados em 15 mil periódicos diferentes, entre 2000 e 2019. Com o tempo, as áreas acadêmicas tendem a se tornar câmaras de eco. Os mesmos grupos pequenos de pesquisadores citam uns aos outros conforme obtêm um progresso cada vez mais incremental fazendo perguntas cada vez mais restritas. Um grande salto intelectual pode semear centenas de milhares de artigos relacionados que, no fim das contas, conduzem a disciplina a uma barreira intelectual. Por outro lado, uma disciplina não estagnada atrai novos pesquisadores de áreas próximas e cita pesquisadores não redundantes, evitando assim se tornar uma câmara de eco. O grupo de pesquisa que investigava a diversidade descobriu que equipes que incluíam homens e mulheres tinham maior probabilidade de realizar um trabalho inovador que atraísse novos pesquisadores de outras áreas. As equipes diversificadas também tendiam a exercer mais impacto, com equipes grandes de pesquisadores de ambos os sexos publicando artigos importantes 16% mais vezes do que equipes grandes formadas apenas por homens.

O mesmo vale para o mundo dos negócios.[6] Um estudo analisou o desempenho de mais de mil empresas em 35 países, além de 24 indústrias diferentes, e descobriu que a diversidade de gênero estava associada a um desempenho empresarial superior em países que de um modo geral a apoiavam no local de trabalho. Uma segunda equipe de pesquisa determinou que a diversidade impelia a inovação ao designar de forma aleatória empreendedores de start-ups a trabalhar em equipes de gênero diversificado ou uniforme. No decorrer de um ano, as equipes com uma divisão de gênero mais equilibrada superaram as demais. Uma terceira equipe de cientistas dividiu de forma aleatória os participantes de um experimento em equipes com ou sem diversidade de gênero e também constatou que a diversidade motivava a inovação. Ela previne a areia movediça que impede grupos, equipes, empresas e até disciplinas inteiras de progredir.

Um importante estudo sobre a diversidade como agente de desbloqueio analisa o caso de Shane Battier, ex-jogador de basquete da NBA.[7] Battier, que jogou de 2001 a 2014, era incomum em muitos aspectos. Comparado aos padrões tradicionais do basquete profissional, era mediano. Michael Lewis, que escreveu um perfil sobre ele para a *New York Times Magazine*, afirmou: "Ele não marca muitos pontos, não pega muitos rebotes, efetua poucos bloqueios, recupera poucas bolas e não faz muitas assistências". Quando Battier jogou pelo Houston Rockets, o gerente geral do time disse: "Ele é na melhor das hipóteses um atleta secundário da NBA".

Mas em outros aspectos ele era diferente dos demais. Embora a maioria dos jogadores da NBA seja muito inteligente, Battier era um *estudioso*. Na época de escola, ele era acima da média e recebeu o prêmio de melhor aluno. Antes de cada jogo, o treinador lhe entregava uma pilha de informações sobre o time adversário — de que ponto da quadra os jogadores tinham mais chance de acertar a cesta, pontos fortes e fracos nos arremessos e assim por diante.

"Ele é o único jogador para quem entregamos isso", disse o treinador de Battier. "Podemos lhe dar esse monte de informações e deixar que as analise. A maioria dos jogadores é como um golfista. Você não quer que pensem demais na hora da tacada."

Battier examinava esse dossiê antes do jogo e aprendia a usar as idiossincrasias dos adversários a seu favor. Podia perceber que determinado time dependia de um ou dois jogadores, então passava a partida tentando neutralizá-los. Ou via que certo jogador arremessava melhor da esquerda, então o forçava a jogar do lado direito. Ele era fora da curva e diferente — e dava margem para seus companheiros jogarem —, porque não adotava uma estratégia única. Encarava cada adversário como um desafio separado e distinto, com os próprios pontos fracos a serem explorados. Essa atenção ao detalhe complementava a abnegação extraordinária de Battier. A maioria dos atletas profissionais é autocentrada, mas ele parecia sempre pôr a equipe em primeiro lugar. Optaria por uma estratégia que prejudicasse o próprio jogo se isso melhorasse a média de pontos de seu time na partida. É difícil mensurar os efeitos de sua abnegação, porque as estatísticas tradicionais não computam "altruísmo". Para capturar sua magia, uma estatística diferente teve de ser inventada — uma métrica conhecida como *plus-minus* (mais-menos).

O *plus-minus* mede como é a pontuação de um time quando determinado jogador está em quadra. Um *plus-minus* de cinco, digamos, significa que a equipe tende a marcar cinco pontos a mais do que o adversário se tal jogador está em quadra. Por definição, a qualquer momento a média de todos os jogadores da liga deve ser zero. Ao longo de uma única temporada, o índice de um titular consistente pode ser mais-dois; já de um atleta da seleção nacional pode ser mais-quatro; enquanto um atleta da seleção da NBA tem mais-seis — que foi a média de Battier durante a sua carreira. Em anos bons, seu *plus-minus* passava de dez, a mesma pontuação de Michael Jordan e LeBron James no auge. A pontuação *plus-minus* de Battier era espetacular, em especial se comparada a suas demais estatísticas medianas. "Eu o chamo de Lego", disse seu treinador no Rockets. "Quando ele está na quadra, todas as peças começam a se encaixar." Estatisticamente falando, ter um jogador mais-seis é a diferença entre vencer 41 ou sessenta jogos numa temporada. Em dois aspectos importantes esse é o efeito de introduzir um jogador fora da curva: ele sabe mais do que qualquer outro sobre como frustrar em termos defensivos os adversários e é totalmente altruísta.

Eis como sabemos que Battier exercia um grande efeito antiestagnação. Quando foi selecionado no *draft* pelo Memphis Grizzlies, a equipe vencia apenas 28% dos jogos. Após seu terceiro ano, a proporção de vitórias do time tinha subido para 61%. Então ele foi transferido para o Rockets, que vencia 41% dos jogos. Durante a primeira temporada de Battier na equipe, a proporção subiu para 63% e, na seguinte, 67%. Essa temporada incluiu uma série invicta de 22 jogos, marca que foi ultrapassada por apenas outras três equipes ao longo dos 75 anos de história da liga. Os times de Battier ganhavam mais quando ele jogava, e até equipes adversárias fortes, cujos jogadores eram da seleção e tinham estatísticas muito superiores às de Battier, pareciam ter dificuldade. Isso se devia à sua excepcionalidade como jogador — e grande parte disso acontecia porque ele perturbava o status quo, levando seus companheiros a progredir e permitindo que eles executassem de maneira mais efetiva os próprios talentos naturais.

Battier era uma dádiva inegável para as equipes nas quais jogava, mas um custo possível da excepcionalidade é que às vezes ela compromete a coesão. Imagine cinco atletas como ele numa quadra de basquete e que cada um joga de uma forma completamente diferente dos demais. Battier sacudia as coisas e abria caminho para seus companheiros mais convencionais fazerem o seu melhor, mas cinco atletas como ele não formariam um grande time.

Há uma montanha de pesquisas sobre quando exatamente ideias diversas são mais úteis.[8] Resumindo, esses estudos concluíram que a diversidade é mais proveitosa para tarefas complexas do que para as breves e simples; quando é nova o bastante para resistir a hábitos e estratégias arraigados; e quando exige resolução de problemas, inovação ou criatividade. Esses critérios descrevem quase qualquer tarefa que depende de avanços. Pontos de estagnação são frustrantemente resistentes a abordagens que no passado funcionaram e superá-los exige criatividade e inovação.

Pense por exemplo em alguém com um problema de saúde não diagnosticado. Após gastar 100 mil dólares em dezenas de consultas, a pessoa ainda está longe de um diagnóstico. O empreendedor Jared Heyman conta a história de sua irmã, que passou três anos de cama por conta de uma doença genética rara. Mas ela teve a sorte de atrair a atenção de um grande grupo interdisciplinar de especialistas, que enfim conseguiu elucidar o caso, o que inspirou Heyman a fundar a CrowdMed em 2012.[9]

A CrowdMed foi concebida para reproduzir essa experiência em larga escala, transformando o diagnóstico numa operação colaborativa, da mesma forma que a Wikipedia transformou a enciclopédia numa criação coletiva. Por uma taxa mensal, os pacientes podiam se inscrever no serviço, informar seu histórico médico e aguardar que alguns dos cerca de 10 mil "detetives" da CrowdMed diagnosticassem o problema. O que a torna incomum é que, segundo o site da empresa, um em cada quatro desses detetives não "é profissional nem aluno de medicina". Essa minoria não redundante e peculiar é o ingrediente secreto da plataforma. "Na verdade, isso é totalmente intencional", afirma a CEO da empresa, Danyell Jones. Embora "soe contraintuitivo", afirma ela, há valor na diversidade, pois "se houver um erro na capacidade [dos profissionais de medicina tradicionais] de identificar algo, esse erro será duplicado". Essa minoria de detetives é composta de uma longa lista de profissões tangenciais, incluindo "acupunturista", "audiologista", "dentista", "psicólogo educacional", "podólogo", "conselheiro clínico profissional" e "patologista da linguagem".

Os detetives são avaliados de forma cuidadosa e recebem bônus por sugestões valiosas. Ganham prêmios em dinheiro e são mais bem classificados pelo site ao resolver mistérios, e a CrowdMed minimiza as chances de sugestões absurdas ao nomear com cuidado um moderador selecionado para cada caso. Um subconjunto de usuários aposta em quais diagnósticos sugeridos são mais prováveis, e esse processo patenteado tende a render resultados excelentes. O site da plataforma afirma: "Mais de 75% dos pacientes que recebem um diagnóstico nos dizem que o da CrowdMed acabou sendo confirmado por seus médicos, o que constitui a definição mais rigorosa possível de sucesso". Uma avaliação acadêmica independente do site entre maio de 2013 e abril de 2015 revelou resultados similares. Quase quatrocentas pessoas chegaram a diagnósticos pela CrowdMed, a maioria após visitar cinco ou mais médicos e gastar mais de 10 mil dólares em despesas médicas. Centenas de solucionadores de casos participaram, e quase todos relataram que a colaboração coletiva proporcionou pistas que os deixaram mais perto do diagnóstico correto.

A pessoa não recorreria ao site antes de esgotar os canais óbvios, mas, como os dados sugerem, a CrowdMed é para pessoas que estão empacadas. Esses pacientes sofreram durante anos — alguns, durante a maior parte da vida —, assim estão desesperados por uma solução. Os caminhos óbvios não fazem tanto sentido, pois, se a resposta fosse evidente, já teria sido encontrada por outro médico.

A colaboração coletiva como chave para sair da estagnação não é novidade. Em 1714, o governo britânico ofereceu um prêmio em dinheiro para qualquer cidadão capaz de encontrar um método simples que indicasse a posição dos navios no mar. O valor era 10 mil libras (cerca de 1,5 milhão, em números atuais) para distâncias modestamente exatas, e 20 mil libras se o método proposto tivesse até 56 quilômetros de precisão. Essa colaboração foi possível por ser organizada pelo governo, uma das poucas instituições capazes de alcançar um grande número de pessoas no século XVIII.

A colaboração coletiva nunca foi mais viável para o cidadão comum do que hoje, pois quase qualquer um consegue reunir bastante gente pela internet. Sites como MetaFilter, Ask.com, Amazon Mechanical Turk e Reddit atraem bilhões de olhares para milhões de questões, muitas das quais se resumem a apelos de pessoas empacadas e frustradas. Até quem não está em busca de uma solução às vezes vê sua insatisfação ser atendida por conselhos vindos da colaboração coletiva, como aconteceu com Jimmy Choi, um atleta de elite que sofre com mal de Parkinson precoce. Ele tem mais de 200 mil seguidores no TikTok, onde compartilha vídeos que combinam seus impressionantes feitos como atleta e fisiculturista com sua experiência diária com o Parkinson. Em 27 de dezembro de 2020, Choi postou um vídeo curto no qual tentava tirar um comprimido pequeno de um frasco plástico.[10] A legenda dizia:

Executivos farmacêuticos: "Ei! Vamos fazer comprimidos para pacientes de Parkinson o menor possível, C@R@LH&!".

Ei, indústria farmacêutica... se liga! Aumentando a #conscientização do #parkinson, às vezes eu fico meio puto quando mal consigo me mexer.

O post de Choi chamou a atenção de dezenas de designers e engenheiros, que acreditavam poder criar um frasco de remédios mais adequado para pacientes de Parkinson. Um deles era Brian Alldridge, um videógrafo com bastante experiência como designer gráfico, mas nenhuma como designer de produtos. Mesmo assim, Alldridge acabou criando um recipiente que poderia ser impresso em 3D que parecia solucionar o problema. O processo era muito simples: o comprimido caía em um pequeno compartimento na base do frasco, e era possível girar um tubo vertical para ficar acima do compartimento, assim o paciente tomaria o comprimido como se virasse um copinho. Alldridge tinha pouca experiência com impressoras 3D, então foi malsucedido em suas tentativas iniciais. Foi aí que entrou a magia do *crowdsourcing*. Os apaixonados por impressão 3D do TikTok se encarregaram do serviço, incluindo um homem chamado Antony Sanderson, que passou uma madrugada trabalhando no projeto até imprimir um protótipo que desse conta do recado. Outros aperfeiçoaram o design, introduzindo um quarto de volta extra no frasco que impedia os comprimidos de cair.

Choi ficou extasiado com o produto final. Com ele, afirmou, "o nível de ansiedade vai embora". "O tempo que leva, e o risco de derrubar esses comprimidos em público, é quase zero." O frasco está hoje disponível por cinco dólares no Etsy e o lucro é todo doado à Fundação Michael J. Fox para Pesquisa de Parkinson. Alldridge aguarda a patente, que planeja deixar em domínio público.

Jimmy Choi teve a sorte de atrair a atenção do grupo perfeito, mas nem sempre é fácil alcançar as pessoas certas. Seja qual for o motivo, sair da estagnação às vezes é um empreendimento solitário. Mas, mesmo quando você está sozinho, existe uma maneira de simular os diversos dados que solucionaram o problema do frasco de Choi. Trata-se da sabedoria da "multidão interna".

Grande parte deste capítulo se baseia na ideia de que as multidões são mais sábias do que os indivíduos, em particular quando essas multidões são diversas. Como sugeriu a CEO da CrowdMed, uma coleção de vozes uniformes tende a cometer os mesmos erros repetidas vezes, agravando um problema difícil em vez de solucioná-lo. Como cada um de nós é apenas uma pessoa, somos por definição o menos "diversos" possível. Enxergamos cada problema por um único prisma, moldado por experiência de vida, personalidade, talentos e defeitos. Não podemos desenvolver novas habilidades da noite para o dia ou nos livrar de nossos preconceitos e atitudes apenas porque agora estão atrapalhando. O que podemos fazer é ajustar esse prisma, questionando preconceitos e atitudes que podem estar nos prendendo.

Uma versão da autoauditoria é se tornar seu próprio terapeuta. Em 2019, uma equipe de psicólogos criou um ambiente de realidade virtual em que os usuários podiam alternar entre habitar um avatar de si mesmos ou de Sigmund Freud.[11] O de Freud, com a barba e o bigode brancos característicos e vestindo terno cinza e gravata preta fina, ficava na frente do participante da pesquisa. Antes da sessão, os pacientes partilhavam um ponto de estagnação que esperavam abordar. Os mais comuns focavam em ansiedade social, problemas familiares e no trabalho. Por exemplo:

"Quando falo em público, fico nervoso, sobrecarregado, acho que não me sairei bem, começo a brincar com os dedos, e minhas mãos transpiram; gostaria de controlar minhas emoções".

"Quando penso em procurar um emprego, fico inseguro. Acho que não estou preparado para enfrentar um trabalho que não conheço".

Metade dos participantes habitava o próprio corpo, enquanto o avatar de Freud passava instruções genéricas para considerar a questão de forma mais cuidadosa. O avatar lhes dava boas-vindas e pedia que explicassem o problema e pensassem nele a partir de uma nova perspectiva.

A outra metade — os participantes que alternavam entre serem Freud e eles próprios — na prática se comunicou consigo mesma, como se houvesse duas pessoas diferentes na sala. (A plataforma alterava a voz quando assumiam o lugar de Freud, para aumentar a sensação de que conversavam com outra pessoa.)

Esses participantes ficaram comovidos com a experiência. Uma semana depois, voltaram ao laboratório para falar sobre como a conversa os afetara. Comparados aos que conversaram com uma representação genérica de Freud, os que habitaram seu avatar relataram três vezes mais que se comportaram de forma diferente após a sessão, quatro vezes mais que sentiram que seus problemas foram ao menos em parte resolvidos e afirmaram duas vezes mais que estavam mais focados em resolver a questão.

Ninguém necessita de um *headset* de realidade virtual para reproduzir a experiência. Tudo de que precisa é ter uma conversa consigo mesmo em que a segunda figura interprete o papel de advogado do diabo para a primeira.

Se pensamos que outra pessoa é culpada por alguma situação que aconteceu conosco, nosso advogado do diabo poderia pedir para reconsiderar o nosso papel na situação. Se estamos ansiosos ou com receio, nosso advogado do diabo poderia perguntar: "Qual é a pior coisa que pode acontecer?". Parte do que torna essa experiência útil é que, ao agir como outra pessoa, podemos descartar muito da bagagem emocional que nos prende ao ponto de paralisia. Ao interpretar um psicanalista fictício, podemos ser mais razoáveis e ficar mais distantes do que quando interpretamos a nós mesmos.

O experimento de Freud era caro e difícil de executar, então os pesquisadores recrutaram menos de sessenta participantes. Mas estudos em escala mais ampla revelaram resultados similares. Em 2008, dois psicólogos cognitivos propuseram a hipótese da "sabedoria da multidão interna" ao pedir a pessoas que fizessem duas vezes a mesma estimativa e descobriram que a média entre elas era mais precisa do que se fossem consideradas de forma isolada.[12] Eles fizeram perguntas como: "Que porcentagem dos aeroportos do mundo fica nos Estados Unidos?" ou "Que porcentagem da população adulta do mundo sabe ler e escrever?". Metade dos participantes do estudo fez a segunda estimativa logo depois da primeira, e a outra metade fez a segunda três semanas depois. O intervalo era importante porque esquecer a primeira estimativa tornava a segunda mais independente — quase como se viesse de outra pessoa. A média das duas respostas fornecidas uma após a outra era 6% mais precisa do que as respostas isoladas, mas para o grupo que deu a segunda estimativa três semanas depois a média foi 16% mais precisa. Um experimento de follow-up publicado em 2022 mostrou resultados similares. Seis mil adultos que fizeram duas estimativas foram mais precisos na média ao imaginar que a primeira havia sido feita por alguém de quem discordavam. Essa mentalidade de discordância os inspirou a considerar como podiam ter errado no início e os impeliu a superar alguns de seus preconceitos e equívocos iniciais.

A sabedoria da multidão interna é útil como último recurso, mas consultar uma ou mais pessoas é bem mais eficiente. Os pesquisadores calcularam que fazer a mesma pergunta a si mesmo duas vezes rende uma resposta cerca de um décimo tão precisa quanto combinar a própria resposta com a de outra pessoa qualquer, e cerca de um terço tão precisa quanto se você fornecer a segunda resposta três semanas mais tarde. O problema é que a resposta reconsiderada continua a se sobrepor à primeira, mesmo após um intervalo.

Você é a mesma pessoa três semanas depois, então seus preconceitos e pontos fracos permanecem.

Outros pesquisadores que se basearam nesse trabalho investigaram a melhor forma de consultar nossa multidão interior. O que devemos perguntar ao tentar nos dividirmos em dois? Aqui está um roteiro que funcionou particularmente bem:

Primeiro, presuma que sua primeira estimativa errou o alvo.

Segundo, pense em alguns motivos para isso ter acontecido. Que pressupostos e considerações podem ter sido equivocados?

Terceiro, em que implicam essas novas considerações? A primeira estimativa foi alta ou baixa demais?

Quarto, baseado nessa nova perspectiva, faça uma segunda estimativa.

Essa abordagem também funciona para questões que não estão baseadas em números. Em outros estudos, os pesquisadores pediram aos participantes para "considerar o oposto" de sua visão original, ou "se você imaginar que está errado, como exatamente está errado?". Consultar a multidão interior é flexível — você só tem de adaptar o roteiro ao ponto de estagnação que tenta superar. Também é algo que vale a pena reconsiderar porque num estudo de follow-up as respostas às vezes importam mais do que nas primeiras tentativas. Em um experimento, os participantes deveriam inventar quatro novos equipamentos de musculação. Eles tenderam a acreditar que a primeira ideia era a melhor, mas um grupo separado de consumidores classificou a segunda ideia como superior à primeira. A segunda era mais abstrata, incomum e, em muitos sentidos, surpreendente porque exigia que os inventores fossem além de seus conceitos arraigados sobre a natureza dos equipamentos de musculação.

Não por acaso os seres humanos prosperaram por milênios vivendo em grupos. Seja em tribos ou em megacidades, nos saímos melhor juntos porque uns compensam os pontos fracos dos outros. Quanto mais complicado e paralisante for o problema, e quanto mais diversos forem os dados, mais benéfica é a multidão. Mesmo quando não temos uma multidão real à disposição, perguntar a si mesmo duas vezes é melhor do que confiar apenas no primeiro instinto.

Por mais fácil que seja fazer a si mesmo a mesma pergunta duas vezes, poucos questionam naturalmente os próprios instintos. Precisamos ser guiados naquele momento ou ensinados a reconsiderar. Entretanto, há experimentadores naturais entre nós que tratam todo ponto de estagnação como uma oportunidade para testar alternativas, antes de estabelecer um caminho a seguir. Os próximos três capítulos analisam o que torna essas pessoas diferentes das demais, por que tendem a ficar empacadas com relativa raridade e por pouco tempo e o que podemos aprender com sua abordagem para também nos libertarmos. O primeiro é um atleta chamado Dave Berkoff, que experimentou seu método na equipe olímpica americana de 1988.

Parte IV

Hábito

10. Experimentação

Nadadores de elite costumam ser altos, ter ombros largos e ser muito dedicados.[1] Recordistas mundiais têm em média noventa quilos e 1,90 metro de altura. Nadam cerca de vinte quilômetros por treino, que podem ocorrer até dez vezes por semana, dando muitas vezes início à primeira de suas duas sessões diárias às quatro da manhã. Quando não estão na água, estão malhando; quando não estão malhando, estão comendo; e quando não estão comendo, estão dormindo.

Essa combinação de tamanho natural e dedicação representava um problema para Dave Berkoff, um ambicioso nadador de nado costas universitário, em meados da década de 1980.[2] Ele era muitos centímetros mais baixo e dezoito quilos mais leve do que a maioria dos nadadores de elite e detestava treinar. Quando o treinador australiano Laurie Lawrence o conheceu em 1988,[3] ficou chocado com o fato de Berkoff ser muito menor do que os gigantes que frequentavam a piscina. "O rapaz era bem pequeno", disse Lawrence. "Sua constituição não faria as mulheres olharem duas vezes. Pensei: 'Esse cara não deveria estar aqui.'"

Os olheiros de natação das principais faculdades ignoraram Berkoff, assim ele estudou em Harvard graças a suas boas notas, não a sua capacidade atlética. "Eu não estava entre os principais talentos", ele me contou. "Minha carreira como nadador no ensino médio tinha sido boa, mas não ótima, e eu não recebia muita atenção." Todo mundo conhece Harvard por seu programa acadêmico, mas ela não era o lugar natural para nadadores de elite. "Harvard não tinha um programa de bolsas", disse Berkoff. "Você participava de uma equipe porque queria, não porque era remunerado para isso." Apesar dos desafios, Berkoff sonhava com um lugar na equipe americana de nado costas das Olimpíadas de 1988.

Seus pontos de estagnação eram emocionais, mentais e físicos. Ele não era motivado o suficiente, estava frustrado e desanimado, não era grande o bastante e não tinha certeza do que fazer para melhorar. "Achava a natação uma chatice", ele disse. "Não gostava muito de treinar. Os treinadores viviam insistindo para eu me esforçar mais." Por algum tempo, Berkoff se classificou em quinto ou sexto entre os atletas de nado costas nos Estados Unidos — nada mal, mas não era o bastante para se qualificar para a equipe olímpica —, o que minou ainda mais sua vontade de treinar. Se existisse uma solução, passava pela motivação, o que ao mesmo tempo lhe permitiria transcender sua constituição física.

Apesar das suas muitas desvantagens, Berkoff era dotado de uma curiosidade insaciável. Tinha uma inteligência acima da média e era aberto à experimentação. Outros nadadores se limitavam às principais técnicas da época, mas ele tendia a questionar tudo. Por que tentar ser melhor que os demais usando a mesma técnica se havia a possibilidade de encontrar uma técnica melhor? Esse gosto pela experimentação veio a calhar para Joe Bernal, seu técnico inovador em Harvard. Bernal descobriu que Berkoff adorava experimentar coisas novas, assim o incentivava ao lhe ensinar novos métodos ao final de longas sessões de treino. Juntos eles refinaram sua técnica com uma série de ajustes pequenos e moderados.

"Joe era o tipo de treinador que não achava uma perda de tempo experimentar novas técnicas", recordou Berkoff. "Ele dizia: 'Procure fazer alguma coisa para obter vantagem.'" Primeiro, eles dividiram o processo em seus componentes, começando pelo início da prova. O nado costas se inicia com um breve período passado sob a água, e Berkoff calculou que os nadadores são 82% mais rápidos quando o corpo está completamente submerso do que na superfície. Em um esporte decidido por milésimos de segundo, uma diferença de 82% é enorme. Para ter essa vantagem, Berkoff concluiu que precisava passar o máximo de tempo possível embaixo d'água.

Isso pode parecer fácil para um nadador, mas Berkoff quase abandonou a técnica porque seu corpo se rebelava toda vez que submergia durante mais do que alguns segundos. Nosso corpo tenta voltar logo à tona ao se ver submerso, receando se asfixiar sem uma nova dose de oxigênio. Era por isso que, até Berkoff forçar seus limites, os seres humanos haviam nadado acima da superfície por milênios. Participar de uma prova é exaustivo, assim o corpo do nadador clama por oxigênio quase de imediato. Berkoff treinou para seu corpo resistir a essa urgência enquanto nadava como um golfinho embaixo d'água durante o maior tempo possível. No início, o esforço o obrigava a submergir após quinze metros, mas ao longo de vários meses ele treinou até conseguir passar quarenta metros embaixo d'água, o que correspondia a 80% da primeira volta em uma piscina olímpica.

A prova que mudou as coisas ocorreu no Campeonato Nacional da Associação Atlética Universitária Nacional (NCAA, na sigla em inglês) em Austin, Texas, onde ele quebrou o recorde do campeonato nos cem metros de nado costas. No ano seguinte, nas eliminatórias para os Jogos Olímpicos de 1988, ele quebrou o recorde mundial dos cem metros duas vezes. Durante as Olímpiadas, conquistou o ouro na equipe de revezamento 4x100 metros medley, mas foi superado na final dos cem metros pelo japonês Daichi Suzuki, outro nadador que passou grande parte da primeira volta embaixo d'água, reproduzindo a técnica que ele havia aprendido com vídeos de Berkoff.

Os comentaristas apelidaram o método de "Lançamento Berkoff", e ele revolucionou o esporte. Durante essa mesma final olímpica dos cem metros de nado costas, um deles comentou: "Olha só pra isso! Dez... vinte metros após o início da prova e apenas três competidores na superfície, cinco sob a água". Outro respondeu: "[Berkoff] transformou isso em uma largada de 35 metros mais 65 metros de natação!". Os três atletas no pódio, Suzuki, Berkoff e Igor Polyansky, passaram o primeiro terço da prova sob a água.

O método dele era tão eficaz que sacudiu o esporte. Após os Jogos Olímpicos de 1988, o órgão de regulamentação da natação acrescentou uma quinta regra às quatro que já se referiam ao nado costas:

Alguma parte do nadador deve romper a superfície da água durante a prova. O nadador tem permissão de permanecer completamente submerso durante a virada e por uma distância não superior a dez metros [mais tarde aumentada para quinze] após a largada e cada virada. Nesse momento a cabeça precisa ter rompido a superfície.

O *New York Times* publicou um artigo intitulado "Fastest Backstroker Loses a Revolution" [O mais veloz no nado costas perde uma revolução], comentando que a agência reguladora considerara a técnica perigosa demais para jovens nadadores e alegara que "aquilo simplesmente não era nado costas". Berkoff não gostou nem um pouco da mudança. Ofendia sua visão de que a inovação e a experimentação eram caminhos legítimos para o sucesso. "Estou muito irritado com o que a agência fez", afirmou. "É absolutamente ridículo. Para mim, na verdade, não afeta em nada, porque decidi um ano atrás que iria me aposentar depois dessa competição. Mas, para os futuros nadadores, os jovens que começaram a praticar, é uma pena."

Para Berkoff, o sucesso tinha dois elementos: nadar rápido e com inteligência. "A agência sempre foi conservadora", ele me disse. "Nunca celebraram a engenhosidade." Berkoff acreditava que tanto velocidade como inteligência eram legítimas, e que o órgão tinha rebaixado o esporte ao colocar a tradição na frente da inovação. E também pusera o talento natural de um nadador perfeitamente constituído acima do talento conquistado por um atleta como Berkoff. Há uma democracia inerente ao talento conquistado — a percepção de que qualquer um, com a combinação certa de habilidade e ousadia, pode ser bem-sucedido —, e esse elemento desaparece quando privilegiamos os dotes naturais de alguém com fisiologia de um em 1 milhão.

Ao contrário dos esportes organizados, poucas regras firmes governam quem pode se aventurar por arte, música, negócios, escrita, parentalidade ou relacionamentos. Quase sempre existe um modo mais efetivo para qualquer uma dessas coisas, e não há nada de errado em dar uma guinada. Os melhores em sair da mesmice são ávidos por experimentar. Estão abertos a técnicas e estratégias novas e conseguem avanços mais rápido porque a experimentação lhes mostra mais soluções do que as disponíveis aos que se aferram ao status quo.

Como Berkoff, o coronel John Boyd, um piloto de caça, recusava-se a aceitar o status quo.[4] Boyd ficou em primeiro lugar em sua turma na Escola de Armas de Caça e virou instrutor de voo. Ao contrário de Berkoff, ele era dotado de muitos talentos naturais. Reagia e manobrava mais rápido do que outros pilotos e, como instrutor, oferecia quarenta dólares a qualquer jovem piloto capaz de escapar dele em uma simulação de combate aéreo por mais de quarenta segundos. Ele derrotava a vasta maioria dos alunos em vinte segundos e nunca perdeu um combate. Os que chegavam mais perto se reuniam em um bar próximo para reviver as manobras com os amigos.

Apesar de seus dons, Boyd não estava satisfeito. Como Berkoff, gostava de experimentar — tentar novas abordagens e registrar e compartilhar as estratégias mais úteis. Após se formar em engenharia, em 1959, escreveu o que veio a ser o primeiro manual tático da Força Aérea americana. Ele ficou um mês esquematizando o trabalho, período em que dormiu apenas duas ou três horas por noite, e depois começou a ditar suas ideias em um gravador. O resultado foi um manual de 150 páginas intitulado *Aerial Attack Study* [Estudo de ataques aéreos], assinado pelo capitão John Boyd. Quase do dia para a noite, o manual se tornou o padrão-ouro dos pilotos da Força Aérea. Boyd imprimiu seiscentos exemplares na primeira tiragem e eles esgotaram em um dia, adquiridos por alunos e instrutores ansiosos.

A abordagem de Boyd refletia sua paixão por experimentos e sua formação de engenheiro. Com o tempo, ele aprimorou seu método de combate aéreo, desenvolvendo um ciclo em quatro estágios que se repetia de forma rápida até a batalha estar encerrada. O ciclo, registrado por escrito, destinava-se a ensinar pilotos de caça a combater, mas podia ser usado "em práticas de negócio competitivas, esportes e relacionamentos pessoais". A chave para a vitória, sugeria Boyd, era completar o ciclo com mais rapidez e eficiência do que os adversários, fosse no céu, nos negócios ou em qualquer área.

Os quatro estágios do ciclo receberam o acrônimo OODA: *observar, orientar-se, decidir* e *agir*. Juntos, descrevem uma excelente receita para sair da estagnação. O primeiro passo, *observar*, pede aos combatentes que interpretem a situação com a maior precisão possível. Para Dave Berkoff, isso significou reconhecer dois pontos de paralisia: que ele detestava treinar e por isso evitava o treinamento tradicional, e que não era alto o suficiente, nem seu torso era longo o bastante para competir apenas com seu talento natural. Se não temos certeza do motivo para estarmos empacados, é impossível nos libertarmos.

Boyd acreditava que o segundo passo, *orientar-se*, era provavelmente o mais importante. Após avaliar a situação, precisamos desenvolver um plano de ação efetivo. Nossa orientação depende de fatores de todo tipo que surgiram anos antes: crenças culturais, atitudes, personalidade, experiência educacional, herança genética e assim por diante. Berkoff possuía inteligência e curiosidade incomuns e tinha boa formação, mas não era particularmente dotado em termos genéticos. Seu perfil, portanto, o tornava um candidato perfeito para a experimentação — para tratar o treinamento que tanto detestava como um campo de testes de novas técnicas de natação. Essa orientação o preparou para superar seus dois principais pontos de estagnação porque ele gostava de experimentar, e ele usou isso para identificar vantagens técnicas que pudessem compensar as limitações anatômicas.

A seguir vem a fase de *decidir*. Após examinar as opções, Berkoff percebeu que nadar embaixo d'água o deixava mais veloz, assim a decisão natural foi explorar essa informação que talvez não tivesse sido percebida por seus adversários. Depois de ter resolvido aprimorar suas habilidades embaixo d'água, Berkoff passou para a fase de *agir*: preparar um plano concreto para pôr sua decisão em prática. Isso significou esboçar um plano de nado submerso com a orientação de seu treinador, Joe Bernal, e aderir a esse plano à medida que sua tolerância para nadar submerso crescia.

Boyd descreveu a sigla OODA como um ciclo porque, tanto num combate aéreo como na vida, as situações mudam. Se as nuvens se dissiparem e de repente você estiver voando às cegas na direção do sol, seu plano original talvez precise mudar. Você voltará ao primeiro estágio do modelo, observando a situação outra vez com um novo conjunto de fatos. Berkoff vivenciou algo similar quando a agência reguladora proibiu o uso de sua técnica. Em vez de abandonar o esporte, ele experimentou um novo método e encontrou um treinador que acreditava ser mais adequado para o novo regime de treinos. "Depois dos Jogos de 1988, quando minha técnica foi proibida", disse Berkoff, "voltei da aposentadoria em 1990 e decidi que queria ganhar uma medalha olímpica em 1992, para mostrar à agência e aos céticos que podia nadar costas do jeito deles."

Um atleta diferente talvez tivesse desistido de vez, mas Berkoff não era apenas inteligente e curioso; era também obstinado e orgulhoso. "Procurei meu antigo treinador Dick Shoulberg e reaprendi o nado costas convencional", afirmou Berkoff. Ele passou um ano nadando por uma distância bem superior à meta de cem metros — abordagem conhecida como treino de sobredistância, semelhante ao conceito já mencionado de inoculação contra adversidades — e capitalizou com alguns de seus outros talentos naturais. Além de ser relativamente pequeno para um nadador, Berkoff era bastante flexível, o que lhe permitia executar uma virada mais precisa e rápida na extremidade da piscina, garantindo preciosas frações de segundo durante as provas. Essa segunda tentativa no ciclo OODA valeu a pena. Berkoff ganhou a medalha de ouro no revezamento 4×100 metros medley e a medalha de bronze nos cem metros do nado costas individual nos Jogos Olímpicos de Barcelona, em 1992.

A experimentação reside na essência das duas primeiras fases do ciclo OODA. Observar tem a ver com identificar o problema e coletar dados para potenciais soluções, e orientar-se é analisar os dados e decidir como nossa formação, nossas habilidades e nossas experiências particulares podem guiar os passos seguintes. O treinamento em engenharia de Boyd o convenceu de que coletar dados e experimentar era a melhor maneira de progredir em qualquer situação. Como alguém poderia evoluir se não compreendesse as opções nem quais tendiam a produzir os resultados que buscava?

Experimentalismo é a crença de que comparar duas ou mais alternativas de forma cuidadosa ilumina o melhor caminho a seguir. Como podemos saber o trajeto sem antes testá-lo? Na prática, há dois motivos para coletar dados: determinar a melhor opção entre um conjunto de abordagens e, quando consideramos já ter a resposta, convencer os outros de que nossa abordagem é superior.

Essa filosofia levou um comerciante de vinhos inglês chamado Steven Spurrier a realizar, em 1976, um hoje famoso evento de degustação.[5] Spurrier tinha uma loja de vinhos e uma escola de enólogos em Paris, uma cidade dominada por bebidas produzidas em países tradicionais, como a própria França, a Itália e a Espanha. Era difícil obter uma vantagem competitiva porque inúmeros comerciantes vendiam as mesmas garrafas por preços similares.

Spurrier tinha duas opções: gerar publicidade para sua loja e escola ou convencer o público parisiense a comprar vinhos californianos, que ele acreditava serem tão bons quanto os adorados rótulos europeus consumidos ali. Ele tentou fazer as duas coisas ao promover uma degustação às cegas com dez vinhos brancos e dez tintos, sendo seis de cada californianos e quatro franceses. Ele convidou nove enólogos respeitados do país para experimentá-los e determinar se eram franceses ou americanos. O evento correu melhor do que ele esperava, e um jornalista da revista *Time* registrou o que ficou conhecido como o Julgamento de Paris.

Em meados da década de 1970, qualquer um que entendesse alguma coisa de vinhos diria que os franceses eram superiores aos californianos. Com os juízes de Spurrier a coisa não foi diferente, e desde a primeira taça cada um usou uma regra simples: "bom = francês". Embora esse dogma tivesse sido correto em algum momento, ao longo dos anos as vinícolas californianas haviam ficado mais sofisticadas. "Ah, de volta à França", um juiz pronunciou após um gole de um chardonnay de Napa Valley. Outro, ao cheirar um Bâtard-Montrachet, disse: "Este sem dúvida é da Califórnia. Não tem aroma nenhum". Os dois vencedores unânimes desse dia foram um chardonnay 1973 da vinícola Chateau Montelena e um cabernet sauvignon 1973 da Stag's Leap Wine Cellars, ambos produzidos em Napa Valley.

Com esse experimento simples, Spurrier começou a desmantelar séculos de resistência a produtores de vinho do Novo Mundo. Mesmo os entusiastas mais conservadores de vinhos europeus foram obrigados a admitir que os Estados Unidos tinham algo a oferecer. Os apreciadores de vinhos franceses sem dúvida não os trocaram pelos californianos da noite para o dia, mas as coisas começaram a mudar. "Fomos catapultados à fama", afirmou Bo Barrett, cujo pai era proprietário do Chateau Montelena. Em 1983, Warren Winiarski, fundador da vinícola Stag's Leap, disse: "O telefone começou a tocar bem rápido. Os vinhos venderam mesmo bem".

O experimento de Spurrier conseguiu duas coisas: mostrar que os vinhos do Novo Mundo podiam competir com os europeus e convencer a indústria de que os vinhos americanos mereciam um olhar mais atento. Essa segunda consequência foi um avanço legítimo — uma força que mudou como os aficionados apreciavam os vinhos do Novo Mundo. Tal é o poder de um estudo duplo-cego em eliminar a mesmice: remova o rótulo da garrafa e o que resta é a verdade incontestável.

Como no caso da degustação promovida por Spurrier, os experimentos são uma ferramenta excelente para questionar pressupostos entranhados na ordem das coisas. Por exemplo, grande parte do mundo desenvolvido se agarra à ideia de que a carga horária de trabalho semanal tem cinco dias de oito horas.[6] Na verdade, não há nenhum bom motivo para pensarmos assim ou trabalharmos de acordo com essa estrutura. No século XVIII, a maioria dos americanos trabalhava seis dias de doze horas por semana, um total de 72 horas, parando apenas para ir à igreja aos domingos. Com a industrialização, a semana de trabalho encolheu para 68 horas em 1860, 65 horas em 1900 e cinquenta horas em 1930. Durante a Grande Depressão, a semana de trabalho chegou à média de quarenta horas, número que persiste quase um século depois. Os parâmetros de trabalho mudaram de forma drástica desde a década de 1930, então por que trabalhamos a mesma carga horária há quase cem anos?

Por que não trabalhar, digamos, quatro dias por semana, em vez de cinco? Em fevereiro de 2018, uma empresa de planejamento de espólio na Nova Zelândia chamada Perpetual Guardian testou essa estrutura de quatro dias durante seis semanas. O fundador da empresa, Andrew Barnes, pediu a cada um de seus 240 funcionários para escolher um dia de folga e se comprometeu a manter a mesma remuneração. Barnes não fazia isso apenas por caridade — ele acreditava que essa redução fazia sentido para os negócios. "A semana de quatro dias não significa apenas ter um dia a mais de folga", diz Barnes no site da empresa, "tem a ver com obter produtividade e cumprir padrões de serviço ao cliente, alcançando metas e objetivos pessoais e da equipe de negócios." A palavra *produtividade* pontua a página que explica a "semana de trabalho de quatro dias" da empresa: "Na Perpetual Guardian, nós nos propusemos a testar nossa hipótese sobre a produtividade por meio de um teste com toda a empresa. Procuramos gerar dados e percepções úteis para compartilhar com organizações que desejam desenvolver a própria produtividade e políticas de flexibilização".

A Perpetual Guardian realizou o experimento entre março e abril de 2018, e duas universidades neozelandesas monitoraram os efeitos sobre a produtividade e a satisfação da equipe. Os resultados foram inequívocos: a equipe relatou ter mais tempo para "família, hobbies, resolver assuntos pessoais e afazeres domésticos". Barnes observou de perto a produtividade da equipe e descobriu que seus funcionários estavam mais eficientes e engajados com o cliente e menos estressados, e relatavam usufruir de um equilíbrio melhor entre trabalho e vida pessoal. A receita da empresa permaneceu estável, mas os custos diminuíram porque a conta de energia caiu de forma drástica. Barnes tornou essa política permanente e fundou uma comunidade sem fins lucrativos chamada 4 Day Week Global. Os benefícios continuaram em 2019 e ficaram ainda mais profundos durante a pandemia de covid-19, quando o equilíbrio entre trabalho e vida pessoal virou uma preocupação corporativa particularmente sensível. "Sessenta e três por cento dos negócios que introduziram a semana de quatro dias acharam mais fácil atrair e reter talentos", explica o site da comunidade. "Setenta e oito por cento dos funcionários estão mais felizes e menos estressados por trabalhar quatro dias semanais."

Sem dúvida há questões em aberto aqui. Essa estrutura de quatro dias pode não funcionar em qualquer ambiente de trabalho, em qualquer indústria, em qualquer país. Parte dos benefícios talvez seja atribuída ao assim chamado efeito Hawthorne, que sugere que, só de mudar as condições em uma empresa, os trabalhadores sentem que seu bem-estar importa e que estão sendo monitorados, algo que pode inspirar um crescimento artificial da produtividade e dos autorrelatos de bem-estar. Mas isso dificilmente explica todo o efeito aqui. A Perpetual Guardian já se beneficia dessa política há vários anos, e dezenas de organizações em outros países relataram benefícios similares por longos períodos. Um por cento da força de trabalho da Islândia adotou semanas mais curtas entre 2015 e 2019 e foram sentidos efeitos similares de bem-estar, produtividade e eficiência. O mesmo aconteceu com trabalhadores da Microsoft no Japão em 2019, servidores públicos da Gâmbia entre 2013 e 2017 e uma série de empresas do Reino Unido entre 2018 e 2019.

O importante aqui não é se a estrutura de quatro dias é ideal, mas que testes forçaram os legisladores a reconsiderar uma prática que permaneceu inquestionada por décadas. Um *white paper* teórico assinado por vários acadêmicos nem se compara ao poder de persuasão de experimentos realizados no mundo real. Para operar a mudança — ou, antes, convencer as pessoas a questionarem se alguma alteração precisa ocorrer —, poucas ferramentas são tão determinantes quanto testes. Andrew Barnes, da Perpetual Guardian, sabia disso, e quarenta anos antes Steven Spurrier sabia que seria difícil mudar atitudes elitistas em relação a vinhos americanos sem um estímulo gentil de experimentos duplos-
-cegos de degustação.

Há duas maneiras de conduzir experimentos. A primeira, praticada por Berkoff, Spurrier e Barnes, é lidar com um problema específico comparando possíveis soluções. A segunda é ser globalmente curioso — tratar a vida como um longo experimento. O benefício dessa abordagem é que ela nos torna menos propensos, em primeiro lugar, a ficar empacados, e mais propensos a ter avanços fortuitos.

Adultos globalmente curiosos são raros, mas crianças são quase sempre curiosas.[7] Segundo uma estimativa, crianças de cinco anos fazem entre duzentas a trezentas perguntas por dia, enquanto adultos questionam em média apenas vinte ou trinta vezes. Nossa espécie perde cerca de 90% de sua curiosidade natural na vida adulta, o que é uma pena, porque isso é um dos principais estímulos da criatividade e, como consequência, uma de nossas melhores ferramentas para sair da estagnação.

De vez em quando conhecemos alguém que é extraordinariamente curioso e se recusa a aceitar respostas padronizadas e convencionais só porque estão cristalizadas como normas. Foi o que aconteceu quando falei com Max Deutsch no início da pandemia de covid-19.[8] Era maio de 2020 e Deutsch estava preso em seu apartamento em San Francisco. Em novembro de 2016, ele ganhara fama em determinados grupos ao passar um ano experimentando doze novas habilidades. Ele chamou isso de projeto Month to Master (ou M2M) — "um mês para dominar". No primeiro mês, treinou para memorizar a ordem de um baralho em menos de dois minutos. Em seu blog ele contava sobre a combinação diária de progressos e retrocessos. No quinto dia sua confiança era "90% inabalável", mas no sétimo tinha apenas 65% de certeza que completaria o desafio até 30 de novembro. Em 24 de novembro havia superado as apreensões iniciais, memorizando com perfeição a ordem de um baralho em um minuto e 47 segundos.

Perguntei a Max quantas horas ele havia passado aperfeiçoando suas habilidades de memorização em novembro. Imaginava que a resposta seria centenas, mas ele me contou que estava ocupado demais para se dedicar mais de uma hora por dia. "Alguns dias passo apenas 45 minutos treinando", disse ele. "Não podia jogar minha vida inteira pro alto." Ele era tão ocupado que realizava a maior parte do treino no trajeto de trem entre sua casa e o trabalho. Usava "óculos de memória" bizarros e recitava de forma inaudível listas de cartas enquanto os outros passageiros fingiam não notar.

Em dezembro, Max decidiu aprender a fazer autorretratos realistas. Apesar de afirmar ter "fortes tendências artísticas", ele observou que sua primeira tentativa de um autorretrato, em 1º de dezembro, "tristemente não parecia muito comigo". Ele passou a maior parte do mês num curso de desenho em um estúdio, enquanto fazia um retrato impressionante do ilusionista britânico Derren Brown. Durante a segunda metade do mês, Max levou oito horas para produzir um autorretrato realista que por fim ficou pronto no Natal.

Ele passou a maior parte do ano seguinte experimentando dez desafios diferentes. Alguns eram físicos (dar um mortal de costas até fevereiro e completar quarenta barras consecutivas até agosto); outros eram artísticos (tocar um solo de blues na guitarra em março e aprender a fazer rap até setembro); enquanto outros ainda eram intelectuais (aprender a completar as desafiadoras palavras cruzadas de sábado do *New York Times* até junho e conseguir manter uma conversa de meia hora em hebraico sobre o futuro da tecnologia em abril).

Max conseguiu os onze primeiros desafios, mas a cereja do bolo parecia impossível:

Mês 12: Derrotar o campeão mundial Magnus Carlsen numa partida de xadrez.

Se você conhece alguma coisa de xadrez, sabe quem é Carlsen. O campeão mundial norueguês, que na época tinha 26 anos, tornou-se um grande mestre — a classificação mais alta do xadrez — aos treze anos, assumiu o primeiro lugar do ranking mundial em três variações diferentes do jogo entre 2010 e 2012 e se manteve aí desde então. Apenas um enxadrista na história passou mais tempo liderando o ranking mundial.

Em seu blog, Max explicou que era evidente que não enfrentaria Carlsen pessoalmente, mas jogaria contra um programa de computador que simulava a destreza e o estilo do jogo dele. Ao chegar ao décimo segundo desafio, o blog de Max já tinha atraído uma quantidade significativa de seguidores. "Muita gente se identificou com o projeto", disse Max. "Assim, no primeiro dia, havia dez pessoas acompanhando e, no fim, mais de 6 milhões." Devido à popularidade do blog, um jornalista do *Wall Street Journal* se ofereceu para apresentar Max ao empresário de Carlsen. Carlsen, conhecido por ser "um pouco exibicionista", concordou, então os dois jogadores com experiências vastamente diferentes se encontraram em um quarto de hotel em Hamburgo, na Alemanha, em meados de novembro de 2017.

Max não era um grande jogador de xadrez, mas, como nos desafios anteriores, ele experimentou com um curso intensivo que o ensinou a reconhecer padrões e posições clássicos no tabuleiro. Durante algum tempo, ele aguentou firme. Carlsen tinha derrotado Bill Gates em nove movimentos; e na nona jogada Max cometeu um erro pequeno, mas fatal. O jogo terminou depois de cada um ter feito 39 movimentos — uma exibição impressionante para um adversário muitíssimo inferior. Carlsen ficou tão impressionado que concordou com uma revanche assim que Max tivesse mais tempo para se dedicar ao jogo.

O primeiro ponto importante a saber sobre Max é que o projeto M2M não era apenas uma jogada de marketing. "Foi a culminação de algo que eu tinha feito a vida toda", disse ele. "Só achei que seria incrível registrar um esforço mais estruturado nesse formato."

Max estava descrevendo um experimentalismo enraizado: um impulso inato para testar novos hobbies, interesses e habilidades que começou na infância. "Cresci como uma criança extremamente curiosa. Passei a maior parte da minha infância indo atrás de coisas interessantes. Quando tinha sete ou oito anos, ganhei uma câmera de vídeo vagabunda de aniversário e passei dez anos fazendo filmes e aprendendo efeitos visuais. Depois me interessei por música e aprendi um monte de instrumentos. E arte. E escrever. E cubo mágico. E truques de mágica [...]." Max continuou a listar habilidades tão variadas quanto as que usou em seu projeto M2M.

O experimentalismo abriu portas para Max que estavam fechadas para outras pessoas. Jogar contra Carlsen era um privilégio, mas os benefícios mais profundos de sua abordagem, além da diversão do momento, iam muito além de ter algo de que se gabar. Cada experimento permitiu que ele testasse uma nova identidade, como alguém que prova roupas numa loja. A conclusão geral dessas doze tarefas M2M foi que ele adorava ser um empreendedor capaz de aliar as recompensas intrínsecas do aprendizado com as externas de obter um ganha-pão. O experimento continuou quando Max fundou a Monthly, um negócio on-line que oferece especialistas para ensinar uma habilidade nova e criativa em um mês, de produção musical e pintura a canto e cinema. A Monthly é financiada com capital de risco e é lucrativa. No momento, é o trabalho em tempo integral de Max, e teve origem naquele menino de sete anos com uma filmadora no limiar de vinte anos de experimentação.

Ninguém precisa virar a vida do avesso para seguir o exemplo de Max. O que ele faz particularmente bem é questionar e sondar de forma mais profunda, como uma criança faria, e se perguntar: "Por quê?" e "Por que não?", ao passo que outros adultos talvez aceitem as coisas como são. Há diversas maneiras de cultivar a prática da curiosidade. A primeira é perguntar sem parar sobre conceitos que consideraríamos historicamente inquestionáveis. Tenho um amigo que vai contra todo tipo de convenção que as pessoas aceitam sem pensar duas vezes. Ele se recusa a marcar um almoço numa hora "redonda", por exemplo, sugerindo em vez disso algo como 12h48, quando ninguém chegaria para almoçar. Ele chegou a essa ideia ao se questionar: "Por que as pessoas sempre marcam as coisas numa hora exata? Qual a importância de seguir a convenção?". Ele logo percebeu que ir com a boiada nesse caso era contraproducente, então rompeu com a convenção ao planejar almoços e jantares.

Um segundo passo para adquirir curiosidade geral é navegar em vez de buscar. Para buscar, você precisa saber o suficiente sobre o assunto que está explorando a fim de ter um objetivo aproximado em mente. Com a busca, você se especializa, o que é importante, mas é pouco provável que se envolva com ideias novas. A tecnologia, para o bem ou para o mal, nos leva a buscar. O mundo analógico, por outro lado, baseia-se em navegar. Quando caminhamos por uma biblioteca ou uma livraria, por exemplo, é provável que encontremos livros sobre assuntos que nos interessam, mas também podemos nos deparar com temas completamente novos. A navegação promove a curiosidade ao esboçar os contornos de um mundo além dos interesses que já temos. Na prática, significa usar menos barras de pesquisa e mais menus; ler livros e artigos sobre temas que nunca consideramos antes, em vez de mergulhar cada vez mais no pequeno conjunto de assuntos que ocupam hoje nossa mente.

Por fim, uma terceira abordagem para adquirir curiosidade geral é manter uma lista contínua de fatos, ideias e experiências que nos intrigam. O que não sabemos é muito maior do que o que sabemos, mas a maioria deixa esses momentos escaparem sem parar para examiná-los com mais profundidade. Na minha infância, meu pai punha uma lista de países, capitais e "palavras obscuras" na geladeira. Sempre que descobríssemos uma palavra nova ou ouvíssemos falar de um país no jornal ou na TV, acrescentávamos à lista. O efeito imediato disso era ampliar meu vocabulário e aprofundar minha compreensão da geografia do mundo — mas o de longo prazo foi me tornar curioso de modo geral, me encorajar a explorar e questionar minhas percepções do mundo.

A curiosidade é um desbloqueio eficaz porque inspira a conexão de ideias, que é a tendência a pular de um conceito para outro. Cada salto nos leva para mais longe de onde começamos e culmina em um mapa denso de ideias interligadas. É possível que os irmãos Wright tenham imaginado os humanos em bicicletas aladas porque tinham uma loja de bicicletas. Assim que construíram um protótipo, perceberam que era quase impossível equilibrar bicicletas voadoras. No chão elas tendiam a virar de um lado para o outro e, no ar — mesmo que por uma fração de segundo —, as asas eram atraídas de maneira irresistível para as laterais e para baixo. Os irmãos compararam seus fracassos ao sucesso dos pássaros, que eram perfeitamente equilibrados no ar, e logo perceberam que sua metáfora estada errada. As asas dos pássaros se movem com rapidez — e não apenas para cima e para baixo. Elas viram e se dobram em três dimensões, com uma parte voltada para uma direção enquanto outra vira para o lado oposto. A partir daí, os irmãos construíram um planador com asas flexíveis, o que os deixou muito mais perto de um voo sustentado — e muito longe de seu conceito original da bicicleta voadora. O mapa de ideias estava mais denso e rico por conta das conexões que eles traçaram entre bicicletas, pássaros e equilíbrio.

Não existe apenas um jeito de fazer um veículo mais pesado que o ar voar, mas muitas vezes há uma resposta *correta* para um problema. E com a curiosidade temos mais chances de encontrá-la. Veja o competitivo mundo do basquete profissional. Quase metade dos jogos são decididos por uma margem de oito pontos ou menos, e um terço por cinco pontos ou menos. Como a cesta vale entre um e três pontos, uma margem de cinco a oito pontos equivale a apenas três ou quatro cestas cruciais por partida. Qualquer equipe capaz de melhorar sua eficiência na pontuação, por mais modesta, tem chance de vencer jogos que poderia ter perdido por poucos pontos.

Até alguns anos atrás, poucas equipes mostravam um interesse considerável por ser mais eficiente em pontuar.[9] Os jogadores pareciam ter um ou mais locais da quadra de onde preferiam arremessar, que variavam bastante. Alguns gostavam de arremessar bem embaixo da cesta; outros, da esquerda ou da direita; e outros ainda preferiam tentar lançar de perto da linha dos três pontos. Se alguém mapeasse os locais de arremesso mais comuns de cada time no início dos anos 2000, veria em todos os casos um amontoado aleatório de pontinhos.

Mas o jogo acabou dominado pela mania de eficiência. Em vez de sugerir que os jogadores arremessassem de onde quisessem, os matemáticos começaram a identificar os locais mais eficientes para isso. O arremesso feito logo abaixo da cesta é o mais bem classificado: mais de 1,2 ponto por arremesso. Isso não surpreende — quanto mais perto, mais provável acertar —, mas chegar a essa parte da quadra é difícil, por todos enfrentarem uma defesa muito dura. A segunda melhor região fica além da linha dos três pontos, perto das laterais da quadra. Nela o rendimento médio é de cerca de 1,1 a 1,2 ponto por arremesso. Em uma evidente terra de ninguém, a produtividade cai para menos de 0,85 ponto, e isso cobre a maior parte da zona de dois pontos para além da região logo abaixo da cesta. Assim, analisando as regiões mais populares para arremessar durante uma temporada típica no início da década de 2000, algumas eram muito eficientes, outras, altamente ineficientes, enquanto as demais ficavam entre uma coisa e outra.

A diferença entre essas regiões é monumental. Tente uma centena de arremessos das regiões eficientes e você terá chance de marcar entre quarenta e cinquenta pontos a mais do que se lançar de regiões ineficientes. E muitas vezes estamos falando de uma questão de poucos passos para a esquerda ou para a direita.

Não havia uma única equipe na NBA que otimizasse a eficiência, até que de repente *todas* ficaram a par dessas estatísticas. Mapas de arremesso atualizados mostram que a partir da temporada 2017-8, quase todos os jogadores arremessaram a partir das regiões mais eficientes da quadra.

Essa abordagem não está disponível apenas para os estrategistas da NBA. Como os irmãos Wright, só precisamos ser curiosos o bastante para questionar o status quo. As coisas estão ótimas agora — ou, adotando um padrão mais baixo, são apenas aceitáveis? E se estamos empacados, a busca por uma nova abordagem é ainda mais urgente. Com uma mistura de curiosidade com os experimentos que rendem os dados certos, temos mais chances de encontrar um caminho entre as dificuldades. Os experimentos em si não precisam ser caros ou intensivos. Podem ser algo tão simples quanto variar o horário do dia em que lidamos com determinada responsabilidade, a ordem em que completamos uma série de tarefas, a mentalidade que adotamos quando interagimos com outra pessoa ou se e como nos preparamos mentalmente para um trabalho que exige criatividade. Há um experimento para cada contexto e, na pior das hipóteses, isso servirá para confirmar de forma empírica que a atual abordagem é a mais efetiva entre várias opções.

A experimentação é valiosa, mas no fim das contas precisamos nos dedicar a buscar o resultado que supere os demais. Max Deutsch abraçou doze objetivos diferentes durante seu ano M2M, mas concluiu que eles apontavam para uma carreira no empreendedorismo digital. Dave Berkoff experimentou diferentes técnicas na natação, mas apenas o bastante para descobrir os benefícios de nadar submerso durante o maior tempo possível. A experimentação é conhecida como um processo divergente. Se bem-feita, expõe-nos a um cardápio de ideias e soluções novas e diversas. No entanto, se queremos evitar ficar empacados, o segredo é o momento certo de passar da experimentação à implementação — dedicando-nos ao trabalho árduo de fazer a nossa escolha funcionar. Berkoff talvez nunca tivesse conquistado medalhas olímpicas e quebrado recordes mundiais se não tivesse treinado seu corpo para tolerar o desconforto de permanecer debaixo d'água mesmo quando seu cérebro reptiliano o impelia a voltar à superfície. Os avanços podem ser parte da experimentação, mas irão sempre escapar a menos que acrescentemos também uma fase de implementação.

11. Explorar e aproveitar

Em 2018, uma equipe de pesquisadores examinou a carreira de milhares de artistas, diretores de cinema e cientistas.[1] Eles perceberam que a maioria conheceu uma fase de grande sucesso, que ocupou cerca de 20% de sua vida profissional, enquanto os 80% restantes foram passados produzindo coisas de qualidade inferior. Alguns permaneceram a maior parte desse tempo empacados, sem fazer quase nada de qualidade. Esses indivíduos criativos não produziram *mais* durante a boa fase, mas o trabalho feito foi mais inventivo e influente e no fim se tornou sua obra mais conhecida.

Contudo, um detalhe intrigou os autores da pesquisa. As boas fases pareciam vir de forma aleatória. Elas eram comuns e ocorriam pelo menos uma vez em 90% das carreiras analisadas, mas o momento era imprevisível. Algumas carreiras começavam com uma boa fase, enquanto outras terminavam assim, e outras ainda tinham boas fases intermitentes. Era difícil entender por que o aparecimento desses períodos frutíferos variava tanto.

Outra equipe, incluindo muitos dos pesquisadores originais, começou a investigar essa questão com mais profundidade.[2] Se medissem os dados corretos, poderiam antecipar os comportamentos característicos que anunciavam boas fases. Com essa informação, seria possível treinar artistas, diretores e cientistas em início de carreira a propiciar uma boa fase, em vez de esperar sua chegada.

O resultado veio três anos depois, em uma segunda pesquisa.[3] Os autores identificaram dois comportamentos que, se executados na ordem correta, pareciam gerar uma boa fase. O primeiro era um período de "exploração" e o segundo, de "aproveitamento". A cadeia causal parecia sugerir que primeiro exploramos, depois aproveitamos o que foi explorado; logo depois começava a boa fase. "Apesar das diferenças entre os três tipos de carreiras estudadas", escreveram os pesquisadores, "as associações observadas entre explorar, aproveitar e boas fases parecem universais em todas as áreas."

Explorar e aproveitar são coisas opostas. "Explorar", escreveram os autores, "engaja os indivíduos na experimentação e na busca fora de suas áreas de competência atuais ou anteriores." Envolve risco, porque às vezes não encontramos o que precisamos, mas ao mesmo tempo é a única maneira de melhorar uma abordagem que não está funcionando. O período de exploração de Dave Berkoff o levou a formular sua própria técnica. Mas explorar infinitamente não basta. Quando ele descobriu a magia de nadar por mais tempo embaixo d'água, teve de treinar de modo incansável. Esse foi o período em que aproveitou o que percebera. A equipe de pesquisa escreveu: "Tirar proveito permite ao indivíduo acumular conhecimento em uma área particular e com o tempo refinar suas capacidades nessa área". Para isso, precisamos trabalhar duro, treinar horas a fio, refinando e fazendo pequenos ajustes. Não podemos avançar sem um período de exploração, mas nunca seremos bem-sucedidos se depois não aproveitarmos o que exploramos de modo preciso e direcionado.

O diretor Peter Jackson obteve grande sucesso ao explorar e aproveitar o que encontrou. Sua boa fase começou no início da década de 2000, quando ganhou uma série de premiações com a trilogia *O Senhor dos Anéis*. Quando Jackson recebeu o Oscar de melhor direção pelo terceiro filme da saga, observou que seus trabalhos anteriores haviam sido "sabiamente ignorados pela Academia na época". Esses primeiros filmes fazem parte de um período exploratório amplo, que abrangeu, entre outros gêneros, comédia de terror, um pseudodocumentário autorreferencial sobre um cineasta e uma sombria biografia criminal. Esses filmes eram diversificados, mas por meio deles Jackson desenvolveu o gosto por criar mundos ricamente elaborados, que aplicou a uma série de filmes na segunda metade da década de 1990. Foi o início do período em que passou a aproveitar o que tinha explorado — um período em que foi cofundador de um estúdio de efeitos especiais e aperfeiçoou em seus filmes inúmeras técnicas e abordagens que fizeram de *O Senhor dos Anéis* um sucesso. Os pesquisadores de boas fases consideraram o caso de Jackson fascinante porque sua carreira seguia com perfeição o padrão identificado. Ele explorou durante grande parte da década de 1990 e aproveitou isso — e atingindo sua boa fase — durante grande parte da década seguinte.

Como Peter Jackson, Jackson Pollock explorou antes de poder aproveitar. Entre 1942 e 1946, Pollock experimentou uma variedade de novas técnicas. Estimulado por um contrato para pintar na galeria de Peggy Guggenheim em Nova York, o artista estava livre para criar obras de diversos tamanhos, de figurativas a abstratas, de simples a surrealistas. Começou a pintar grandes murais, mas também produziu trabalhos menores e intrincados. Além disso, explorou diferentes locais, pintando em estúdios de Manhattan, mas também em casa, onde morava com a esposa, a artista Lee Krasner, no East Hampton. Nenhuma abordagem permaneceu por muito tempo, até o fim de 1946, quando Pollock descobriu a técnica de "pingar" tinta que determinaria sua boa fase, que durou cinco anos. Essa nova técnica representou uma transição, em que o artista passou da fase de exploração à meia década em que tirou proveito disso. Seus trabalhos durante esse período foram sempre grandes e conceituais, e embora a técnica de gotejamento produzisse uma variedade impressionante de efeitos visuais, os murais dependiam de pingar a tinta direto na tela. Como no caso de Peter Jackson, a técnica de Pollock combinava inúmeros elementos que ele descobriu durante seu período de exploração e ele sabiamente deixou de lado outras técnicas menos bem-sucedidas.

Fora os dois Jacksons, os pesquisadores mostraram que muitas outras pessoas criativas atingiram uma boa fase após esse mesmo padrão comportamental de explorar e depois tirar proveito. Ambos os ingredientes, nessa ordem exata, eram essenciais. "Quando tirar proveito ocorre por si mesmo, sem ser precedido pela exploração", escreveram os pesquisadores, "a chance de tais episódios coincidirem com uma boa fase é bem menor do que a esperada." Aproveitar antes de saber se determinado trecho do terreno é fértil dificilmente traz bons resultados. O mesmo vale para explorar sem aproveitar depois: "Quando não tiramos proveito após um período explorando", explicaram os pesquisadores, "a chance de que a exploração coincida com uma boa fase cai de forma drástica".

É importante entender de onde vêm as boas fases porque elas representam os sonhos e as esperanças de todos que buscam avançar. Se os pontos de paralisia são períodos de estagnação, as boas fases são períodos de mudança, desenvolvimento e crescimento. A combinação entre explorar e aproveitar identificada pelos pesquisadores em 2021 é poderosa porque oferece uma receita para transformar períodos de estase em mudança e é uma ferramenta para diagnosticar onde nossas ações talvez estejam nos desviando do caminho. Algumas pessoas exploram sempre, percorrendo um novo território após o outro, aparentemente sem nunca se estabelecer de fato antes de passar ao campo seguinte. Você talvez conheça alguém assim. E talvez também conheça personalidades opostas: pessoas que trabalham incrivelmente duro, com uma diligência impressionante, focadas o tempo todo, raras vezes se distanciando do trabalho para questionar se seus esforços poderiam ser mais frutíferos em alguma outra coisa. Os dois tipos têm certa razão, mas precisam trocar de lugar na ordem correta para acessar a boa fase que ambos desejam.

Antes de decidir se estamos gastando tempo demais perseguindo uma estratégia em detrimento de outra, precisamos aprender a diferenciar os momentos de explorar e os de aproveitar. Um modo de fazer isso é nos perguntarmos com que frequência dizemos sim às oportunidades e solicitações. Adotar o sim como regra de vida é um sinal de que estamos explorando. Ficamos abertos à incerteza e à novidade. Dizer sim nos força a empreender uma atividade que pode ser uma perda de tempo, mas às vezes nos expõe a novas que valem a pena ser exploradas. Após encontrá-las, podemos passar à fase de aproveitar, em que dizemos não durante a maior parte do tempo. Dizer não serve para proteger nosso tempo e nossa energia. Permite que nos devotemos ao território que já encontramos — presumivelmente após termos dito sim inúmeras vezes no passado. Essa mudança do sim para o não é um sinal seguro de que fomos do período de exploração ao de aproveitamento. As inúmeras regras sobre quando dizer sim e quando dizer não giram em torno dessa distinção básica entre as duas ações. Por exemplo, ao começar a faculdade, iniciar uma nova carreira ou se mudar para uma nova cidade, é muito benéfico explorar de forma ampla — e adotar o sim como resposta padrão às oportunidades de encontrar novas pessoas e experiências. Quando estamos satisfeitos com a carreira que temos, nosso círculo de amigos e a cidade onde vivemos, ou se temos dificuldade em encontrar tempo para as pessoas e os interesses que já são importantes para nós, é melhor aproveitar — e adotar o não como padrão.

A partir do momento em que sabemos se a fase é de explorar ou de aproveitar, precisamos decidir quando passar de uma estratégia a outra. É difícil saber se estamos fazendo isso na hora certa, mas o timing ruim pode ser facilmente resolvido, pois não estamos presos a nenhuma delas. Os pesquisadores descobriram que podemos alternar entre as duas, voltando a um período de exploração assim que percebemos que o aproveitamento não está rendendo frutos. Essa estratégia de alternância é conhecida como ambidestreza e a única coisa que impede a maioria das pessoas e organizações de trocar uma de pronto pela outra é o medo e a incerteza. Em um estudo, pessoas forçadas a mudar — a começar outra vez uma fase exploratória ou passar de explorar a aproveitar — foram mais bem-sucedidas do que as que se mantiveram na mesma situação. Encontramos conforto na inércia, assim nos prendemos tempo demais ao que parece funcionar apenas de forma razoável. A pesquisa revelou que deixar de explorar para passar a tirar proveito, e vice-versa, quase sempre é produtivo. Como voltar a uma posição anterior sempre é uma opção, a única estratégia improdutiva é quase nunca alternar.

Na época, não me dei conta, mas passei por uma alternância entre explorar e aproveitar no começo da faculdade, há 25 anos. Nos Estados Unidos, a maioria dos alunos de graduação passa dois anos explorando antes de serem obrigados a escolher — ou "aproveitar" — uma especialização. Na Austrália, quando a pessoa se candidata a uma faculdade, deve especificar que área vai cursar. Para direito, a pontuação exigida pode ser maior do que, digamos, negócios, que por sua vez exige uma pontuação maior do que artes. Recebi uma bolsa integral para estudar ciências atuariais e fiquei muito honrado — mas isso me obrigou a aproveitar antes de começar a explorar.

Aqueles primeiros três meses de faculdade estão entre os mais infelizes de minha vida. Meu professor de matemática e o material que ele ensinava eram incompreensíveis. Cobrimos tudo que eu aprendera no ensino médio na primeira semana de faculdade, um curso intensivo que o professor descreveu como "tirar as coisas fáceis da frente". Eu tinha sido um aluno motivado no ensino médio, mas detestei tanto a faculdade que comecei a desgostar até do cheiro do campus.

Por vários motivos, me senti paralisado. A bolsa não só financiava meus estudos, como também incluía um pequeno valor pago duas vezes por semana. Dizer não ao dinheiro parecia ingrato. Minha família não era rica e havíamos sido forçados a deixar para trás a maioria de nossos recursos modestos quando nos mudamos da África do Sul para a Austrália na década de 1980. O mais importante, porém, era que eu não tinha um plano B. Sem nunca ter explorado as ofertas de cursos, não enxergava as alternativas.

Quando o semestre se aproximava do final, o administrador da bolsa nos disse que tínhamos uma semana para decidir se queríamos ficar no programa. Se decidíssemos permanecer além dessa data, tínhamos duas opções: concluir o curso ou sair antes do final do programa de quatro anos e devolver na íntegra o valor recebido. Diante dessas opções, larguei o programa no mesmo dia.

Eu tinha vários meses para escolher um novo programa de graduação antes do início do novo ano acadêmico e queria em especial evitar tomar outra decisão ruim. Durante meus primeiros meses na faculdade, escutei amigos descreverem suas aulas nos cursos de artes, inglês, filosofia, sociologia, direito, psicologia, medicina, economia, ciências da computação, negócios, engenharia e dezenas de outras disciplinas. Eu não fazia ideia do que uma graduação (sem mencionar toda uma carreira) em qualquer uma dessas áreas envolvia, assim decidi explorá-las com a ajuda de um amigo que também estava abandonando as ciências atuariais.

Durante três meses frequentamos aulas em todos os departamentos possíveis. Estudamos um pouquinho de Chaucer e Platão; uma semana de programação de computadores e uma semana de estagflação; um mês sobre a Primeira Guerra Mundial e outro sobre publicidade. Quando eu gostava de um assunto, comparecia a uma segunda aula e depois a uma terceira — explorando e aproveitando aqui e ali —, e quando não gostava, passava a outro curso. Ao final do semestre, percebi que gostaria de estudar psicologia e direito. Assim passei cinco anos tirando proveito dessas graduações e acabei concluindo um doutorado em psicologia na Universidade Princeton.

Para compreender por que explorar e aproveitar são estratégias excelentes, pode ser útil compreender o lucrativo negócio de trufas. Eu me mudei de Sydney, na Austrália, para Princeton, em New Jersey, no verão de 2004 e passei minha primeira tarde nos Estados Unidos fazendo compras em um supermercado local. Uma mesa perto da entrada tinha uma pilha de potes pequenos e um cartaz que chamou minha atenção:

DE 1999 POR APENAS 999 DÓLARES

Eu nunca vira potes de comida com preços de três ou quatro dígitos. Um rótulo dizia TRUFAS BRANCAS ITALIANAS, cujo preço por quilo chega a milhares de dólares.

Trufas brancas são tão caras porque são tão desejadas quanto difíceis de encontrar.[4] O sabor é uma combinação única que os especialistas descrevem, de formas variadas, como terra, alho, nozes, minerais, raízes, chalotas, e elas estão entre os alimentos mais raros do planeta. Trufas crescem embaixo do solo, na base de certas árvores, o que as torna quase impossíveis de encontrar. O ser humano tenta cultivá-las sem sucesso há séculos, então na maior parte elas continuam a crescer naturalmente em minúsculos bolsões do mundo. Por muitos séculos os caçadores de trufas recorreram às porcas para farejar o produto oculto, mas o aroma é tão similar à testosterona emitida pelo porco macho que as fêmeas muitas vezes devoravam as trufas antes que pudessem ser colhidas. Hoje, algumas raças específicas de cachorros lideram as caçadas às trufas brancas, em especial em partes da Itália e da Croácia. Uma raça de retrievers chamada lagotto romagnolo foi criada ao longo dos séculos para essa função.

A distribuição da trufa branca é muito irregular. Na maior parte do planeta não as encontramos nem com o melhor cão farejador. Mesmo na região de Piemonte, na Itália, onde é mais provável que apareçam, é preciso buscar um pedaço de terra com o clima e as condições de solo perfeitas. E mesmo no melhor desses terrenos, elas não são encontradas na base de qualquer faia, álamo, carvalho ou avelãzeira. É preciso explorar — descartar os 99,9999% da terra que não é fértil antes de topar com um veio particularmente rico que valha a pena ser explorado. A fase de tirar proveito passa então a ser crucial, porque uma vez encontrado terreno fértil, há boas chances de conseguir trufas no valor de centenas ou até milhares de dólares.

Essa distribuição irregular faz com que explorar e depois aproveitar sejam a única chance de sucesso. Tente tirar proveito do local errado e você não encontrará uma única trufa; explorar de forma extensiva sem aproveitar um rico pedaço de terra certamente deixará alguns exemplares para trás. Ficar empacado é com frequência uma situação tão irregular quanto a distribuição de trufas brancas. Em muitas áreas, passaremos grande parte do tempo jogando dardos em um alvo que tem um centro minúsculo cercado de espaço em branco. De vez em quando, acertamos na mosca, o que compensa as dezenas de tentativas fracassadas anteriores.

Essa analogia do alvo é um caso específico da regra de oitenta-vinte (também conhecida como princípio de Pareto).[5] Ela sugere que, digamos, para muitos negócios, 80% do total de vendas derivam de 20% do total de clientes. No caso das trufas brancas, a proporção é ainda mais extrema, na medida em que a vasta maioria delas cresce numa proporção ínfima do planeta. Os números variam — por exemplo, 1% dos filmes geram 80% da receita de bilheteria (uma regra oitenta-um) —, mas a ideia é que os resultados são desiguais. No mundo dos negócios, alguns clientes gastam muito dinheiro, enquanto a maioria gasta muito pouco. Empreendedores perceptivos devem encontrar e cultivar relacionamentos com os 20% que de fato farão a diferença. Quando Richard Koch cunhou o termo em 1997, sugeriu que essa regra da irregularidade era válida em dezenas de áreas. "Setecentas palavras, ou menos de 1% de todas as palavras, são usadas 80% do tempo", disse ele. "Oitenta por cento do tempo de um computador é gasto executando cerca de 20% do código operacional. Oitenta por cento do mercado tende a ser abastecido por 20% ou menos dos fornecedores."

A regra oitenta-vinte sugere duas coisas. Primeiro, como argumentou Koch, é preciso gastar tempo, energia e esforço para cultivar os 20% que trazem 80% dos benefícios. Segundo, o oposto dessa regra é que você provavelmente gastará bastante tempo, energia e esforço com os 80% que trazem apenas 20% dos benefícios. Isso é uma consequência natural da irregularidade dos resultados — e é por isso que, digamos, até mesmo os artistas e cientistas mais criativos tendem a ter uma ou talvez duas boas fases relativamente breves durante suas longas carreiras, ou que investidores tendem a obter a vasta maioria de seus lucros de uma pequena porção de investimentos. O mesmo vale para grandes empresas de tecnologia, que tendem a realizar milhares de experimentos grandes e pequenos a fim de aprimorar seus produtos. Uma equipe de pesquisadores analisou até que ponto esses experimentos melhoraram o buscador Bing, da Microsoft, entre 2013 e 2016, e descobriu que 75% dos ganhos obtidos pela empresa vinham de apenas 2% do total de ajustes — uma regra 75-2. A irregularidade está por toda parte, pondo em evidência os riscos de tentarmos tirar proveito de forma prematura, antes de termos explorado sinais iniciais promissores.

A irregularidade é um pouco desanimadora porque faz o mundo parecer aleatório e difícil de controlar. Mas também é empoderadora, porque sugere que uma mina de ouro de trufas brancas ou de grandes ideias pode estar logo ali. O que determina se teremos sucesso ou se conseguiremos sair da estagnação é nossa decisão de seguir insistindo. Quanto mais tentarmos, quanto mais jogarmos dardos no alvo, maior a chance de acertar. Essa mentalidade de "continuar tentando" foi fundamental para as percepções de Robert Merton, um sociólogo americano que estudou as origens dos avanços científicos.[6] Na década de 1930, Merton foi aluno de pós-graduação em Harvard. Um dia, enquanto passeava pela cidade, ele viu a edição em treze volumes do *Oxford English Dictionary* (*OED*) na vitrine de sua livraria predileta. Foi amor à primeira vista. "Topei com os volumes reluzentes do *OED*", recordou ele seis décadas depois, "uma obra de referência caríssima que eu obviamente não tinha a menor intenção, perspectiva ou esperança de comprar." Merton não tinha dinheiro para adquirir todos de uma vez, mas o livreiro concordou em vender de forma parcelada. "Foi de fato um enorme investimento", relembrou ele mais tarde. "Devotei quase um terço dos meus recursos financeiros à serendipitosa compra do *OED*."

A aquisição de Merton foi serendipitosa porque o apresentou ao conceito de *serendipidade*. "Quando pesquisava a etimologia de uma palavra que começava com *se*", relembrou ele, "meu olhar recaiu por acaso sobre essa palavra de aspecto estranho e som melodioso, *serendipidade*." Merton passou os sessenta anos seguintes estudando o termo e qual o seu papel no desbloqueio de pessoas empacadas.

A serendipidade, no entender de Merton, é "o dom natural para fazer descobertas úteis por acidente". Ela difere da sorte comum e imerecida porque exige habilidade. Merton acreditava que, sob as condições corretas, as pessoas podiam gerar sorte, e isso era alcançado em grande parte por uma questão de atitude. Não foi por mero acidente que, digamos, Isaac Newton encontrou o conceito de gravidade ao ver uma maçã cair da árvore. Incontáveis pessoas haviam observado objetos caindo, mas levou 2 milhões de anos, desde a aurora da nossa espécie até o ano 1666, para um humano em particular se perguntar: "Se uma maçã cai da árvore, a Lua também não deveria cair na Terra?". Newton era dotado do que Merton chamou de uma "mente preparada". Uma descoberta casual, disse ele, envolve "tanto o fenômeno a ser observado como o observador adequado, inteligente".

Uma mente preparada assegura que, mesmo quando estamos empacados, raras vezes o fazemos por muito tempo. Para estar preparada, a mente deve estar a postos para fazer duas coisas: procurar semelhanças e diferenças. Para Newton, isso significou perguntar: "No mundo, o que mais se parece com uma maçã caindo no chão? E em que sentido isso é único e diferente de outros fenômenos que testemunhei?". A resposta para Newton foi de que a Lua é como uma maçã gigante caindo na direção da Terra, assim ambas deviam experimentar a mesma força universal. No entanto, ao contrário da maçã, a Lua na verdade não cai em cima da Terra. Ela orbita o planeta a uma distância quase constante, seguindo uma trajetória curva que sugere que a força que a puxa em direção à Terra é forte o bastante para impedi-la de escapar completamente da Terra, mas não forte o bastante para uni-las como uma maçã caindo no solo.

Newton é um dos milhares de cientistas que se beneficiaram da serendipidade. Em 2002, um químico britânico chamado Walter Gratzer publicou um livro em que catalogava o papel da serendipidade na ciência.[7] "Como a ciência em geral avança devagar e carece de dramaticidade cotidiana", escreveu ele, "os momentos que ficam na memória são os de iluminação súbita e surpreendente e, em particular, os das dádivas mais raras da natureza, as revelações casuais."

Muitos adoçantes comerciais de zero caloria disponíveis no mercado foram descobertos quando os cientistas provaram por acidente pitadas de pó branco feito para outros propósitos. Certa vez, um assistente de pesquisa relapso trabalhava em um medicamento antipirético e resolveu fumar um cigarro dentro do laboratório. Uma pitada do remédio, na forma de pó fino, cobria o cigarro, e então o assistente notou um sabor enjoativo e doce. O medicamento não servia como antipirético, mas foi um sucesso como um novo adoçante comercial chamado ciclamato. James Schlatter, um químico que pesquisava tratamento de úlcera em 1965, também notou o sabor doce ao lamber a ponta do dedo para virar a página de um livro. "Associei o pó em minhas mãos ao recipiente onde guardara aspartame cristalizado", relembrou Schlatter. "Achei improvável que fosse tóxico, provei um pouco e descobri que era a substância que eu havia sentido no meu dedo." Schlatter tinha descoberto uma substância fácil de sintetizar e duzentas vezes mais doce do que o açúcar comum. Essas serendipidades deram origem a uma indústria de adoçantes artificiais avaliada em bilhões de dólares.

Gratzer identificou dezenas de outras descobertas serendipitosas. O que tinham em comum era a consistência: pesquisadores que de forma consistente faziam as perguntas certas e continuavam a investigar quando surpreendidos por uma experiência tendiam a produzir a própria sorte. Mesmo que tivessem passado anos empacados, a serendipidade como uma combinação de sorte e habilidade parece que os tirou da estagnação. Isso serviu para, entre outras descobertas, as causas do daltonismo, o papel da refrigeração em preservar carne, a função da glândula pituitária, os efeitos da vacinação, o perigo de subir rápido demais à superfície após um mergulho no oceano, a importância das vitaminas para a saúde, a pílula anticoncepcional, o tratamento antialcoolismo com Antabuse e tratamentos para dezenas de males, de pressão alta a cardiopatia. Os cientistas que fizeram essas descobertas tinham uma formação profunda, mas em muitos casos suas principais descobertas dependeram mais da persistência e da curiosidade do que do conhecimento acadêmico e do intelecto. Para muitos, a busca começou com um serendipitoso momento heureca — a combinação de um evento inesperado e a percepção para reconhecer por que era importante.

Mesmo se não formos cientistas em busca de avanços, há lições aqui para a serendipidade na vida cotidiana. A mais importante é que no questionamento produtivo nos comportamos mais como criança do que como adulto — fazendo perguntas sobre tudo e nos recusando a parar até que as respostas sejam completamente satisfatórias. É um patamar alto, e a maioria dos adultos desiste muito antes de atingir esse nível de compreensão. (Se você tem filhos pequenos, como eu, sabe que crianças continuam a perguntar até se darem por satisfeitas. Em outras palavras, nunca param de fazer perguntas, o que explica em parte por que aprendem tão mais rápido do que adultos.) Se algo dá errado, pergunte a razão — e não pare de sondar até compreender perfeitamente o motivo, para poder evitar o mesmo resultado no futuro. Se algo deu certo, pergunte até o ponto em que consiga reproduzir o mesmo efeito em outro momento. Isso serve para ideias que funcionam bem e mal, relacionamentos que prosperam e fracassam, interações pessoais que produzem resultados desejáveis e indesejáveis e dias repletos de vitórias e derrotas. A serendipidade se refere a cruzar com a sorte, mas o sucesso de longo prazo tem a ver com compreender profundamente por que isso aconteceu, para conseguir recriar as mesmas condições quando desejar.

Como sugere a análise de Merton sobre serendipidade, momentos heureca são difíceis de mapear. Às vezes a melhor maneira de encontrar um deles é ignorá-los por completo. Em 2019, três psicólogos pediram a centenas de físicos e escritores profissionais para registrar sua melhor ideia todos os dias durante uma ou duas semanas.[8] Os pesquisadores escolheram físicos e escritores porque os dois levam vidas criativas muito diferentes. Se chegassem a momentos heureca de forma similar, os mesmos princípios talvez pudessem ser aplicados de maneira mais ampla a pessoas empacadas em outras áreas. Os participantes da pesquisa registraram todos os dias sua melhor ideia, o que faziam quando ela ocorreu e se solucionava um ponto de estagnação ou contribuía para um projeto em andamento que progredia de forma tranquila.

Há, de modo geral, duas formas de ter boas ideias. Uma é trabalhar de maneira árdua para achar inspiração — dedicar-se com afinco e consistência até encontrar um caminho promissor para avançar. Essa é a rota ortodoxa que aprendemos na escola, na faculdade e na vida profissional. A outra abordagem é esperar que a inspiração venha enquanto nossa mente divaga. A divagação mental tem má fama porque dá a impressão de ser uma espécie de fraqueza. É preciso disciplina e determinação para seguir em frente, e a divagação é caracterizada pela falta de foco e de exigência. Essa má fama faz sentido se ela sabota um período de progresso e interrompe nosso ímpeto. É provável que tenha sido por isso que os pesquisadores descobriram que apenas 10% das boas ideias em uma tarefa que progredia com naturalidade vieram enquanto a mente divagava. Os demais 90% surgiram durante o envolvimento ativo na tarefa.

Mas o mesmo não ocorreu quando os físicos e escritores estavam empacados. Períodos de estagnação significam que seja lá o que estamos fazendo não está funcionando. Se estivesse, teríamos algum progresso. Quando os participantes estavam empacados, 25% de suas boas ideias surgiam durante divagações da mente. "Essas descobertas fornecem a primeira evidência direta de que uma proporção significativa das ideias de indivíduos criativos ocorre quando estão entregues à divagação", escreveram os pesquisadores. Meses depois, os pesquisadores voltaram a entrevistar os mesmos físicos e escritores e lhes pediram para revisitar as ideias. Eles queriam saber se as ideias originadas por uma mente que divaga seriam mais fracas ou teriam sido prejudicadas por serem produto de um pensamento desfocado. Mas os participantes do estudo acreditavam que essas ideias eram tão criativas e importantes quanto as que surgiram quando estavam absortos no problema.

Dezenas de estudos mostram que a divagação mental ajuda a avançar porque inspira a criatividade. Em um pequeno estudo, nove músicos de jazz improvisaram em cima de doze progressões de acorde diferentes enquanto um pesquisador media periodicamente se suas mentes divagavam. Embora isso ocorresse apenas 10% do tempo, esses breves períodos de desengajamento produziram grande parte de seu trabalho mais criativo. Em outros estudos, as pessoas foram mais propensas a encontrar usos criativos para itens cotidianos, como tijolos e clipes de papel, quando permitiram que suas mentes divagassem durante a tarefa. Devanear é importante porque permite à pessoa se desconectar de ideias ruins — as que a deixam presa no lugar —, liberando-a para considerar novas, possivelmente mais sutis. Também há evidência de que divagar permite que as pessoas formem novas associações entre ideias díspares já presentes em sua mente, inspirando soluções inéditas baseadas em conexões entre conceitos distantes, mas relacionados. O devaneio também é revigorante e possibilita à mente cansada repousar entre um período e outro de esforço concentrado.

A despeito desses benefícios, a solução não é permitir que nossa mente divague o dia inteiro, todos os dias. A maior quantidade de boas ideias surge quando estamos focados. Mas é impossível permanecer assim o tempo todo e, quando chegamos a um impasse, desviar do obstáculo traz um retorno mensurável. Durante duas semanas, é esperado que três ou quatro ideias poderosas para desbloquear surjam enquanto nossa mente diverge — e, ao longo de um ano, podemos obter dezenas ou mais avanços quando a mente não está focada. O devaneio se parece muito com o processo exploratório que precede o momento de aproveitar. Uma mente que vaga explora, mas quando você progride bem e é chegada a hora de aproveitar, os melhores resultados são obtidos com foco deliberado na tarefa em questão.

Uma abordagem prática é adotar duas estratégias diferentes traçadas em função do raciocínio amplo e do restrito. O amplo exige uma visão de longo prazo, assim poderíamos reservar algumas horas a cada três a seis meses para propor questões mais abrangentes sobre cada área importante de nossa vida. Estamos bastante satisfeitos com nossa vida em casa, no trabalho e em outros lugares que são importantes para nós? Temos uma percepção de como nossa vida poderia progredir em cada um desses espaços ao longo do próximo ano, ou então dos próximos três, cinco ou dez anos? Se seguimos o rumo errado, podemos considerar uma forma de nos reorientarmos. Que medidas gerais podemos tomar? Será preciso procurar um novo emprego, um novo relacionamento ou reestruturar nossa vida?

Além disso, precisamos raciocinar também de forma restrita, porque isso é responsável pela mudança concreta. Podemos começar fazendo uma lista com os pontos de estagnação específicos em cada área e revisitá-la a cada um ou dois meses para monitorar nosso progresso. Se você estiver tão empacado quanto no mês anterior, considere os passos específicos, concretos, que poderia tomar no mês seguinte. O segredo para avançar é continuar a se mover na direção certa, nem que seja devagar, em vez de se deixar ficar preso no lugar. Essa abordagem do progresso é incremental, mas efetiva, e muitas vezes explica a diferença entre ter um sucesso modesto e um tremendo. Esteja você empacado no trabalho, na vida doméstica, no amor, nas amizades, nos negócios, é fundamental alternar entre o raciocínio amplo e o restrito.

Estratégias, como alternar entre o raciocínio amplo e o restrito, são mais benéficas se presumirmos que todos nós, independentemente de nossas aptidões, podemos progredir. Se você acredita que talento e resultados são quantidades fixas determinadas pelos genes e pela sorte, nem a estratégia mais sólida trará grandes benefícios. Hoje, essa visão de mundo está em grande parte ultrapassada, mas na década de 1930 levou um físico russo chamado Liev Landau a classificar seus pares numa escala de realizações,[9] que foi concebida para captar não apenas as contribuições para a área, mas também o talento inato. Para Landau, os melhores físicos eram diferentes em essência dos outros 99,9%. A escala ia de zero a cinco, na qual Isaac Newton recebeu zero e "físicos comuns", que compunham a maior parte da disciplina, receberam cinco. Albert Einstein recebeu 0,5, enquanto os fundadores da mecânica quântica, incluindo Niels Bohr, Werner Heisenberg e Erwin Schrödinger, bem como Richard Feynman, Paul Dirac e "alguns outros", receberam um. Landau atribuiu a si próprio 2,5, que revisou para dois após ganhar o prêmio Nobel em 1962. A escala era logarítmica, ou seja, um físico com uma pontuação um contribuíra dez vezes mais para a área do que quem tinha recebido dois, e assim por diante. Na estimativa de Landau, seriam necessários uma centena de físicos como ele e 100 mil comuns para chegar perto da contribuição de

Newton. Para ele, cerca de uma dúzia dos físicos mais brilhantes estava anos-luz à frente dos outros milhares. Ele considerava esse grupo parte de uma "superliga" e acreditava que eram não apenas mais brilhantes que os colegas, como também de uma estirpe completamente diferente.

Por mais interessante que seja a escala de Landau — e por mais que continue a inspirar conversas entre físicos —, ela enfatiza as contribuições relativas de diferentes personalidades. Na verdade, as carreiras de cientistas mais modestos e dos laureados com o Nobel não são tão diferentes assim. Em uma análise publicada em 2019, uma equipe de pesquisadores comparou a carreira de quem havia recebido um prêmio Nobel em física, química e medicina com a de cientistas que corresponderiam à pontuação cinco na escala de Landau. "Tirando o trabalho que lhes rendeu o Nobel, algo que talvez esteja sujeito às peculiaridades da premiação", escreveram, "não existe uma divergência conhecida importante que diferencie padrões que governam a carreira da elite científica de quem recebeu cinco na classificação de Landau." Se ignorarmos o trabalho que rendeu a esses cientistas o Nobel, suas carreiras parecem com as de milhares de outros que teriam sido considerados menores por Landau. Os pesquisadores concluem num tom otimista: "Esses resultados oferecem motivos para permanecermos esperançosos: talvez as categorizações dos cientistas não sejam fixas, e as barreiras para sair do nível cinco sejam menos intransponíveis do que imaginamos".

A mesma ideia é esperançosa quando aplicada de forma mais ampla. O que parece um abismo entre os melhores e o restante de nós não é tão profundo quanto pensamos. Como os resultados são em geral irregulares, essa diferença é muitas vezes bastante pequena. Se alguém que apresenta um desempenho mediano encontra o caminho certo, pode descobrir o padrão elevado que o separava de seus pares mais bem-sucedidos. E, antes de encontrar o próprio caminho para o sucesso, esses cientistas de alta performance também estavam empacados.

Essa percepção — de que o sucesso e o fracasso contínuo não são tão distantes assim — levou uma equipe de pesquisadores a investigar como algumas pessoas transformam o fracasso em sucesso, enquanto outras continuam a falhar.[10] A equipe analisou a performance em várias áreas, incluindo o desempenho de start-ups e a capacidade de cientistas obterem subsídios para uma pesquisa. Eles fizeram algumas descobertas surpreendentes. Em vez de fracassar menos, os que terminaram sendo bem-sucedidos eram *mais* propensos a falhar. "Os fracassos são caracterizados por marés mais longas do que o esperado antes do início do sucesso", explicaram os pesquisadores, sugerindo que, quanto mais tempo durar a derrota, maior a probabilidade de triunfar. Se continuamos a perder, mas permanecemos no jogo, nossas chances de vitória aumentam. Isso não se deve apenas ao fato de que, com tentativas suficientes, vencer é quase garantido, mas também porque leva tempo para aprendermos com os erros. Por isso, fracassos consecutivos se tornam derrotas cada vez menores, de modo que o fracasso imediatamente anterior a um sucesso costuma ser um em que erramos por muito pouco. "A penúltima tentativa mostra de forma sistemática um desempenho melhor do que a inicial", descobriram os pesquisadores. "Identificamos uma melhora significativa no grupo bem-sucedido que está ausente no grupo malsucedido." Negócios e cientistas que acabam por triunfar são mais eficazes em reconhecer o que significa estar perto do sucesso, ao passo que aqueles que continuam a errar o alvo têm dificuldade de avaliar em que medida chegaram perto. "Uma vez Thomas Edison disse", observaram os autores, "que inúmeros fracassos na vida são de pessoas que não perceberam como estavam perto do sucesso ao desistir."

Algumas vezes é difícil reconhecer que quase chegamos lá, mas outras são por definição bastante claras. Quando um cientista se candidata a uma bolsa do governo, recebe uma pontuação que o informa o quão perto chegou de conseguir. Receber uma pontuação muito baixa é doloroso, mas às vezes estar "no limite", a alguns pontos de conseguir o financiamento, pode ser bem pior. (Alguns pesquisadores chegam até a pontuar acima dessa linha, mas perdem a bolsa, por exemplo, porque um revisor pode ter sido particularmente negativo.) Uma pontuação perto da nota de corte sugere que estamos perto, mas isso pode desmotivar.

Em 2019, uma equipe de pesquisadores analisou se, no começo da carreira de um cientista, quase ser bem-sucedido no longo prazo é mais útil ou prejudicial do que quase fracassar. A resposta é afirmativa para as duas coisas, dependendo do pesquisador. "Por um lado", escreveram, "quase ser bem-sucedido aumenta de forma significativa a sensação de atrito e prevê uma chance superior a 10% de desaparecer do sistema. Contudo, a despeito do revés inicial, no longo prazo indivíduos que quase foram bem-sucedidos superam de forma sistemática quem quase fracassou." Pesquisadores que toleram o sofrimento de precisar se aprofundar mais tendem a se sair melhor do que quem foi financiado por uma margem estreita. "No geral, esses resultados estão de acordo com a expressão 'o que não mata fortalece'", escreveram os pesquisadores. Quem deixou de obter uma bolsa por muito pouco e continuou tentando conseguiu, por uma margem significativa, produzir artigos de sucesso com uma frequência 21% maior do que quem triunfou por muito pouco.

É fácil perceber quando quase chegamos lá se o feedback se dá numa escala numérica, mas também podemos saber a proporção de um fracasso sem ter um retorno objetivo. Mesmo se não conseguimos responder de forma exata, na maioria dos casos é fácil dizer, após diversas tentativas, se estamos perto ou longe de nosso objetivo. Essa informação vem de três fontes: feedback do contexto (por exemplo, feedback visual, se o objetivo for físico); nossa percepção interna de se estamos melhorando ou piorando; e o feedback dos outros. Combinadas, costumam ser suficientes para descrever o quanto deixamos de acertar e se com o tempo estamos mais perto ou longe da meta.

Para cada um, não conseguir algo por muito pouco significa coisas diferentes. Alguns veem isso como uma deixa para continuar aproveitando o que exploraram — um sinal importante de estar no caminho certo. Para essas pessoas, quase conseguir significa: "Você está quase lá; com alguns pequenos ajustes, o sucesso é garantido". Já quem desanima nesses casos negligencia ou prefere ignorar esses sinais. Em vez de tirar proveito do que já fez, começa uma nova exploração, perdendo o foco de como chegou perto de ser bem-sucedido e passando a buscar em outro lugar. É aí que entra a máxima de Edison — quando não perceber o quão perto estávamos do sucesso ao desistir se torna a causa trágica do fracasso. Nunca retome o período de exploração se for provável que o sucesso virá após mais algumas tentativas de tirar proveito do que já foi explorado. Em essência, essa fase de tirar proveito fala de agir de forma deliberada — de simplesmente *fazer* algo após gastar tanta energia para desenvolver uma estratégia para sair da estagnação. O ingrediente final que se interpõe entre as boas ideias e os avanços reais é a ação que as conduz da teoria à realidade.

12. Ação acima de tudo

No início da década de 1970, Paul Simon estava no auge da carreira. Na década anterior, tinha lançado uma série de álbuns de muito sucesso em parceria com Art Garfunkel e agora sua carreira solo também decolava. Nesse período, o apresentador de TV Dick Cavett o convidou várias vezes para participar de seu talk show e conversar sobre música e criatividade. Essas entrevistas são encontradas na internet e todas começam da mesma maneira: Simon sentado de forma desajeitada diante de Cavett, sem saber muito bem para onde olhar.[1] Ele fita a câmera, Cavett, o público no estúdio, e depois repete o ciclo.

As respostas de Simon para as primeiras perguntas são sussurradas, acanhadas e breves. Durante uma entrevista, ao erguer o rosto, Simon vê um microfone pouco acima de sua cabeça e pergunta: "Estou falando baixo demais? É por isso que o microfone acabou de subir?". Há um abismo entre o imenso talento musical de Simon e seu desconforto como convidado de um talk show.

Mas então, ao longo das entrevistas, alguma coisa muda. E muda da mesma forma todas as vezes. Cavett faz uma pergunta oportuna sobre algum aspecto musical e Simon pega o violão. Uma pergunta sobre como ele compôs "Mrs. Robinson", canção eternamente ligada ao filme *A primeira noite de um homem*, de Mike Nichols. Ou uma sobre a composição de "Bridge over Troubled Water", que ganhou cinco Grammys e se tornou o hino espiritual para uma geração de ateus.

Assim que Simon toca violão e começa a *fazer* algo, em vez de pensar ou falar, ele se torna um convidado diferente. É encantador e fluido. Suas respostas são mais longas e fáceis de acompanhar, e ele fica radiante. Muitas pessoas que viram esses vídeos notaram a mesma coisa. "Assim que pega o violão, ele desabrocha", diz na seção de comentários certo Davi. Quase quinhentas pessoas concordam. Sobre outro clipe, o usuário jontgreene afirma: "Ele fica muito mais à vontade falando depois de cantar". Quatrocentas pessoas concordam. Um terceiro comentário, assinado por Rhys, diz: "No momento em que o violão está em sua mão, ele relaxa. Voltou a se sentir em seu habitat natural". NicoleMarie respondeu: "É, ele parece tímido até pegar o violão". O que desemperra Paul Simon é a ação. Assim que segura o violão e começa a tocar, ele relaxa. Suas palavras voltam a fluir. Talvez o aspecto mais fascinante de observá-lo desabrochar seja que ele tem consciência da mudança. Sabe que a ação é sua saída da paralisia. Conduzindo Cavett e o público por uma série de frases de "Bridge over Troubled Water", Simon explica como conectou cada elemento ao seguinte. A seção de comentários do vídeo fala sobre esse momento etéreo, de como temos sorte de presenciar um gênio demonstrar seu processo criativo. Simon admite que estava sendo fácil compor a música — até que ficou difícil. Ele toca e cantarola uma melodia durante quinze segundos, então para de forma abrupta. "Travei aqui. Isso era tudo que eu tinha da melodia." Cavett pergunta: "O que o estagnou?". Simon responde, com seu modo zen: "Bom, em todos os lugares que eu ia, não queria estar". O público ri, e o apresentador chama isso de "a melhor definição de estar estagnado que já escutei na vida".

Cavett pergunta: "Quando você tem um bloqueio desses, como faz para avançar?". Simon explica que escutou uma música gospel animada várias vezes, o que o inspirou a se sentar com o violão. O resto todo mundo sabe. Não é uma resposta superficial, mas não desmistifica muito o processo. Tudo que Simon pode apontar é um núcleo de inspiração combinado com ação. A ação é a chave. Ele se senta com o violão, dedilha um pouco, relaxa, e o impasse criativo cede.

Se sair da estagnação é uma combinação de sentimentos, pensamentos e ações, desse trio a força propulsora são as ações. Sentimentos e pensamentos, por mais importantes que sejam, existem na maior parte para servir às ações. O processo criativo de Paul Simon e a forma como ele relaxa diante da câmera ao pegar o violão são ilustrações poderosas da primazia da ação. Sem o violão, Simon é tímido e reservado; assim que começa a agir, produz um hino inesquecível.

Isso não é verdade apenas para Paul Simon, ou para gênios musicais em geral. Há muito tempo psicólogos se interessam pela relação entre sentimentos, pensamentos e ações, e uma de suas principais percepções é que estas últimas são fundamentais. Talvez você já tenha ouvido falar na ideia, por exemplo, de que sorrir nos faz sentir mais felizes e ter pensamentos felizes.[2] O simples ato de sorrir é tão importante que forçar um sorriso falso pode nos levar à sensação de felicidade. A mesma ideia se aplica de forma mais ampla a fazer avanços. Se alguém tenta compor uma música no violão, talvez não chegue a lugar nenhum cantarolando melodias na cabeça repetidamente; precisa pegar o instrumento e começar a dedilhar. Paul Simon encontrou inspiração numa canção gospel, que escutou centenas de vezes. Mas apenas quando pegou o violão a música se transformou em algo mais do que uma inspiração descompromissada. Foi o casamento da inspiração e da ação que operou sua mágica.

Por mais importantes que sejam as ações para sair do bloqueio momentâneo, elas são ainda mais cruciais para desenvolver hábitos que tornem a estagnação menos provável a longo prazo. Pensar ou sentir a mesma coisa todo dia é útil, mas *fazer* tem muito mais chance de perdurar. Em um estudo, um economista monitorou o hábito de lavar as mãos de 13 mil trabalhadores da área da saúde em mais de 2 milhões de turnos, durante cinco anos. Os hospitais têm dificuldade em fazer com que esse hábito seja observado, e muitos o consideram um enorme ponto de estagnação. Foram introduzidas políticas baseadas em mantras do tipo "Gel para entrar, gel para sair", que exigem que os funcionários higienizem as mãos com gel antisséptico ao entrar ou sair do quarto de um paciente, mas com resultados modestos. Nesse estudo, por exemplo, as taxas de observância pairaram em torno de 50% a 60% para a maioria dos funcionários. Alguns cumpriram a determinação mais do que outros, mas, em mais de 100 milhões de oportunidades, eles deixaram de higienizar as mãos *52 milhões* de vezes. Cada ato negligenciado tem o potencial de ser um desastre para pacientes com sistema imune debilitado, em especial à medida que os hospitais lidam com superbactérias que mal respondem a antibióticos. Quatro por cento dos pacientes sofrem infecções hospitalares, e 100 mil morrem todos os anos em hospitais só nos Estados Unidos. Cada aumento de 1% na higienização das mãos reduz essas infecções em 2%, assim os riscos são significativos.

A melhor maneira de prever se os profissionais da saúde lavarão as mãos no futuro é considerar como agiram no passado.[3] As taxas de observância aumentam à medida que eles têm mais oportunidades de lavar as mãos em determinado quarto — desenvolvendo hábitos que se tornem automáticos. Na décima visita a um quarto, as taxas de observância aumentam 1,5% em relação aos níveis iniciais. Após trinta visitas, 2% e, após cinquenta visitas, quase 3%. Quanto mais os funcionários higienizam as mãos, menos suscetíveis ficam à fadiga. Os que desenvolvem hábitos baseados na ação continuam a fazer isso mesmo quando os turnos se estendem além de oito, nove ou dez horas — mas os que não desenvolveram o mesmo hábito tendem a lavar as mãos ao longo do dia com muito menos frequência. Os que se habituaram também continuam a fazê-lo mesmo após uma pausa de uma semana no trabalho, enquanto os que não desenvolveram o hábito param de observá-lo com relativa rapidez. Educação e programas de conscientização com nomes apelativos não bastam para encorajar a observância; o mais importante é o ato de lavar as mãos várias vezes.

A ação também é importante porque muda como nos enxergamos, o que por sua vez nos faz avançar.[4] Se alguém corre às vezes, pode afirmar "eu corro", mas se tem o costume de correr, por exemplo, quatro vezes por semana, pode afirmar "sou corredor". A diferença é sutil, mas crucial. "Eu corro" foca na ação realizada de vez em quando; mas "sou corredor" foca na essência. O rótulo pega, e a pessoa se torna um corredor independentemente de estar ou não correndo naquele momento. O ato é central para a identidade, assim correr de forma regular muda como a pessoa se vê e como se sente em relação a si mesma. Ver-se como um corredor, e não como alguém que corre de vez em quando, é uma grande força para o desbloqueio. Alguém que, após uma doença prolongada, tem dificuldade para se exercitar com frequência tem muito menos a superar se se vê como um corredor que não vem praticando do que como alguém que não corre há muito tempo. Uma pausa no hábito não compromete a condição.

Os psicólogos mostram que realizar uma ação diversas vezes — passando do verbo (correr) ao substantivo (corredor) — previne o atrito e encoraja a ação em muitos contextos. Pessoas que dizem "sou eleitor" têm maior probabilidade de votar do que alguém que diz "eu voto". Crianças entre três e seis anos têm mais chance de ajudar um adulto quando se consideram um "ajudante", e não quando estão apenas "ajudando".

A "ação" assume diversos significados em diferentes contextos. Às vezes o ato apropriado para conduzir ao desbloqueio é óbvio, como no caso de Paul Simon no programa de Dick Cavett. Mas, às vezes, agir — ou descobrir a ação correta — não é tão simples. Para isso, a pessoa precisa estar motivada, ou superar a ausência de motivação, e precisa ter clareza sobre que tipo de ação funcionará melhor. Quando não somos um grande compositor com um violão, o passo seguinte correto nem sempre fica claro. Mas, quando estamos dominados pela incerteza, em geral o que devemos fazer a seguir é não dar passo nenhum.

O valor da ação não contradiz a sugestão de Tara Brach de fazer "pausas sagradas".[5] Se estamos ansiosos e inseguros em relação a como prosseguir, parar é importante. Mas, quando temos uma percepção geral da direção em que gostaríamos de nos mover, agir é a melhor forma de chegar lá. Isso ocorre porque há uma linha clara entre ficar empacado e progredir. Assim que agimos, nem que seja de modo moderado, deixamos de estar empacados. Isso é verdade independentemente do contexto, e uma pequena semente de ação sempre deve estar ao nosso alcance aconteça o que acontecer.

Considere os livros. Escrever é difícil. Uns escrevem com mais fluência que outros, mas quase todo escritor trava de tempos em tempos. Para eles, a semente relevante de ação é uma única palavra ou sentença ou, por exemplo, digitar durante sessenta segundos. Às vezes, quando estou muito empacado, tomo como meta uma dessas sementes. Ajusto o cronômetro para, digamos, sessenta segundos e escrevo até apitar. Não espero escrever muito, mas fazer isso por pouco tempo funciona como agente de desbloqueio. Vou de uma situação de *não escrever* à de *escrever*. Se esse período de sessenta segundos passa rápido — como acontece com frequência —, ignoro o cronômetro e sigo escrevendo. Se preciso de mais estrutura, posso colocar dois ou dez minutos no relógio e repetir o processo depois que o tempo acabar. O importante não é a quantidade de ação, mas que ela ocorra.

Usar um cronômetro para controlar o comportamento parece algo rígido, que soa exatamente como a abordagem errada para alguém empacado. O que pode ser mais restritivo que a rigidez? Mas a estrutura se revela liberadora quando estamos estagnados.[6] Quanto mais estruturados, menos decisões precisamos tomar, e portanto mais capacidade cognitiva temos para a tarefa em questão. Se você sabe que vai escrever durante sessenta segundos, por exemplo, tudo que precisa é permitir que seu cérebro esvazie as ideias na página. Isso é possível porque não estamos preocupados com outras questões como "o que mais eu poderia estar fazendo nesse tempo?" ou "quanto tempo mais preciso fazer isso antes de desistir por completo?". Quando estamos empacados, podemos conectar sementes de atividade entre si. Escreva durante vários períodos de alguns minutos e depois use o mesmo tempo para ler. Conectar essas sementes tem um nome: chama-se *microprogramação*.

A microprogramação consiste em decompor um período mais longo em outros mais curtos — de dez, quinze ou vinte minutos cada, por exemplo. Antes que o período mais longo comece, decidimos como usar cada parte. Podemos planejar passar quinze minutos escrevendo; depois, quinze minutos lendo; depois, quinze minutos fazendo uma pausa; depois, quinze minutos caminhando; e assim por diante. E podemos conectar dois períodos se uma tarefa particular exige mais tempo.

O importante quando microprogramamos é nossa entrega à programação. Permitir que dite o que faremos, quando e por quanto tempo, assim podemos nos concentrar no ato em si. Grande parte do que nos paralisa quando estamos empacados não é a ação que deveríamos realizar, mas as questões que pairam sobre o ato como um abutre curioso. "Por que isso é tão difícil?", "por que não estou progredindo?", "será que deveria fazer outra coisa?", "quanto tempo mais preciso passar fazendo isso?". A maioria dessas perguntas se dissolve no mesmo instante quando microprogramamos, porque estamos comprometidos em dedicar determinada quantidade de tempo ao ato, por mais difícil que seja. Quando nos obrigamos a passar esse tempo fazendo uma tarefa — eliminando a opção de parar no meio —, ficamos livres para nos concentrarmos por completo. Ao optarmos por um breve ímpeto de ação, em vez de um bloqueio de muitas horas, dificilmente nos sentiremos sobrecarregados. Silenciamos as vozes inquisitivas em nossa cabeça ao definir nosso objetivo da forma mais simples e estrita possível — como a capacidade de apenas passar um período predeterminado em certa ação, seja qual for o resultado.

A microprogramação não é uma forma de viver a vida em geral. Programar o tempo de lazer, por exemplo, é uma fórmula infalível para sabotar um momento prazeroso, e quanto mais estruturamos nossa vida com exatidão, menos tempo sentimos ter. No entanto, quando estamos absolutamente atolados e sem visualizar uma maneira de progredir, a rigidez é libertadora. Trata-se do mesmo alívio mental que levou Steve Jobs a vestir sempre um suéter preto de gola rulê, a adotar isso como "uniforme" numa indústria famosa por enaltecer a criatividade e a diferença, ao mesmo tempo que comandava uma empresa que incentivava os clientes a "pensar diferente". O próprio Jobs era capaz de "pensar diferente", afirmava ele, porque delegava ou cortava qualquer intrusão mental que pudesse saturar os recursos cognitivos de que precisava para se dedicar ao desbloqueio criativo.

Após microprogramar as ações em períodos menores de tempo, a questão seguinte é se algumas ações são mais confiáveis para conseguir tirar da estagnação do que outras. Há pelo menos uma classe que parece ser candidata a isso. Anos atrás, dois arquitetos examinavam um conjunto de dados com a localização de milhares de empresas americanas.[7] Ele incluía dezenas de informações sobre cada localização — ou setor censitário, como os bairros eram conhecidos — e o nível de inovação associado às empresas em cada área. Um resultado chamou a atenção dos pesquisadores: as empresas que estavam em setores censitários de fácil acesso a pedestres entravam com muito mais pedidos de patentes — e, portanto, eram mais inovadoras — do que as localizadas em zonas que exigiam carro ou transporte público. Esse resultado não era conclusivo, mas sugeria que caminhar, ou de modo geral se movimentar, promovia o desbloqueio criativo.

Outros estudos revelaram resultados similares. Um geógrafo descobriu que start-ups em estágio inicial tendiam a ficar em setores censitários altamente propícios a caminhadas, enquanto empresas mais estabelecidas tendiam a se aglomerar em outras áreas. "A pontuação média de acessibilidade a pedestres entre start-ups de ciências e tecnologia era bem mais elevada do que para qualquer outro grupo de empresas", observou ele, "e vinte pontos mais alta do que para empresas de tecnologia estabelecidas." Start-ups em estágio inicial, argumentou ele, dependem muito mais do desbloqueio criativo do que empresas estabelecidas, que em geral foram além da fase obstinada de "ideias iniciais" dos negócios.

Esses estudos não foram conclusivos porque dezenas de fatores poderiam explicar a relação entre acessibilidade a pé e inovação. Por exemplo, empresas inovadoras podiam preferir ficar próximas para compartilhar ideias, sugerindo que talvez não seja o ato de caminhar em si que impulsiona a criatividade. Para testar isso com mais cuidado, outros pesquisadores pediram a um pequeno grupo de alunos para passar quarenta minutos lendo um livro, sentados ou caminhando numa esteira. Mais tarde, foram feitos testes de memória em que os participantes eram conectados a sensores que mediam a atividade cerebral durante a tarefa. Os que caminharam na esteira recordaram 35% mais informação, ficaram mais concentrados na tarefa e mostraram atividade aumentada em áreas do cérebro associadas à memória e à atenção.

Dezenas de estudos hoje mostram que mover o corpo é uma forma confiável de desbloqueio mental. Tanto durante quanto algum tempo após o exercício nossas decisões são mais incisivas, além de ficarmos mais propensos a gerar soluções criativas para problemas que fatalmente nos deixam empacados e a trabalhar bem com equipes e grupos que tentam resolver problemas de criatividade no local de trabalho.

Andar ajuda a nos desbloquear por muitos motivos. Caminhar e se movimentar, de forma mais ampla, são ações benéficas porque introduzem mudança e variação. Se passamos horas sentados todos os dias, exercitar-se quebra esse padrão, algo que, tanto em termos metafóricos como concretos, parece ajudar a desempacar. Entre outras técnicas, a escritora Hilary Mantel disse que ficar longe da escrivaninha era o melhor remédio contra o bloqueio de um escritor. "Saia para caminhar", disse ela, "exercite-se; faça o que fizer, não fique ali apenas empacado, de cara amarrada encarando o problema."

A fluidez do movimento é importante em especial quando estamos tentando sair da estagnação. Estudos mostram, por exemplo, que dançar de forma livre, caminhar de acordo com um ritmo e até mesmo traçar formas suaves em vez de irregulares e desconexas inspira a criatividade e o insight. Outros estudos mostram que o movimento não beneficia todo tipo de raciocínio. É útil para problemas insistentes que requerem inovação, novidade e criatividade, mas não tanto para aqueles que requerem apenas concentração. Você pode não resolver dezenas de quebra-cabeças matemáticos simples de modo mais preciso, mas tem mais chance de gerar usos criativos e incomuns para um tijolo, um clipe de papel ou um balde de tinta. Essas tarefas de criatividade medem o chamado pensamento divergente, que exige que pensemos de forma mais ampla, em vez de estrita e precisa, sobre um assunto. O pensamento divergente é fundamental para o desbloqueio, porque, para começo de conversa, provavelmente foi o pensamento convergente — focar de modo cada vez mais limitado a tarefa — que nos deixou empacados. A divergência resolve o problema ao nos conduzir, para além de nossos instintos e intuições, a ideias e abordagens que estão relativamente ocultas.

* * *

Baixar de maneira estratégica os padrões é outra forma excelente de avançar quando estamos empacados.[8] Essa é a opinião de Jeff Tweedy, vocalista e guitarrista das bandas Wilco e Uncle Tupelo e autor de um dos melhores manuais para pessoas criativas que passam por períodos de frustração.[9] Tweedy fala de sua luta constante contra o vício e problemas de saúde mental, assim é natural assumir que sua música é produto do sofrimento. Trata-se de um conceito popular de criatividade: de que produzir arte, música e escrita sublimes é quase sempre o lado positivo de viver envolto em uma nuvem de sofrimento. Nada disso, afirma ele. Em uma entrevista para o famoso colunista Ezra Klein, do *New York Times*, Tweedy descartou a ideia de que seja isso que promove a sua criatividade. Na verdade, ele sugere que a arte agiu como um remédio para o sofrimento. As pessoas compreendem mal a relação entre arte e dor: não é o sofrimento que produz uma arte sublime, mas sim quem sofre que tende a recorrer a aspirações criativas como forma de sanar a dor. "Acho uma justificativa horrível", afirma Tweedy, "e é um mito onipresente. Se isso bastasse, haveria muito mais arte de alto nível."

Para ele, o sofrimento não é a chave para a criatividade. Ele supera bloqueios criativos "ao desaparecer" — ele ignora sua própria presença na criatividade ao deixar toda a inibição de lado e permitir jorrar seja lá o que ocupa sua mente. Isso significa atenuar filtros que em geral criticariam suas ideias como "não boas o bastante". Tweedy afirmou a Klein que, quanto maior a autocrítica, mais difícil é ser bem-sucedido: "Acho que se eu estiver mesmo exigindo um padrão alto demais do que espero produzir, ou quando só estou querendo extrair alguma coisa disso, acreditando que conseguirei criar uma música assim — sinto que estou mirando na coisa errada".

A abordagem de Tweedy é agir com consistência, mas sem autocrítica ou autorreflexão. No caso dele, significa escrever prosa ou compor uma música durante dez ou quinze minutos todos os dias antes de sair da cama pela manhã ou olhar o celular para ler notícias e conferir e-mails:

Como todo tipo de escritor — poetas, romancistas, compositores —, dependo de escrever livremente um pouco e me esvaziar com regularidade, como uma prática diária. Assim, se alguém gostaria de fazer isso, eu começaria por aí. É só exercitar o músculo que tira o ego do caminho. E isso, para mim, significa ficar cada vez melhor em escrever sem julgar, sem direcionar, sem tentar conduzir a mente para coisas específicas que fazem você se sentir bem consigo mesmo, ou se achar inteligente, ou pensar que está escrevendo bem.

Isso é agir sem a bagagem da emoção e do pensamento, e para Tweedy rendeu décadas de produção criativa — centenas de canções, diversos livros e um monte de boas ideias. Tudo isso *apesar* de sua história complicada de problemas de saúde mental e luta contra o vício.

Mas para Tweedy a ideia vai além de apenas não julgar. Ele recomenda não só pegar leve consigo mesmo quando estiver empacado, como também "esvaziar" de forma deliberada a bagagem da mente todos os dias. Klein afirma a Tweedy que se recrimina por ser ruim em algumas coisas — ser um mau desenhista ou poeta. Tweedy adota uma estratégia diferente, tentando abertamente produzir um trabalho ruim. Ele explica: "Para evitar o bloqueio de escritor, componho canções de que não gosto. Tenho uma ideia para uma música e apenas vou em frente, mesmo achando que não vou gostar. E isso me libera para passar à composição seguinte".

Esse "esvaziamento" é uma espécie de magia do desbloqueio porque consegue duas coisas que são difíceis quando estamos empacados: nos deixa livres para agir com pouca bagagem emocional ou mental e não cria exigências sobre a produção que flui de nossas ações.

Claro, escrever um péssimo poema ou música, ou de forma geral ter um mau desempenho, não é o fim desejado. Mas nos move da inércia à atividade. Em vez de ficarmos empacados, estamos nos movendo. Uma vez em movimento — e tendo esvaziado nossa mente das piores ideias —, estamos preparados para começar a progredir de fato. Há apoio para essa ideia, também. É provável que desenvolver ideias ruins acabe produzindo boas ideias ao nos mostrar o que não funciona. Em alguns experimentos, por exemplo, se solicita a pessoas com crenças sólidas sobre um assunto que pensem nos argumentos contrários mais fortes, ou nos favoráveis mais fracos, como forma de sustentar suas posições intelectuais. Melhoramos ao aprender a diferença entre o que funciona ou não e podemos acelerar esse aprendizado ao nos obrigarmos a produzir o que não funciona antes de nos empenharmos em ser bem-sucedidos. Isso é inoculação por oposição: a ideia de que podemos nos proteger de fracassos e de "fazer um mau trabalho" ao esgotar as ideias ruins antes de fazer um esforço deliberado para ter sucesso.

Outro motivo para preterir a qualidade de nossas ações em prol da quantidade é que a qualidade resulta da quantidade.[10] Em geral, pessoas que produzem mais ideias criativas tendem a ter ideias melhores. O mesmo vale para as ações. Quanto mais agimos, maior a probabilidade de que algo nos impulsione adiante, e a qualidade média dessas ações tenderá a ser maior. Quantidade e qualidade podem estar relacionadas porque ambas dependem em grande medida de nossa capacidade de atenuar filtros e inibições, que sufocam a produção de novas ideias e tendem a gerar ideias que estão de acordo com as normas e os padrões aceitos, ao contrário das criativas ou incomuns que podem nos desbloquear. A abordagem criativa de Jeff Tweedy está baseada em um tipo similar de desinibição: a importância de desligar a voz crítica em nossa cabeça que nos força a questionar a qualidade de nossas ideias quando as produzimos. As más ideias são os alicerces fundamentais, sugere Tweedy, sobre as quais as boas ideias são erguidas. A regra simples é que devemos nos permitir agir de forma "equivocada" ou "inepta", em especial quando baixar o padrão nos possibilita pensar e agir com mais fluência e confiabilidade do que, de outro modo, faríamos. Não há nada de errado em estar errado se o erro prevê de forma confiável a ocorrência de um acerto.

Uma marca registrada do aprendizado é o "erro que precede de modo confiável o acerto", e falando de forma geral, há duas maneiras de aprender coisas novas. Podemos fazê-lo pelo acúmulo de informação ou aprender fazendo.[11] A maioria das escolas transmite a informação pela primeira abordagem, mas, no mundo real, aprender fazendo tende a ser o grande desbloqueador. Das incontáveis pessoas no mundo que aprenderam pela experiência, Hamilton Naki deve estar entre as mais bem-sucedidas.

Naki nasceu em 1926 numa pequena aldeia na província do Cabo Oriental, na África do Sul. Sua educação formal foi limitada pelo apartheid e pela oportunidade. Aos catorze anos, ele deixou a escola após seis anos de estudo e se mudou para mais de mil quilômetros a oeste, onde começou a trabalhar como jardineiro na Cidade do Cabo.

Na condição de homem negro sob o apartheid na África do Sul, Naki não tinha acesso a uma série de profissões da elite. Para ele, teria sido difícil estudar, e ainda mais exercer, direito ou medicina, por exemplo, mas desde muito jovem ele se interessou pela prática médica. Por ser obrigado apenas a observar, o mais perto que chegou de uma carreira na saúde nessa época foi cuidar dos jardins da Universidade da Cidade do Cabo. Um dia, quando estava com quase trinta anos, um cirurgião procurou o supervisor dos jardineiros para pedir ajuda em algumas tarefas básicas de laboratório. Naki estava trabalhando e passou a ser o encarregado de alimentar, limpar e anestesiar os animais no laboratório de pesquisa da universidade.

Ele dividia seu tempo entre o trabalho no jardim e no laboratório, mas este último monopolizou sua atenção. Ele começou a passar cada vez mais tempo ali, experimentando e dominando procedimentos cada vez mais técnicos que costumavam estar reservados a alunos avançados ou mesmo aos que já haviam se formado. Naki era extraordinariamente hábil e aprimorava sua aptidão a tal ponto que cirurgiões eminentes o procuravam como assistente de anestesia. Por fim, ele se tornou o principal ajudante de cirurgia do laboratório.

Em meados da década de 1960, Naki começou a trabalhar com um cirurgião cardíaco chamado Christiaan Barnard. O dr. Barnard era um renomado cirurgião de transplante e chefiava o departamento de cirurgia experimental da universidade. Em 1967, ele realizaria o primeiro transplante de coração entre humanos do mundo em um homem de 55 anos que tinha uma cardiopatia incurável. (Naki não participou do procedimento, embora na época do seu falecimento, em 2005, uma série de notícias e obituários tenha alegado de forma equivocada que ele acompanhou o dr. Barnard.) A opinião de Barnard tinha um peso tremendo e ele elogiava Naki publicamente e com frequência. "Hamilton Naki tinha habilidades técnicas melhores que as minhas", afirmou alguns anos depois. "Ele era melhor do que eu na arte médica, sobretudo para fazer suturas, e tinha mãos muito boas na sala de operações." Em outra entrevista, Barnard descreveu Naki como "um dos maiores pesquisadores de todos os tempos na área do transplante cardíaco [...]. Se Hamilton tivesse tido chance de estudar, é provável que tivesse se tornado um cirurgião brilhante".

Embora Naki nunca tenha operado diretamente humanos, foi pioneiro em várias técnicas cirúrgicas e ensinou milhares de alunos de medicina. Por fim, deixou o laboratório do dr. Barnard para se especializar em transplante de fígado. Naki acabou ensinando Del Khan, que se tornou chefe do departamento de transplante de órgãos do hospital universitário. "Nos Estados Unidos, um transplante de fígado em um porco envolveria uma equipe de dois ou três cirurgiões qualificados", afirmou Khan numa entrevista. "Hamilton consegue fazer tudo isso sozinho." Ralph Kirsch, chefe da unidade de pesquisa hepática do hospital, descreveu Naki como "um desses homens notáveis que surgem muito raramente. Na condição de alguém sem nenhuma instrução, ele dominou técnicas cirúrgicas no nível mais elevado e depois as transmitiu a jovens médicos". A carreira de Naki foi, portanto, um triunfo da *ação* sobre o aprendizado passivo — de fazer algo na prática, em vez de apenas consumir informação. Num contexto em que a cor da pele era um empecilho quase intransponível, Naki progrediu graças a uma combinação de oportunidade e experiência.

A história dele tem ressonâncias tanto pessoais como sociológicas. Ele superou barreiras individuais, mas também desafiou o estigma do apartheid ao ser um dos primeiros negros a participar da pesquisa médica de ponta na África do Sul. É quase impossível vencer barreiras sistêmicas apenas com a força de vontade, e o que tornou a história de Naki irresistível para jornalistas e periódicos médicos foi a improbabilidade de sua ascensão e as ações concretas que o levaram dos jardins da Universidade da Cidade do Cabo aos auditórios de conferências e laboratórios de pesquisa.

Como Naki demonstrou, às vezes apenas agir pode nos convencer de que uma barreira é superável. Nesse sentido, a ação nos desempaca não só enquanto indivíduo, mas também enquanto população. Foi assim com o corredor Roger Bannister e com o alpinista Edmund Hillary, dois pioneiros que durante um período de doze meses em meados da década de 1950 mudaram a forma como o mundo via seus respectivos esportes. Bannister correu uma milha em três minutos e 59 segundos em maio de 1954, tornando-se o primeiro a quebrar a barreira dos quatro minutos. O recorde da milha tinha caído dezenas de vezes desde a década de 1850, mas obter um tempo iniciado pelo dígito três parecia impossível. O recorde permaneceu quase inalterado durante uma década, pairando em torno de quatro minutos e um segundo entre 1944 e 1954. Mas, a partir do momento em que Bannister mostrou que ficar abaixo de quatro minutos nada tinha de sobrenatural, o recorde foi pulverizado. Apenas um mês após sua corrida, o australiano John Landy cobriu uma milha em três minutos e

58 segundos. Em 1964, dez anos após o feito histórico de Bannister, o recorde caíra cinco vezes, para três minutos e 54 segundos.

O mesmo ocorreu após Hillary atingir o pico do monte Everest com o sherpa Tenzing Norgay em 1953. Quando os dois escalaram a montanha, abriram as portas para outros superarem a mesma barreira. Em pouco tempo, um número cada vez maior de gente tentou a proeza, e hoje mais de 5 mil alpinistas escalaram o Everest. Uma ação bem-sucedida — em particular uma audaciosa que supera limites evidentes — libera outros que podem estar dispostos a fazê-lo, mas preferem ser o segundo ou terceiro a tentar, não os pioneiros. É preciso uma personalidade singular e rara para lidar com o tipo de limites que Naki, Bannister, Hillary e Norgay superaram nas décadas de 1950 e 1960, mas eliminar essas barreiras, nem que seja uma vez, encoraja outros a também se arriscar. Ser o primeiro é difícil; ser o segundo ou o terceiro é um pouco menos assustador, pois a tarefa obviamente se revela possível; e as tentativas seguintes se tornam cada vez menos temíveis, pois, além de serem anônimas, desfrutam da confiança derivada de ver outros sendo bem-sucedidos.

Agir é o desbloqueio supremo por ser um propulsor por definição. Não podemos agir e permanecer inertes e, como Jeff Tweedy observou, até mesmo escrever de forma deliberada uma poesia ruim ou cortejar o fracasso de modo mais amplo acarreta um progresso posterior. Esvaziando-nos das más ideias e das ações inábeis, aprendemos a reconhecer suas contrapartidas produtivas — e a sermos menos críticos à medida que progredimos do ponto de paralisia ao avanço. Mas talvez o argumento mais poderoso para agir seja que isso constitui a melhor maneira de aprender, e nada desempaca mais do que o aprendizado. Aprendendo a perceber a diferença entre o que funciona ou não, tornamo-nos pensadores, parceiros, pais, amigos, empreendedores, artistas, escritores e músicos melhores.

Conclusão
Cem maneiras de desempacar

Já dei centenas de palestras. Uma das regras que aprendi desde cedo é: "Após concluir sua exposição, encerre o mais rápido possível". As pessoas não querem continuar a ver dezenas de slides enquanto olham toda hora para o relógio e se perguntam por quanto tempo mais você as fará esperar pelo almoço.

Nesse espírito, não deixarei o leitor com um epílogo tradicional. Em vez disso, ofereço uma cola: um resumo de cem técnicas e princípios para progredir que abordei neste livro.

Espero que você se pegue empacado pouquíssimas vezes e que, quando isso acontecer, os avanços não estejam muito longe.

INTRODUÇÃO: A PRIMEIRA REGRA É QUE VOCÊ FICARÁ EMPACADO

1. O primeiro passo para desempacar é aceitar que as barreiras são universais.
2. Ao ver outras pessoas sendo bem-sucedidas, lembre-se de se vacinar contra o "depois"; a vacina contra o "antes" incluía uma, duas ou cem barreiras que você não conseguia ver.
3. Você ficará empacado por alguns motivos que estão sob seu controle e outros que não estão. Aprenda a distingui-los e concentre suas energias em lidar com os que você pode controlar.

1. POR QUE FICAR EMPACADO É INEVITÁVEL?

   4. Quando trabalhamos em um objetivo de longo prazo, é natural que haja períodos de estagnação no meio do caminho. Isso quase sempre acontece e é conhecido como gradiente de meta. Você pegará embalo no começo, e outra vez mais para o final, mas no meio provavelmente ficará empacado.
   5. A melhor maneira de evitar estagnações no meio do caminho é encurtá-lo. Divida objetivos maiores em subobjetivos ou partes menores que eliminem ou encolham o trecho intermediário. Isso é chamado de estreitar o agrupamento das opções.
   6. Falando de forma mais geral, os efeitos platô são inevitáveis. Muitos ocorrerão no meio do caminho, mas outros podem acontecer no começo ou no fim do processo. Não existe uma solução única para pontos de paralisia.
   7. A melhor maneira de evitar o efeito platô é variando a abordagem; adotando métodos e estratégias novos e diferentes ao longo do tempo.
   8. Para evitar o efeito platô, faça com que a maioria de suas decisões seja de longo prazo. Por vezes, você pode priorizar o curto prazo, mas com o tempo você ficará cada vez menos empacado e se moverá de forma mais suave se não for ganancioso com os ganhos de curto prazo.
   9. Pontos de conclusão naturais — como o fim de uma década de vida (29 anos, 39 etc.) — são desanimadores e tendem a motivar decisões míopes e de curto prazo. Aprenda a reconhecer quando suas decisões podem ser motivadas por essas forças irrelevantes e externas.
   10. O lado positivo: esses pontos de conclusão naturais podem ser motivadores. Se você carece de motivação, os pontos de conclusão são um trampolim para a ação.
   11. Você provavelmente passará por mudanças modestas na vida a cada um ou dois anos — e grandes *lifequakes* que constituem enormes pontos de paralisia mais ou menos a cada década. Ninguém escapa de sofrer ao menos alguns ao longo da vida.
   12. Não há um único modo de reagir a *lifequakes*, mas vale a pena tentar antecipá-los, pois aceitar e reconhecer é o primeiro passo para superar.

13. Além da estagnação do meio do caminho, as pessoas costumam ficar empacadas logo antes de um objetivo. Isso acontece em especial quando distribuem seus recursos *quase de maneira perfeita* — mas erram por muito pouco. Se você já viu um corredor desabar pouco antes de cruzar a linha de chegada, sabe como funciona. Essa habilidade de distribuir energia é conhecida como teleoantecipação, e embora humanos sejam bons nisso, um pequeno erro já pode criar pontos de paralisia.
14. Alguns objetivos não têm pontos de conclusão óbvios — e corremos muito mais risco de ficar empacados diante desses objetivos não delimitados. Podemos superar o problema criando pontos intermediários artificiais que dividem o objetivo em etapas.

2. SIGA EM FRENTE

15. Antes de desistir, siga em frente por mais tempo do que acha que deveria. A maioria dos sucessos leva mais tempo do que se espera.
16. As pessoas tendem a acreditar de modo equivocado que suas melhores ideias, e de forma mais ampla seu melhor trabalho, ocorrem no início de um processo. Isso não é verdade. É o que chamamos de despenhadeiro criativo. Muitas vezes as ideias mais promissoras vêm mais tarde.
17. As pessoas tendem a associar desafios com fracasso. Mas os desafios — e a sensação de enfrentar dificuldades — são um sinal de que estamos nos movendo além do óbvio. É raro o óbvio produzir grandes resultados, assim lutar para superá-lo é um primeiro sinal de que estamos no caminho do sucesso.
18. Ao mesmo tempo, aprenda a desistir quando os custos de continuar reduzem demais os benefícios de seguir em frente.
19. O tempo é seu amigo. Quanto mais tempo passamos em determinada tarefa — e quanto mais velhos somos de forma geral —, mais experiência adquirimos, o que aumenta as chances de superar pontos de paralisia.
20. Desacelere. Ser o primeiro a tentar quase sempre é uma fórmula para o fracasso a longo prazo. Ser o segundo, o terceiro ou o vigésimo é muitas vezes mais compensador.

21. Duração = sucesso. Permaneça por mais tempo em quase qualquer espaço e você terá mais chance de ser bem-sucedido.
22. O sucesso é irregular e difícil de prever — e o papel da sorte varia de acordo com a carreira e a área. Se estamos lidando com uma área dominada pela sorte, a longevidade é ainda mais importante.
23. Um monte de pontos de paralisia surge devido a descompassos no timing. Não convém ter uma boa ideia tarde demais — mas, ao mesmo tempo, é fácil ficar empacado quando boas ideias chegam muito cedo. Aprenda a identificar se está empacado por uma boa ideia estar fora de sincronia levando em consideração o contexto tecnológico, político, cultural e econômico dominante.

3. ARMADILHAS E ISCAS

24. Muitas armadilhas persistentes não se parecem nem um pouco com armadilhas — algo que em grande medida explica por que são tão persistentes. Reagimos a elas devagar demais ou nem reagimos.
25. É difícil sermos de fato originais em alguma área. O mais inteligente a fazer é aspirar a diferenças e avanços modestos. Isso é conhecido como distinção ideal.
26. Raramente somos tão bem compreendidos quanto acreditamos ser — em particular quando a comunicação não é presencial e não podemos ver como o interlocutor reage. Presuma que as pessoas são bem menos perceptivas — e que você é bem menos perceptivo como comunicador — para evitar pontos de estagnação por falha de comunicação de forma geral.
27. Pequenos lapsos na comunicação são muitas vezes um problema maior do que os grandes. Duas pessoas que falam dialetos um pouco diferentes têm mais chance de empacar em um ciclo de falha comunicacional do que duas que falam idiomas completamente distintos. Isso é conhecido como a armadilha da pseudointeligibilidade.
28. Ignoramos problemas menores por mais tempo do que os maiores — e isso torna os menores mais difíceis de superar. Além disso, quando ignorados, costumam se transformar em maiores. Cuide logo de

problemas menores — ou ao menos faça planos de lidar com eles depois.
29. Manutenção preventiva é melhor do que tratar dos problemas à medida que surgem. Crie um planejamento para antecipar e polir futuros pontos de atrito antes que se tornem barreiras.
30. Aprenda a encontrar um ponto ideal entre o progresso suave, lento e contínuo e os ímpetos de progresso rápido marcados por pontos de estagnação.
31. Pense mais à frente. Quando tomar alguma decisão, pergunte-se como ela o afetará em um, cinco, dez e vinte anos.
32. Na maior parte das vezes, ficamos empacados porque nosso foco é míope demais — se concentra no curto prazo, quando deveríamos focar a médio e a longo prazo. Aprenda a pintar de forma vívida um retrato mental do futuro sempre que estiver tomando decisões e fazendo escolhas que terão implicações além do presente imediato.

4. EXPIRE

33. As armadilhas mentais são com frequência mais perigosas do que as físicas. Os seres humanos lidam de forma rápida com armadilhas físicas, mas são lentos para lidar com as mentais, isso se não forem ignoradas por completo.
34. Remover a pressão sobre si mesmo e os demais é o primeiro passo (fácil) para melhorar a criatividade e o desempenho geral.
35. Nossa cultura celebra a ousadia, mas isso — como no caso de ser o primeiro a se mover — costuma ser uma armadilha. Ser um pouco menos ousado e mais cuidadoso é quase sempre a melhor estratégia.
36. Quando estiver paralisado por uma decisão ou tarefa, imagine a pior coisa que poderia resultar do passo seguinte. Se for algo revogável (passível de reversão) ou suportável (com que você consegue lidar), vá em frente. Uma mentalidade de *aceitação radical* diante da ansiedade elimina ou diminui a maioria dos pontos de paralisia motivados pela ansiedade.

37. Descubra quando maximizar e quando adotar o *satisfice* (encontrando uma opção que seja apenas boa o bastante). Por vezes, em situações limitadas, devemos maximizar. Mas na vasta maioria das ocasiões *satisficing* é suficiente e tem menos chance de deixá-lo preso no lugar.
38. Busque mais a excelência do que a perfeição. Aspirar à perfeição é uma fórmula quase certa para ficar empacado.
39. Divida tarefas grandes em partes menores. Concentre-se em um aspecto da tarefa maior de cada vez. Raramente, ou nunca, devemos nos concentrar em mais de uma por vez.
40. Quando estiver empacado, seu instinto será o de se debater mentalmente. Quanto mais rápido dominar esse impulso, mais breve será a paralisia.
41. Muitos adotam o mantra persistente e inútil de estabelecer padrões elevados. Fazer isso, em vez de elevá-los de forma progressiva com o tempo, é um caminho certo para o atrito. Em geral, tenha por hábito adotar padrões baixos a menos que haja uma excelente razão para algo bom o bastante não ser bom o bastante.

5. PAUSE ANTES DE DAR PLAY

42. Somos impelidos a progredir, o que podemos medir pela ação. Avaliar por mais um minuto, dia ou ano é muitas vezes um remédio contra ficar empacado no longo prazo. Envolva-se menos e prepare-se mais.
43. O nível de ansiedade varia, mas até os melhores em qualquer área sofrem com isso. Dar um desconto para si mesmo por estar ansioso em meio a pontos de paralisia é uma das melhores formas de destravar.
44. Em momentos de ansiedade e tensão, tendemos a focar em nós mesmos. É muito mais produtivo manter o foco em coisas que são externas a nós — os outros e a situação como um todo —, em particular quando a ansiedade nos deixa presos no lugar.
45. Abrace o silêncio — também chamado de pausa sagrada. Resista ao impulso de fazer ruído (falando ou de outra forma) apenas para interrompê-lo.

46. Quando estiver ansioso, adote a estratégia RAIN: *perceber* o que está surgindo; *permitir* sua presença; *investigar* as próprias emoções e pensamentos (por exemplo: "O que está ocorrendo com o meu corpo?"); *observar* o que acontece a cada momento.
47. Expor-se a um desconforto moderado torna você mais resiliente a longo prazo e revela suas fraquezas ocultas.
48. Quando o que determina o timing não é outra pessoa ou a circunstância, espere até estar pronto. Fazer uma pausa até estar preparado diminui muito a chance de empacar depois.

6. FALHANDO DIREITO

49. Quanto mais motivados ficamos, maior a chance de sermos intransigentes conosco. Muitas das maiores histórias de sucesso vêm de pessoas que foram surpreendentemente lenientes consigo mesmas quando cometeram equívocos.
50. Dê margem para as falhas. Não se limite a aceitá-las quando ocorrerem; convide-as a acontecer.
51. Incorpore o fracasso a qualquer previsão de longo prazo. Presuma que acontecerá com uma frequência bem maior do que você imaginou de início.
52. A taxa de fracasso ideal para permanecermos motivados — e não ficarmos empacados — é aproximadamente de uma em cinco ou de uma em seis tentativas, na maioria das situações. Se falhamos mais de uma vez a cada cinco ou seis, ficamos empacados no curto prazo; se falhamos menos de uma vez a cada cinco ou seis, ficamos empacados no longo prazo.
53. As pessoas reagem de maneira muito uniforme ao triunfo; mas a derrota provoca uma variedade imensa de reações, que vão de muito úteis a completamente autodestrutivas. Podemos aprender a seguir em direção à extremidade mais útil desse espectro.
54. Sujeite-se a testes de estresse. Se você espera lidar com determinado problema, prepare-se ao se desafiar 20%, 50%, 200% mais.

55. O lado positivo dos testes de estresse: se você estiver abalado por conta de um desafio, crie uma resistência inicial ao lidar com versões dele em escala menor. Com o tempo, aumente a dosagem até se aproximar da versão completa.
56. Racionar o elogio é um erro. Elogios *merecidos* para si mesmo ou outras pessoas nunca são demais.
57. Se não lidarmos primeiro com nossas necessidades mais essenciais — comida, abrigo, segurança emocional e assim por diante —, nunca seremos capazes de lidar com os pontos de paralisia mais graves.

7. AUDITORIAS DE ATRITO E A ARTE DA SIMPLIFICAÇÃO

58. Procure ativamente padrões nos desafios e nas experiências. Eles nos ajudam a compreender e simplificar o que de início parecia inédito, tornando essas barreiras menos imponentes.
59. Realize com frequência *auditorias de atrito*. Procure por pontos de atrito; apare as arestas; avalie se foi bem-sucedido ao eliminá-las. Repita o processo.
60. Procure por regras e algoritmos que o guiarão durante a maior parte do caminho e do tempo. Não tenha medo de se apoiar nos ombros de gigantes ou de pegar o vácuo quando tiver a oportunidade.
61. Uma das maiores habilidades para destravar não é perceber o que é mais importante, mas o que *não é* importante. Decomponha qualquer problema em seus elementos mais essenciais e ele se tornará muito mais fácil de superar.
62. No começo, ao lidar com um problema, costumamos tornar a situação mais complexa. Muitas vezes, a melhor saída é subtrair. Comece por simplificar, depois considere acrescentar complexidade.
63. Regras e algoritmos são valiosos — mas são quase sempre opcionais. Antes de aplicar de maneira cega uma regra, questione se ela é essencial, considere alternativas e só então a implemente, se lhe parecer a melhor forma de avançar.
64. De tempos em tempos, imponha restrições artificiais a si mesmo. Uma vez removidas, elas melhorarão seu desempenho e o obrigarão

a procurar abordagens novas e um pouco diferentes para problemas com que você lidou da mesma forma por meses ou anos.

8. RECOMBINAÇÕES E GUINADAS

65. Em vez de aspirar a grandes avanços, procure dar pequenos passos que exijam relativamente pouco de você. Comece por aí, a menos que comprometam sua capacidade de dar passos maiores mais tarde.
66. Nada é 100% original. Não busque uma originalidade radical, pois isso servirá apenas para deixá-lo estagnado.
67. Busque combinações originais de duas ou mais ideias existentes. Essa é a receita por trás da vasta maioria de coisas que consideramos novas e inovadoras.
68. Não se apegue a suas ideias. Procure oportunidades para dar guinadas e se ajustar.
69. Não se sinta mal por ser novato. Ser especialista restringe o que fazemos e, uma vez atingida essa condição, é quase impossível voltar à experiência enriquecedora de começar algo. Não tenha pressa em limitar e aprofundar seu campo de interesse (mas chegue lá um dia, porque é assim que você vai se diferenciar).

9. DIVERSIDADE E COLABORAÇÃO COLETIVA

70. Requisite as opiniões de outras pessoas. Peça isso mais vezes do que acha que precisa. Faça isso antes, durante e depois de lidar com qualquer tarefa, experiência ou problema.
71. Procure particularmente as opiniões de novatos e pessoas de fora — indivíduos inteligentes que não sejam especialistas em alguma área.
72. Evite a redundância. Reúna um grupo variado de pessoas para criticar, comentar e verificar cada ideia ou avanço. Amigos podem oferecer apoio moral, mas estão menos capacitados para trazer benefícios intelectuais, porque muitas vezes são parecidos demais conosco e com todos que conhecemos.

73. Introduzir no grupo uma boa ovelha negra é muitas vezes melhor do que um excelente especialista que já estava ali. Isso costuma ser verdade depois que esses especialistas já falharam uma ou duas vezes.
74. Mesmo pessoas incompetentes ou quase isso de fora são importantes por oferecerem diversificação.
75. O valor da diversidade e da não redundância aumenta de acordo com a complexidade da tarefa. Tarefas simples funcionam melhor com equipes de pessoas que pensam e abordam os problemas da mesma forma; tarefas complexas se beneficiam com a diferença.
76. Busque a colaboração coletiva para solucionar problemas particularmente complexos. Peça a pessoas que você não conhece, de preferência mil ou mais, para darem conselhos e informações.
77. Aprenda a ser seu próprio terapeuta. Questione suas decisões da forma como um indivíduo inteligente o faria. Faça a si mesmo perguntas complexas mais de uma vez, respondendo cada vez a partir de uma perspectiva diferente. Isso tira vantagem da chamada sabedoria da multidão interna.
78. Quatro passos para recorrer à multidão interna. Primeiro, presuma que sua estimativa inicial estava errada. Segundo, pense em motivos para isso: que pressupostos e considerações teriam sido equivocados? Terceiro, em que implicam essas considerações: a primeira estimativa foi alta ou baixa demais? Quarto, com base nessa nova perspectiva, faça uma segunda estimativa.

10. EXPERIMENTAÇÃO

79. Conduza experimentos. O conhecimento evolui constantemente e quase sempre estamos errados em assumir que o modo como determinada coisa é feita no momento seja o ideal. Qualquer ideia é atualizada com o tempo — e grande parte dessa atualização vem de experimentos inteligentes.
80. Quando estiver empacado, realize rapidamente o ciclo OODA: *observar, orientar-se, decidir* e *agir*.

81. Experimentos são úteis quando estamos tentando destravar a mente de outras pessoas — são as demonstrações mais convincentes de que uma nova abordagem ou ideia pode superar a já existente.
82. Aprenda a ser curioso como uma criança. Os adultos se tornam naturalmente menos curiosos com o tempo, algo que é útil para ter foco, mas nos sabota quando estamos empacados.
83. Colete dados sempre que puder sobre o máximo de coisas possível. Sobre você mesmo, suas ações, suas ideias.

11. EXPLORAR E APROVEITAR

84. Explore primeiro. Circule bastante, mas sem se aprofundar.
85. A seguir, tire proveito do que explorou. Após identificar terrenos frutíferos, restrinja seu foco e se especialize.
86. Se não estiver seguro quanto a explorar ou aproveitar, faça uma "auditoria sim/não". Quando dizemos sim à maioria das solicitações e novas oportunidades, estamos numa disposição exploratória. Quando dizemos mais "não", é o momento em que aproveitamos ou nos desengajamos.
87. O princípio de Pareto sugere que os ganhos são irregulares. Algumas decisões e ações trazem ganhos imensos, mas a vasta maioria não rende nenhum. Se você conseguir identificar qual é qual, dedique tempo às ações que trazem mais ganhos. Caso não consiga, não se preocupe em gastar muito tempo e energia fazendo um progresso apenas moderado. Essa é a desvantagem inevitável da irregularidade, mas é o custo necessário de usufruir das raras sementes do progresso rápido.
88. Podemos nos preparar para a serendipidade — uma combinação de sorte e habilidade. Algumas pessoas parecem ter mais sorte do que outras, mas grande parte dela é atraída pela habilidade.
89. Permita que sua mente divague. Muitas ideias excelentes parecem surgir das divagações de uma mente ociosa.
90. A diferença entre um desempenho excelente e um apenas bom muitas vezes vem de capitalizar as ocasiões em que fracassamos por muito pouco. É fundamental perceber e aproveitar essas ocasiões.

12. AÇÃO ACIMA DE TUDO

91. Quando estiver empacado, aja. Tais ações devem parecer confortáveis — e em termos ideais devem ser aquelas em que você se destaca.

92. Agir é a melhor maneira de formar hábitos úteis que previnem o atrito a longo prazo.

93. Para se motivar a seguir em frente quando estiver empacado, descreva-se usando substantivos em vez de verbos. "Sou corredor" motiva a pessoa a correr nos dias em que sente preguiça. "Eu corro", não. O primeiro descreve como você é em sua essência; o segundo, apenas o que deseja fazer.

94. Faça coisas bem pequenas quando coisas grandes ou mesmo moderadas são paralisantes. Coisas pequenas nos destravam quando estamos empacados, mesmo que o progresso de início seja apenas modesto. Esse salto binário é o primeiro passo para fazer um progresso significativo.

95. A rigidez — fazer a mesma coisa várias vezes ou se ater a um regime estrito — é paradoxalmente libertadora quando estamos empacados. Ser rígido sobre algumas coisas lhe permite ser mais flexível em outras. Abrace de forma seletiva a rigidez.

96. Mover o corpo é uma das melhores maneiras de se destravar mentalmente. Isso é válido em especial quando permanecemos sentados — ou sedentários — por longos períodos. E quando realizamos movimentos que dão a sensação de fluidez.

97. Se você estiver tentando obter um produto de qualidade e ficar empacado, comece pondo para fora o que tem de pior. Faça o exato oposto do que está tentando fazer, de modo a "esgotar" o que é ruim e liberar o que é bom.

98. Quando buscamos a criatividade ou a novidade, a qualidade e a quantidade se sobrepõem. Quanto mais ideias temos, maior será sua qualidade (tanto da melhor ideia quanto da média dessas ideias). No começo, não as questione com cautela demais. Deixe que venham à tona e guarde os questionamentos para depois.

99. O aprendizado e a formação são fundamentais, mas *fazer* seja lá o que estiver aprendendo é essencial. (Essa regra se inspira no que as

escolas de medicina dizem sobre dominar um novo procedimento: ver, fazer, ensinar. Quanto mais rápido passamos do consumo de informação à ação, mais rápido aprendemos.)

100. Barreiras artificiais funcionam como pontos de paralisia — pense na milha em menos de quatro minutos, por exemplo. São em grande medida ilusórias (como evidenciado pelo número de pessoas que ultrapassaram a barreira dos quatro minutos pouco após ela ser quebrada pela primeira vez). Não permita que barreiras artificiais o deixem atolado.

Agradecimentos

Escrever é um equilíbrio entre ficar empacado e avançar. Para a minha alegria, *Um passo adiante* foi constituído mais de avanços do que de obstáculos graças ao apoio de familiares, amigos, colegas e colaboradores.

Agradeço enormemente às equipes na Simon & Schuster e InkWell Management: na Simon & Schuster, em particular a meu generoso e incisivo editor, Eamon Dolan, que me apontou a direção correta quando fiquei empacado e me estimulou a refinar minhas ideias mais confusas. Também na Simon & Schuster, agradeço a Jonathan Karp, Tzipora Baitch, Rebecca Rozenberg, Alyssa diPierro, Sara Kitchen, Jackie Seow, Irene Kheradi, Amanda Mulholland e Max Smith. Na InkWell, sou grato a meu sábio e generoso agente, Richard Pine, que continua sendo tanto um amigo, um incentivador e um mestre de termos em iídiche quanto fonte de excelentes conselhos e irretocável bom gosto. Na InkWell, agradeço também a Alexis Hurley, Eliza Rothstein, Laura Hill, Hannah Lehmkuhl, Tizom Pope e Jessie Thorsted.

Por ler os rascunhos iniciais de *Um passo adiante*, contribuir com ideias e pacientemente responder às minhas perguntas, agradeço a Nicole Airey, Dean Alter, Jenny Alter, Ian Alter, Sara Alter, David Berkoff, Andrea Bonezzi, Ben Caunt, Shai Davidai, Max Deutsch, David Epstein, Bruce Feiler, John Finger, Scott Galloway, Malcolm Gladwell, Hal Hershfield, Brian Lucas, Steve Magness, Tom Meyvis, Cal Newport, Mike Olesker, Suzy Olesker, Eesha Sharma e Charles Yao. Sou grato também aos meus inúmeros amigos e colegas na

Universidade de Nova York, em especial ao departamento de marketing da Escola de Negócios Stern, que inspirou muitas ideias deste livro.

    E obrigado, como sempre, aos maiores agentes de desbloqueio por possibilitar todos os meus avanços: minha esposa, Sara; meu filho, Sam, e minha filha, Izzy; meus pais, Ian e Jenny; e Suzy e Mike e meu irmão, Dean.

Notas

INTRODUÇÃO: A PRIMEIRA REGRA É QUE VOCÊ FICARÁ EMPACADO [pp. 9-22]

1. Para saber mais sobre a infância e a formação dramática de Brie Larson, ver A. Radloff, "Meet Brie Larson, the Rising Star You Need to Know About in 2014". *Glamour*, 14 jan. 2014. Disponível em: <https://www.glamour.com/story/the-rising-star-you-need-to-kn>. Acesso em: 3 maio 2024; L. Sandell, "Brie Larson's 20-Year Climb to Overnight Stardom: 'I'm Totally out of My Comfort Zone'". *Hollywood Reporter*, 20 jan. 2016. Disponível em: <https://www.hollywoodreporter.com/features/brie-larsons-20-year-climb-857011>. Acesso em: 3 maio 2024; T. Lewis, "Brie Larson Interview: 'I Just Wanted to Do Weird Stuff'". *Guardian*, 19 out. 2013. Disponível em: <https://www.theguardian.com/film/2013/oct/20/brie-larson-short-term-12-interview>. Acesso em: 3 maio 2024.

2. B. Larson, "Audition Storytime! (pt. 1)". YouTube, 13 ago. 2020. Disponível em: <https://www.youtube.com/watch?v=zE3t0gjm2tw>. Acesso em: 3 maio 2024.

3. B. Larson, "Audition Storytime! (pt. 2)". YouTube, 3 set. 2020. Disponível em: <https://www.youtube.com/watch?v=t9CcjI0SOcU>. Acesso em: 3 maio 2024.

4. Ver, por exemplo, S. Davidai e T. Gilovich, "The Headwinds/Tailwinds Asymmetry: An Availability Bias in Assessments of Barriers and Blessings". *Journal of Personality and Social Psychology*, n. 111, 2016, pp. 835-51; K. Hansson et al., "Losing Sense of Fairness: How Information about a Level Playing Field Reduces Selfish Behavior". *Journal of Economic Behavior & Organization*, n. 190, 2021, pp. 66-75; C. Sanchez e T. Gilovich, "The Perceived Impact of Tax and Regulatory Changes". *Journal of Applied Social Psychology*, n. 50, 2020, pp. 104-14.

5. C. McCann, "Scaling Airbnb with Brian Chesky". Medium, 20 nov. 2015. Disponível em: <https://medium.com/cs183c-blitzscaling-class-collection/scaling-airbnb-with-brian-chesky-class-18-notes-of-stanford-university-s-cs183c-3fcf75778358>. Acesso em: 3 maio 2024.

6. B. Chesky, "Seven Rejections". Medium, 12 jul. 2015. Disponível em: <https://medium.com/@bchesky/7-rejections-7d894cbaa084>. Acesso em: 3 maio 2024.

7. Thread no Twitter começa em @DanRose999, Twitter, 12 set. 2020. Disponível em: <https://twitter.com/DanRose999/status/1304896586086928384?s=20&t=jnuKEFcoCdIZ4s2QnX9-Iw>. Acesso em: 3 maio 2024.

8. "Keynote: Fireside with Jeff Wilke". Amazon Seller University, YouTube, 30 set. 2020. Disponível em: <https://www.youtube.com/watch?v=bLMWu90O45U>. Acesso em: 3 maio 2024.

9. Para um resumo das críticas iniciais à Amazon na imprensa, ver M. Novak, "Here's What People Thought of Amazon When It First Launched in the 1990s". Gizmodo, 3 jul. 2019. Disponível em: <https://paleofuture.gizmodo.com/heres-what-people-thought-of-amazon-when-it-first-launc-1836008229>. Acesso em: 3 maio 2024.

10. Ver, por exemplo, A. Tate, "Celebs Who Went from Failures to Success Stories". *CBS News*, 12 jul. 2019. Disponível em: <https://www.cbsnews.com/pictures/celebs-who-went-from-failures-to-success-stories/2/>. Acesso em: 3 maio 2024; "33 Famous People Who Failed Before They Succeeded". *Business Insider India*, 27 out. 2016. Disponível em: <https://www.businessinsider.in/careers/33-famous-people-who-failed-before-they-succeeded/slidelist/55102204.cms>. Acesso em: 3 maio 2024.

11. A. Henry, "Chuck Close's Advice on Inspiration and Getting Things Done". *Lifehacker*, 2 ago. 2016. Disponível em: <https://lifehacker.com/chuck-closes-advice-on-inspiration-and-getting-things-d-1784527805>. Acesso em: 3 jun. 2024.

12. S. Marche, "Harper Lee's Last Year Was the Most Interesting of Her Career". *Esquire*, 19 fev. 2016. Disponível em: <https://www.esquire.com/entertainment/books/news/a42282/harper-lee-death-marche/>. Acesso em: 3 jun. 2024.

13. J. Hibberd, "George R. R. Martin Gets Candid about New Book". *Entertainment Weekly*, 19 nov. 2018. Disponível em: <https://ew.com/author-interviews/2018/11/19/george-rr-martin-interview/>. Acesso em: 3 jun. 2024; J. Pantozzi, "George R. R. Martin Is Just Like All of Us". *Mary Sue*, 25 jul. 2013. Disponível em: <https://www.themarysue.com/grrm-writing-troubles/>. Acesso em: 3 jun. 2024.

14. Ver, por exemplo, J. Acocella, "Blocked: Why Do Writers Stop Writing?". *New Yorker*, 14 jun. 2004. Disponível em: <https://www.newyorker.com/magazine/2004/06/14/blocked>. Acesso em: 3 jun. 2024; M. Castillo, "Writer's Block". *American Journal of Neuroradiology*, n. 35, 2014, pp. 1043-4; R. Winston, "How Great Artists Have Fought Creative Block". *BBC News*, 27 jul. 2010. Disponível em: <https://www.bbc.com/news/magazine-10766308>. Acesso em: 3 jun. 2024; M. Kantor, *Understanding Writer's Block: A Therapist's Guide to Diagnosis and Treatment*. Westport: Praeger, 1995; R. Sharp, "How Pollock, Picasso, and Seven Other Iconic Artists Overcame Creative Block". *Artsy*, 30 jun. 2015. Disponível em: <https://www.artsy.net/article/artsy-editorial-how-pollock-picasso-and-6-other-iconic-artists>. Acesso em: 3 jun. 2024.

15. H. Furness, "The Nation's Favorite Paintings Revealed". *Telegraph*, 22 fev. 2015. Disponível em: <https://www.telegraph.co.uk/news/newstopics/howaboutthat/11427972/The-nations-favourite-paintings-revealed.html>. Acesso em: 3 jun. 2024.

16. D. A. Prentice and D. T. Miller, "Pluralistic Ignorance and Alcohol Use on Campus: Some Consequences of Misperceiving the Social Norm". *Journal of Personality and Social Psychology*, n. 64, 1993, pp. 243-56.

1. POR QUE FICAR EMPACADO É INEVITÁVEL? [pp. 25-40]

1. Sobre a pesquisa de Hull, ver, por exemplo, C. L. Hull, "The Goal-Gradient Hypothesis Applied to Some 'Field-Force' Problems in the Behavior of Young Children", *Psychological Review*, n. 45, 1938, pp. 271-99; Id., "The Conflicting Psychologies of Learning: A Way Out", *Psychological Review*, n. 42, 1935, pp. 491-516; Id., "The Concept of the Habit-Family Hierarchy and Maze Learning: Part II", *Psychological Review*, n. 41, 1934, pp. 134-52. Sobre a vida e o desenvolvimento de Hull, ver C. L. Hull, "Clark L. Hull: A History of Psychology in Autobiography", *Psychological Review*, n. 57, 1950, pp. 173-80; C. I. Hovland, "Clark Leonard Hull, 1884-1952", *Psychological Review*, n. 59, 1952, pp. 347-50.

2. R. Kivetz, O. Urminsky e Y. Zheng, "The Goal-Gradient Hypothesis Resurrected: Purchase Acceleration, Illusionary Goal Progress, and Customer Retention", *Journal of Marketing Research*, v. 43, n. 1, 2006, pp. 39-58.

3. A. Bonezzi, C. M. Brendl e M. De Angelis, "Stuck in the Middle: The Psychophysics of Goal Pursuit", *Psychological Science*, n. 22, 2011, pp. 607-12.

4. Ver, por exemplo, C. E. Cryder, G. Loewenstein e S. Seltman, "Goal Gradient in Helping Behavior", *Journal of Experimental Social Psychology*, n. 49, 2013, pp. 1078-83; J. D. Jensen, A. J. King e N. Carcioppolo, "Driving toward a Goal and the Goal-Gradient Hypothesis: The Impact of Goal Proximity on Compliance Rate, Donation Size, and Fatigue", *Journal of Applied Social Psychology*, n. 43, 2013, pp. 1881-95; M. R. vanDellen, J. Rajbhandari-Thapa e J. Sevilla, "Does Serving Vegetables in Partitioned Portions Promote Vegetable Consumption?", *Food Quality and Preference*, v. 78, 2019, p. 103750; A. Emanuel, "Perceived Impact as the Underpinning Mechanism of the End-Spurt and U-shape Pacing Patterns", *Frontiers in Psychology*, v. 10, 2019, p. 1082; Z. Meng, Y. Yang e C. K. Hsee, "The Mere Urgency Effect", *Journal of Consumer Research*, v. 45, 2018, pp. 673-90; M. Lukas, "The Goal Gradient Effect and Repayments in Consumer Credit", *Economics Letters*, v. 171, 2018, pp. 208-10; A. Anderson e E. A. Green, "Personal Bests as Reference Points", *Proceedings of the National Academy of Sciences of the U. S. A.*, v. 115, 2018, pp. 1772-5; M. Toure-Tillery e A. Fishbach, "Too Far to Help: The Effect of Perceived Distance on the Expected Impact and Likelihood of Charitable Action", *Journal of Personality and Social Psychology*, v. 112, 2017, pp. 860-76; C. Teng, "Strengthening Loyalty of On-line Gamers: Goal Gradient Perspective", *International Journal of Electronic Commerce*, v. 21, 2017, pp. 132-51; V. Kuppuswamy e B. L. Bayus, "Does My Contribution to Your Crowdfunding Project Matter?", *Journal of Business Venturing*, v. 32, 2017, pp. 72-89; T. H. Song, S. Y. Kim e W. L. Ko, "Developing an Effective Loyalty Program Using Goal-Gradient Behavior in Tourism Industry", *Journal of Tourism Marketing*, v. 34, 2017, pp. 70-81; B. Van den Berg et al., "Altering Speeding of Locomotion", *Journal of Consumer Research*, v. 43, 2016, pp. 407-28; E. Shalev e V. G. Morwitz, "Does Time Fly When You're Counting Down? The Effect of Counting Direction on Subjective Time Judgment", *Journal of Consumer Psychology*, v. 23, 2013, pp. 220-7; M. Toure-Tillery e A. Fishbach, "The End Justifies the Means, but Only in the Middle", *Journal of Experimental Psychology: General*, v. 141, 2012, pp. 570-83; D. Gal e B. McShane, "Can Small Victories Help Win the War? Evidence from Consumer Debt Management", *Journal of Marketing Research*, v. 49, 2012, pp. 487-501; H. Mishra, A. Mishra e B. Shiv, "In Praise of Vagueness: Malleability of Vague Information as a Performance Booster", *Psychological Science*, v. 6, 2011, pp. 733-8; M. Amar et al., "Winning the Battle but Losing the War: The Psychology of Debt Management", *Journal of Marketing Research*, v. 48, 2011, S38-S50.

5. Para uma análise do método estreitar o agrupamento das opções, ver D. Read, G. Loewenstein e M. Rabin, "Choice Bracketing". *Journal of Risk and Uncertainty*, v. 19, 1999, pp. 171-97.

6. Ver H. Ebbinghaus, *Memory: A Contribution to Experimental Psychology*. Trad. de H. A. Ruger e C. E. Bussenius. Nova York: Teachers College Press, 1913. Para um trabalho relacionado, ver E. C. Tolman, "Cognitive Maps in Rats and Men". *Psychological Review*, v. 55, 1948, pp. 189-208.

7. Para uma análise recente, ver B. Sullivan and H. H. Thompson, *The Plateau Effect: From Stuck to Success*. Nova York: Penguin, 2013.

8. A. Hutchinson, "The Data behind a Once-a-Week Stength Routine". *Outside*, 2 fev. 2021. Disponível em: <https://www.outsideonline.com/2420657/ultra-minimalist-strength-workout-research>. Acesso em: 4 jun. 2024. Ver também J. Steele et al., "Long-Term Time-Course of Strength Adaptation to Minimal Dose Resistance Training: Retrospective Longitudinal Growth Modelling of a Large Cohort through Training Records". *SportRxiv Preprints*, 27 jan. 2021. Disponível em: <https://doi.org/10.31236/osf.io/eq485>. Acesso em: 4 jun. 2024.

9. E. Jaques, "Death and the Mid-life Crisis". *International Journal of Psychoanalysis*, v. 46, 1965, pp. 502-14.

10. A. L. Alter e H. E. Hershfield, "People Search for Meaning When They Approach a New Decade in Chronological Age". *Proceedings of the National Academy of Sciences of the U. S. A.*, v. 111, 2014, pp. 17066-70.

11. B. Feiler, *Life Is in the Transitions*. Nova York: Penguin Press, 2020.

12. C. Self, "Chandler Self's Dallas Marathon". *Dashing Whippets* (blog), 18 dez. 2017. Disponível em: <https://www.dashingwhippets.org/2017/12/18/chandler-selfs-dallas-marathon-recap/>. Acesso em: 4 jun. 2024; "Stranger Carries Woman to Marathon Finish Line" (vídeo de Self desmoronando pouco antes da linha de chegada, visto mais de 4,5 milhões de vezes). *Inside Edition*, YouTube, 11 dez. 2017. Disponível em: <https://www.youtube.com/watch?v=-z9NqVYP0XI>. Acesso em: 4 jun. 2024.

13. H.-V. Ulmer, "Concept of an Extracellular Regulation of Muscular Metabolic Rate during Heavy Exercise in Humans by Psychophysiological Feedback". *Experientia*, v. 52, 1996, pp. 416-20; A. Hutchinson, "Covid-19 Is like Running a Marathon with No Finish Line. What Does Sports Science Say about How We Can Win It?". *Globe and Mail*, 21 nov. 2020. Disponível em: <https://www.theglobeandmail.com/opinion/article-covid-19-is-like-running-a-marathon-with-no-finish-line-what-does/>. Acesso em: 4 jun. 2024; G. Wingfield, F. Marino e M. Skein, "The Influence of Knowledge of Performance Endpoint on Pacing Strategies, Perception of Effort, and Neural Activity during 30-km Cycling Time Trials". *Physiological Reports*, v. 6, 2018, e13892; M. Katzir, E. Aviv e N. Liberman, "Cognitive Performance Is Enhanced If One Knows When the Task Will End". *Cognition*, v. 197, 2020, artigo 104189.

2. SIGA EM FRENTE [pp. 41-56]

1. Para saber mais sobre a história de Furuholmen e do a-ha, ver T. Gulbrandsen, "Morten Harket Threatened to Quit Due to the 'Take On Me' Riff" (trad. do original norueguês). *Underholdning*, 26 set. 2014. Disponível em: <https://www.tv2.no/a/6051904>. Acesso em: 4 jun. 2024; D. Kreps, "The Secret History of a-ha's Smash 'Take on Me'". *Rolling Stone*, 14 maio 2010. Disponível em:

<https://www.rollingstone.com/music/music-news/the-secret-history-of-a-has-smash-take-on-me-95480/>. Acesso em: 4 jun. 2024; a-ha, "Take On Me". YouTube, versão de 1984. Disponível em: <https://www.youtube.com/watch?v=liq-seNVvrM>. Acesso em: 4 jun. 2024; M. Millar, "Interview: a-ha Cofounder Magne Furuholmen on Third Solo Album, *White Xmas Lies*". XSNOIZE.com, 23 out. 2019. Disponível em: <https://www.xsnoize.com/interview-a-ha-co-founder-magne-furuholmen-on-third-solo-album-white-xmas-lies/>. Acesso em: 4 jun. 2024; Official Community of a-ha, *The Story So Far*, "Chapter 3".

2. B. J. Lucas e L. F. Nordgren, "The Creative Cliff Illusion", *Proceedings of the National Academy of Sciences of the U. S. A.*, v. 117, 2020, pp. 19830-6; B. J. Lucas e L. F. Nordgren, "People Underestimate the Value of Persistence for Creative Performance". *Journal of Personality and Social Psychology*, v. 109, 2015, pp. 232-43. Para saber mais sobre a criatividade, ver R. E. Beaty e P. J. Silvia, "Why Do Ideas Get More Creative across Time? An Executive Interpretation of the Serial Order Effect in Divergent Thinking Tasks". *Psychology of Aesthetics, Creativity, and the Arts*, v. 6, 2012, pp. 309-19. Para saber mais sobre insights e momentos heureca, ver J. Kounios e M. Beeman, "The Aha! Moment: The Cognitive Neuroscience of Insight". *Current Directions in Psychological Science*, v. 18, 2009, pp. 210-6; J. W. Schooler e J. Melcher, "The Ineffability of Insight". Em S. M. Smith, T. B. Ward e R. A. Finke (orgs.), *The Creative Cognition Approach*. Cambridge, EUA: MIT Press, 1995, pp. 97-133; T. M. Amabile, *Creativity in Context*. Boulder: Westview Press, 1996; A. Newell, J. C. Shaw e H. A. Simon, "The Processes of Creative Thinking". Artigo apresentado em um simpósio na Universidade do Colorado, 1958. Em *Contemporary Approaches to Creative Thinking*. Nova York: Atherton Press, 1962.

3. Décadas de pesquisa sugerem que adultos mais velhos superam o desempenho de mais jovens em muitas áreas em que a precocidade e a juventude costumam ser exaltadas. Ver, por exemplo, M. Gladwell, "Late Bloomers: Why Do We Equate Genius with Precocity?". *New Yorker*, 20 out. 2008. Disponível em: <https://www.newyorker.com/magazine/2008/10/20/late-bloomers-malcolm-gladwell>. Acesso em: 4 jun. 2024; J. Hamilton, "Study Makes Case for Late Bloomers". *All Things Considered*, NPR, 29 mar. 2006. Disponível em: <https://www.npr.org/2006/03/29/5310107/study-makes-case-for-late-bloomers>. Acesso em: 4 jun. 2024; K. Evers, "The Art of Blooming Late". *Harvard Business Review*, maio-jun. 2019. Disponível em: <https://hbr.org/2019/05/the-art-of-blooming-late>. Acesso em: 4 jun. 2024; B. Jones, E. J. Reedy e B. Weinberg, "Age and Scientific Genius". *NBER Working Paper Series*, n. 19866, 2014. Disponível em: <http://www.nber.org/papers/w19866>. Acesso em: 4 jun. 2024; J. M. Berg, "OneHit Wonders versus Hit Makers: Sustaining Success in Creative Industries". *Administrative Science Quarterly*, 2022; P. Azoulay et al., "Age and High-Growth Entrepreneurship". *American Economic Review: Insights*, v. 2, 2020, pp. 65-82; H. Zhao et al., "Age and Entrepreneurial Career Success: A Review and a Meta-Analysis". *Journal of Business Venturing*, v. 36, 2021, 106007; "Science Says This Is How Many Dates You Have to Go On Before You Find 'the One'". *Her*, s. d. Disponível em: <https://www.her.ie/life/whats-your-number-study-finds-the-average-number-of-dates-and-relationships-before-we-find-the-one-90330>. Acesso em: 4 jun. 2024; U. N. Sio e T. C. Ormerod, "Does Incubation Enhance Problem Solving? A Meta-Analytic Review". *Psychological Bulletin*, v. 135, 2009, pp. 94-120; H. C. Lehman, *Age and Achievement*. Princeton: Princeton University Press, 1953; D. T. Campbell, "Blind Variation and Selective Retentions in Creative Thought as in Other Knowledge Processes". *Psychological Review*, v. 67, 1960, pp. 380-400; D. K. Simonton, "Creative Productivity and Age: A

Mathematical Model Based on a Two-Step Cognitive Process". *Development Review*, v. 4, 1984, pp. 77-111; D. K. Simonton, "Age and Outstanding Achievement: What Do We Know after a Century of Research?". *Psychological Bulletin*, v. 104, 1988, pp. 251-67; A. Spitz e E. Horvát, "Measuring Long-Term Impact Based on Network Centrality: Unraveling Cinematic Citations". *PLoS ONE*, v. 9, 2014, e108857; B. Yucesoy et al., "Success in Books: A Big Data Approach to Bestsellers". *EPJ Data Science*, v. 7, 2018, p. 7; O. E. Williams, L. Lacasa e V. Latora, "Quantifying and Predicting Success in Show Business". *Nature Communications*, v. 10, 2019, pp. 1-8; R. Sinatra et al., "Quantifying the Evolution of Individual Scientific Impact". *Science*, v. 354, 2016, aaf5239.

4. M. Janosov, F. Battison e R. Sinatra, "Success and Luck in Creative Careers". *EPJ Data Science*, v. 9, 2020, pp. 1-12.

5. D. W. Weinberger, S. Ute e J. Weggem, "Having a Creative Day: Understanding Entrepreneurs' Daily Idea Generation through a Recovery Lens". *Journal of Business Venturing*, v. 33, 2018, pp. 1-19.

6. Para uma biografia abrangente, ver A. Smith, *Totally Wired: The Rise and Fall of Josh Harris and the Great Dotcom Swindle*. Nova York: Grove Press, 2012. Ver também o filme sobre Harris e sua empresa: O. Timoner (dir.), *We Live in Public*. Interloper Films, 2009.

3. ARMADILHAS E ISCAS [pp. 57-73]

1. Sobre como os nomes evoluem e por que costumam ser imitados, ver J. Berger et al., "From Karen to Katie: Using Baby Names to Understand Cultural Evolution". *Psychological Science*, v. 23, 2012, pp. 1067-73; J. Berger e G. Le Mens, "How Adoption Speed Affects the Abandonment of Cultural Tastes". *Proceedings of the National Academy of Sciences of the U. S. A.*, v. 106, 2009, pp. 8146-50.

2. Ver, por exemplo, T. Campbell, "The Monochrome: A History of Simplicity in Painting". *Artland Magazine*, s. d. Disponível em: <https://magazine.artland.com/the-monochrome-a-history-of-simplicity-in-painting/>. Acesso em: 5 jun. 2024.

3. Ver S. K. Watson, "Why Everything Eventually Becomes a Crab". *Popular Science*, 14 dez. 2020. Disponível em: <https://www.popsci.com/story/animals/why-everything-becomes-crab-meme-carcinization/>. Acesso em: 5 jun. 2024; J. Keiler, C. S. Wirkner e S. Richter, "One Hundred Years of Carcinization: The Evolution of the Crab-Like Habitus in Anomura (Arthropoda: Crustacea)". *Biological Journal of the Linnaean Society*, v. 121, 2017, pp. 200-22.

4. Ver S. Fussell, "Hollywood Keeps Using These Same Thirteen Movie Poster Clichés Over and Over Again". *Business Insider*, 19 maio 2016. Disponível em: <https://www.businessinsider.com/movie-poster-cliches-2016-5>. Acesso em: 5 jun. 2024.

5. J. Harkins, *Bridging Two Worlds: Aboriginal English and Crosscultural Understanding*. Brisbane: University of Queensland Press, 1994; D. Eades, "Communicative Strategies in Aboriginal English". Em S. Romaine (org.), *Language in Australia*. Cambridge, ING: Cambridge University Press, 1991, pp. 84-93; A. L. Alter, "Aborigines and Courtroom Communication: Problems and Solutions". *Australian Human Rights Centre Working Paper 2004/2*, 2004; *Rahman v. Minister for Immigration and Multicultural Affairs*. Suprema Corte da Austrália, McHugh e Callinan JJ, 10 mar. 2000, S136/1999. A pseudointeligibilidade também atormenta o e-mail e outras formas de comunicação escrita, nas quais tendemos a acreditar que sinais emocionais sutis são mais claros para o leitor do

que na verdade são. Ver J. Kruger et al., "Egocentrism over E-mail: Can We Communicate as Well as We Think?". *Journal of Personality and Social Psychology*, v. 89, 2005, pp. 925-36.

6. M. Fray, *This Is How Your Marriage Ends*. Nova York: Harper One, 2022; M. Fray, "The Marriage Lesson I Learned Too Late". *Atlantic*, 11 abr. 2022. Disponível em: <https://www.theatlantic.com/family/archive/2022/04/marriage-problems-fight-dishes/629526/>. Acesso em: 5 jun. 2024.

7. Tendemos a permitir que ferimentos menores — tanto psicológicos como físicos — infeccionem, ao passo que tratamos ferimentos maiores quase de imediato: D. T. Gilbert et al., "The Peculiar Longevity of Things Not So Bad". *Psychological Science*, v. 15, 2004, pp. 14-9.

8. Ver, por exemplo, "The A, C, and D of Aircraft Maintenance". Qantas.com.au, 18 jul. 2016. Disponível em: <https://www.qantasnewsroom.com.au/roo-tales/the-a-c-and-d-of-aircraft-maintenance/>. Acesso em: 5 jun. 2024; H. Kinnison e T. Siddiqui, *Aviation Maintenance Management*. 2 ed. Nova York: McGraw-Hill, 2011. Para saber mais sobre os fundamentos da manutenção preventiva em engenharia, ver D. Stangier e R. Smith, *Preventive Maintenance Made Simple*. Reliabilityweb.com, 2016.

9. Sobre o bug do milênio, as previsões de Bemer e o papel da intervenção precoce para prevenir o que de outro modo poderia ter sido um grande desastre, ver M. Stroh, "Programmer Saw Y2K Bug Coming". *Baltimore Sun*, 25 abr. 1999; F. Uenuma, "Twenty Years Later the Y2K Bug Seems like a Joke — Because Those behind the Scenes Took It Seriously". *Time*, 30 dez. 2019. Disponível em: <https://time.com/5752129/y2k-bug-history/>. Acesso em: 5 jun. 2024; N. Oren, "If You Think the Millennium Bug Was a Hoax, Here Comes a History Lesson". *Conversation*, 30 dez. 2019. Disponível em: <https://theconversation.com/if-you-think-the-millennium-bug-was-a-hoax-here-comes-a-history-lesson-129042>. Acesso em: 5 jun. 2024; Z. Loeb, "The Lessons of Y2K, 20 Years Later: Y2K Became a Punchline, but Twenty Years Ago We Averted Disaster". *Washington Post*, 30 dez. 2019. Disponível em: <https://www.washingtonpost.com/outlook/2019/12/30/lessons-yk-years-later/>. Acesso em: 5 jun. 2024; P. Sullivan, "Computer Pioneer Bob Bemer; 84". *Washington Post*, 25 jun. 2004. Disponível em: <https://www.washingtonpost.com/archive/local/2004/06/25/computer-pioneer-bob-bemer-84/d7a31166-b00f-48b5-b7cc-d53bf106f194/>. Acesso em: 5 jun. 2024; "Bob Bemer, 84; Helped Code Computer Language". *Los Angeles Times*, 27 jun. 2004. Disponível em: <https://www.latimes.com/archives/la-xpm-2004-jun-27-me-bemer27-story.html>. Acesso em: 5 jun. 2024; D. Williamson, "Y2K: Nightmare or Inconvenience?". *Kitsap Sun*, 29 jun. 1999.

10. "Prudential: Your Brain Is to Blame; Episode One: Your Future Self", video. Disponível em: <https://www.dailymotion.com/video/x1121u1>. Acesso em: 5 jun. 2024. Sobre a tendência humana a priorizar seu atual eu em detrimento de seus eus futuros, ver H. E. Hershfield et al., "Increasing Saving Behavior through Age-Progressed Renderings of the Future Self". *Journal of Marketing Research*, v. 48, 2011, S23-S27; K. Keidel et al., "Individual Differences in Intertemporal Choice". *Frontiers in Psychology*, v. 12, 2021, 643670; G. W. Harrison, M. I. Lau e M. B. Williams, "Estimating Individual Discount Rates in Denmark: A Field Experiment". *American Economic Review*, v. 92, 2002, pp. 1606-17.

4. EXPIRE [pp. 77-92]

1. Ver, por exemplo, J. Hill, "Green with Anger". *Guardian*, 17 jul. 2003. Disponível em: <https://www.theguardian.com/film/2003/jul/17/comment.features>. Acesso em: 5 jun. 2024;

A. Liptak, "The Incredible Hulk Was Inspired by a Woman Saving Her Baby". *Gizmodo*, 30 ago. 2015. Disponível em: <https://gizmodo.com/the-incredible-hulk-was-inspired-by-a-woman-saving-her-1727562968>. Acesso em: 5 jun. 2024.

2. J. Pareles, "Miles Davis, Trumpeter, Dies; Jazz Genius, 65, Defined Cool". *New York Times*, 29 set. 1991. Disponível em: <https://www.nytimes.com/1991/09/29/nyregion/miles-davis-trumpeter-dies-jazz-genius-65-defined-cool.html>. Acesso em: 5 jun. 2024.

3. "Miles Davis Angry at Herbie Hancock". *Urban Sense*, 31 mar. 2017. Disponível em: <https://www.youtube.com/watch?v=sUG0P7tcCto&t>. Acesso em: 5 jun. 2024.

4. Hancock descreve essa experiência no vídeo "Herbie Hancock Highlights Early Moments Working with Miles Davis". SiriusXM, 4 nov. 2014. Disponível em: <https://www.youtube.com/watch?v=hUYS2av5zdM>. Acesso em: 5 jun. 2024.

5. L. Applebaum, "Interview with John McLaughlin (Conclusion)". Let's Cool One: Musings about Music, 12 abr. 2013. Disponível em: <https://larryappelbaum.wordpress.com/2013/04/12/interview-with-john-mclaughlin-conclusion/>. Acesso em: 6 jun. 2024.

6. L. A. Dugatkin, "Tendency to Inspect Predators Predicts Mortality Risk in the Guppy (*Poecilia reticulata*)". *Behavioral Ecology*, v. 3, 1992, pp. 124-7.

7. A. L. Alter et al., "Rising to the Threat: Reducing Stereotype Threat by Reframing the Threat as a Challenge". *Journal of Experimental Social Psychology*, v. 46, 2010, pp. 166-71.

8. T. Brach, *Radical Acceptance: Embracing Your Life with the Heart of a Buddha*. Nova York: Random House, 2004.

9. H. A. Simon, "Rational Choice and the Structure of the Environment". *Psychological Review*, v. 63, 1956, pp. 129-38. Ver também H. A. Simon, "A Behavioral Model of Rational Choice". *Quarterly Journal of Economics*, v. 59, 1955, pp. 99-118.

10. B. Schwartz et al., "Maximizing versus Satisficing: Happiness Is a Matter of Choice". *Journal of Personality and Social Psychology*, v. 83, 2002, pp. 1178-97; B. Schwartz e A. Ward, "Doing Better but Feeling Worse: The Paradox of Choice". Em P. A. Linley e S. Joseph (org.), *Positive Psychology in Practice*. Hoboken: John Wiley and Sons, 2004, pp. 86-104.

11. M. Burgess, M. E. Enzle e R. Schmalz, "Defeating the Potentially Deleterious Effects of Externally Imposed Deadlines: Practitioners' Rules-of-Thumb". *Personality and Social Psychology Bulletin*, v. 30, 2004, pp. 868-77.

12. Sobre perfeccionismo, ver C. Aschwanden, "Perfectionism Is Killing Us". *Vox*, 5 dez. 2019. Disponível em: <https://www.vox.com/the-highlight/2019/11/27/20975989/perfect-mental-health-perfectionism>. Acesso em: 6 jun. 2024; P. L. Hewitt, G. L. Flett e S. F. Mikail, *Perfectionism: A Relational Approach to Conceptualization, Assessment, and Treatment*. Nova York: Guilford Press, 2017; K. Limburg et al., "The Relationship between Perfectionism and Psychopathology: A Meta-Analysis". *Journal of Clinical Psychology*, v. 73, 2017, pp. 1301-26; T. Curran e A. P. Hill, "Perfectionism Is Increasing over Time: A Meta-Analysis of Birth Cohort Differences from 1989 to 2016". *Psychological Bulletin*, v. 145, 2019, pp. 410-29.

13. Ver, por exemplo, L. FeldmanBarrett, "Buddhists in Love: Lovers Crave Intensity, Buddhists Say Craving Causes Suffering. Is It Possible to Be Deeply in Love Yet Truly Detached?". *Aeon*, 4 jun. 2018. Disponível em: <https://aeon.co/essays/does-buddhist-detachment-allow-for-a-healthier-togetherness>. Acesso em: 6 jun. 2024; T. Brach, *Radical Acceptance: Embracing Your Life with the Heart of a Buddha*. Nova York: Bantam, 2003; T. Brach, "Radical Acceptance Revisited". YouTube,

2015. Disponível em: <https://www.youtube.com/watch?v=vFr_zQCUMD4>. Acesso em: 6 jun. 2024; T. N. Hanh, *How to Relax*. Berkeley: Parallax Press, 2015. Para aplicações da psicologia e da psiquiatria ocidentais, ver Georg H. Eifert e John P. Forsyth, *Acceptance & Commitment Therapy for Anxiety Disorders: A Practitioner's Treatment Guide to Using Mindfulness, Acceptance, and Values-Based Behavior Change Strategies*. Oakland: New Harbinger, 2005; R. Whitehead, G. Bates e B. Elphinstone, "Growing by Letting Go: Nonattachment and Mindfulness as Qualities of Advanced Psychological Development". *Journal of Adult Development*, v. 27, 2020, pp. 12-22. Ver também A. L. Alter, "Do the Poor Have More Meaningful Lives?". *New Yorker*, 24 jan. 2014. Disponível em: <https://www.newyorker.com/business/currency/do-the-poor-have-more-meaningful-lives>. Acesso em: 6 jun. 2024.

14. J. Safran Foer, *Eating Animals*. Nova York: Hachette, 2009. [Ed. bras.: *Comer animais*. Rio de Janeiro: Rocco, 2011.]

5. PAUSE ANTES DE DAR PLAY [pp. 93-107]

1. E. Bretland, "Lionel Messi's Habit of Being Sick during Matches Is Down to Nerves, Claims Argentina Coach Alejandro Sabella". *Daily Mail*, 11 jun. 2014. Disponível em: <https://www.dailymail.co.uk/sport/worldcup2014/article-2655113/Lionel-Messis-habit-sick-matches-nerves-claims-Argentina-coach-Alejandro-Sabella.html>. Acesso em: 6 jun. 2024; S. Pisani, "Messi: Argentina Struggled with Nervousness in First Game Back". *Goal*, 9 out. 2020. Disponível em: <https://www.goal.com/en-kw/news/messi-argentina-struggled-with-nervousness-in-first-game/1p341ly f5uap31nijrhi1azq3d>. Acesso em: 6 jun. 2024; "Diego Maradona: Lionel Messi Is No Leader, He Goes to Toilet 20 Times before a Game". *ESPN*, 13 out. 2018. Disponível em: <https://www.espn.com/soccer/argentina/story/3668443/diego-maradona-lionel-messi-is-no-leader-he-goes-to-toilet-20-times-before-a-game>. Acesso em: 6 jun. 2024; C. Pellatt, "Lionel Messi Has Visited a Specialist Doctor to Stop Him from Vomiting on the Pitch". *Complex UK*, 24 abr. 2015. Disponível em: <https://www.complex.com/sports/2015/04/lionel-messi-vomit>. Acesso em: 6 jun. 2024; N. Elliott, "Lionel Messi Deliberately Does Nothing for the First Five Minutes of Every Game… and It Works". *Dream Team FC*, 2 maio 2019. Disponível em: <https://www.dreamteamfc.com/c/news-gossip/446751/lionel-messi-five-minutes-barcelona/>; "Why Messi Doesn't Touch the Ball in the First Five Minutes". *Goalside!*, 27 ago. 2019. Disponível em: <https://www.youtube.com/watch?v=HP3r4SUvyFY>. Acesso em: 6 jun. 2024.

2. "The Andre Agassi Interview: Beat Boris Becker by Observing His Tongue". *Tomorrow Beckons*, 14 abr. 2017. Disponível em: <https://www.youtube.com/watch?v=ja6HeLB3kwY>. Acesso em: 6 jun. 2024.

3. Ver, por exemplo, T. Brach, "The Sacred Pause". *Psychology Today*, 4 dez. 2014. Disponível em: <https://www.psychologytoday.com/us/blog/finding-true-refuge/201412/the-sacred-pause>. Acesso em: 6 jun. 2024; T. Brach, *Radical Acceptance: Embracing Your Life with the Heart of a Buddha*. Nova York: Random House, 2004. Para saber mais sobre o valor do silêncio e da deliberação, ver J. R. Curhan et al., "Silence Is Golden: Extended Silence, Deliberative Mindset, and Value Creation in Negotiation". *Journal of Applied Psychology*, v. 107, 2022, pp. 78-94.

4. T. Wolfe, *The Right Stuff*. Nova York: Farrar, Straus and Giroux, 1979.

5. P. Simon, "Isn't It Rich?". *New York Times Book Review*, 31 out. 2010. Disponível em: <https://www.nytimes.com/2010/10/31/books/review/Simon-t.html>. Acesso em: 6 jun. 2024. Sobre o

valor de pausar e desacelerar, ver F. Partnoy, *Wait: The Art and Science of Delay*. Nova York: Public Affairs, 2012.

6. "Blazing Saddles... You Know, Morons". 099tuber1, 26 jul. 2009. Disponível em: <https://www.youtube.com/watch?v=KHJbSvidohg>. Acesso em: 6 jun. 2024.

7. J. A. Brewer, *The Craving Mind: From Cigarettes to Smartphones to Love — Why We Get Hooked and How We Can Break Bad Habits*. New Haven: Yale University Press, 2017; A. L. Alter, "Review: On Mindfulness as an Alternative to Mindless Modern Consumption". *American Journal of Psychology*, v. 131, 2018, pp. 510-3.

8. Para um resumo do experimento, que foi amplamente discutido, mas nunca publicado, ver M. Luo, "Excuse Me, May I Have Your Seat?". *New York Times*, 14 set. 2004. Disponível em: <https://www.nytimes.com/2004/09/14/nyregion/excuse-me-may-i-have-your-seat.html>. Acesso em: 6 jun. 2024.

9. G. Raz, "Alex Honnold: How Much Can Preparation Mitigate Risk?". *TED Radio Hour*, NPR, 8 nov. 2019. Disponível em: <https://www.npr.org/transcripts/774089221>. Acesso em: 6 jun. 2024. Ver também J. Chin e E. C. Vasarhelyi, diretores, *Free Solo*. National Geographic Films, 2018.

6. FALHANDO DIREITO [pp. 108-24]

1. C. Peterson-Withorn, "Birth of the Forbes 400: The Story behind Forbes' First Rich List". *Forbes*, 19 set. 2017. Disponível em: <https://www.forbes.com/sites/chasewithorn/2017/09/19/birth-of-the-forbes-400-the-story-behind-forbes-first-rich-list>. Acesso em: 7 jun. 2024.

2. Sobre os benefícios de falhar, ver S. Johnson, "The '85% Rule'. Why a Dose of Failure Optimizes Learning". *Big Think*, 8 jan. 2020. Disponível em: <https://bigthink.com/personal-growth/learning-failure>. Acesso em: 7 jun. 2024; M. Housel, "Casualties of Perfection". *Collaborative Fund*, 30 jun. 2021. Disponível em: <https://www.collaborativefund.com/blog/inefficient/>; L. Babauta, "The Number One Habit of Highly Creative People". *Zen Habits* (blog), s. d. Disponível em: <https://zenhabits.net/creative-habit/>. Acesso em: 7 jun. 2024; T. Dufu, *Drop the Ball: Achieving More by Doing Less*. Nova York: Flatiron Books, 2017; M. Cassotti et al., "What Have We Learned about the Processes Involved in the Iowa Gambling Task from Developmental Studies?". *Frontiers of Psychology*, v. 5, 2014, pp. 915.

3. R. C. Wilson et al., "The Eighty-Five Percent Rule for Optimal Learning". *Nature Communications*, v. 10, 2019, p. 4646.

4. J. Gertner, "The Fall and Rise of Iridium", *Wall Street Journal*, 3 jun. 2016. Disponível em: <https://www.wsj.com/articles/the-fall-and-rise-of-iridium-1464980784>. Acesso em: 7 jun. 2024.

5. J. Gilbert, *Refusing Heaven*. Nova York: Alfred A. Knopf, 2005.

6. O ser humano tende a prestar mais atenção nas perdas e ameaças do que nos ganhos. Ver, por exemplo, A. Dijksterhuis e H. Aarts, "On Wildebeests and Humans: The Preferential Detection of Negative Stimuli". *Psychological Science*, v. 14, 2003, pp. 14-8; G. S. Blum, "An Experimental Reunion of Psychoanalytic Theory with Perceptual Vigilance and Defense". *Journal of Abnormal and Social Psychology*, v. 49, 1954, pp. 94-8; F. Pratto e O. P. John, "Automatic Vigilance: The Attention-Grabbing Power of Negative Social Information". *Journal of Personality and Social Psychology*, v. 61, 1991, pp. 380-91; D. Wentura, K. Rothermund e P. Bak, "Automatic Vigilance:

The Attention-Grabbing Power of Approachand Avoidance-Related Social Information". *Journal of Personality and Social Psychology*, v. 78, 2000, pp. 1024-37.

7. Z. Melton, "This Is the Clever Mental Trick Phil Mickelson Uses to Keep His Mind Sharp". *Golf*, 21 maio 2021. Disponível em: <https://golf.com/instruction/clever-mental-trick-phil-mickelson-pga-championship/>. Acesso em: 7 jun. 2024.

8. H. B. Kappes et al., "Difficult Training Improves Team Performance: An Empirical Case Study of US College Basketball". *Behavioural Public Policy*, v. 3, 2019, pp. 1-24.

9. S. Choi et al., "How Does AI Improve Human Decision-Making? Evidence from the AI-Powered Go Program", abr. 2022. Disponível em: <https://hyokang.com/assets/pdf/CKKK-AI-Go.pdf>. Acesso em: 7 jun. 2024.

10. *Crush Your Comfort Zone and Become Who You're Meant to Be*. Nova York: Sourcebooks, 2020. A lista de medos de Poler (e os vídeos que acompanham cada um) estão disponíveis em: <http://100dayswithoutfear.com/list>. Acesso em: 7 jun. 2024.

11. A. L. Alter, D. M. Oppenheimer e J. C. Zemla, "Missing the Trees for the Forest: A Construal Level Account of the Illusion of Explanatory Depth". *Journal of Personality and Social Psychology*, v. 99, 2010, pp. 436-51; L. Rozenblit e F. Keil, "The Misunderstood Limits of Folk Science: An Illusion of Explanatory Depth". *Cognitive Science*, v. 26, 2002, pp. 521-62.

12. K. M. Myers e M. Davis, "Mechanisms of Fear Extinction". *Molecular Psychiatry*, v. 12, 2007, pp. 120-50; I. Marks, "Exposure Therapy for Phobias and Obsessive-Compulsive Disorders". *Hospital Practice*, v. 14, 1979, pp. 101-8; T. D. Parsons e A. A. Rizzo, "Affective Outcomes of Virtual Reality Exposure Therapy for Anxiety and Specific Phobias: A Meta-Analysis". *Journal of Behavior Therapy and Experimental Psychiatry*, v. 39, 2008, pp. 250-61.

13. P. Caldarella et al., "Effects of Teachers' Praise-to-Reprimand Ratios on Elementary Students' On-Task Behaviour". *Educational Psychology*, v. 40, 2020, pp. 1306-22.

14. E. L. Carleton et al., "Scarred for the Rest of My Career? Career-Long Effects of Abusive Leadership on Professional Athlete Aggression and Task Performance". *Journal of Sports and Exercise Psychology*, v. 38, 2016, pp. 409-22. Em outras áreas, ver M. A. Yukhymenko-Lescroart, M. E. Brown e T. S. Paskus, "The Relationship between Ethical and Abusive Coaching Behaviors and Student-Athlete Well-Being". *Sport, Exercise, and Performance Psychology*, v. 4, 2015, pp. 36-49; E. N. Smith, M. D. Young e A. J. Crum, "Stress, Mindsets, and Success in Navy SEALs Special Warfare Training". *Frontiers in Psychology*, v. 10, 2020, pp. 2962; J. P. Jamieson et al., "Optimizing Stress Responses with Reappraisal and Mindset Interventions: An Integrated Model". *Anxiety, Stress and Coping*, v. 31, 2018, pp. 245-61; A. J. Crum et al., "The Role of Stress Mindset in Shaping Cognitive, Emotional, and Physiological Responses to Challenging and Threatening Stress". *Anxiety, Stress and Coping*, v. 30, 2017, pp. 379-95; A. J. Crum, P. Salovey e S. Achor, "Rethinking Stress: The Role of Mindsets in Determining the Stress Response". *Journal of Personality and Social Psychology*, v. 104, 2013, pp. 716-33.

15. Para um bom resumo sobre a pesquisa de RBU, ver S. Samuel, "Everywhere Basic Income Has Been Tried, in One Map". *Vox*, 20 out. 2020. Disponível em: <https://www.vox.com/future-perfect/2020/2/19/21112570/universal-basic-income-ubi-map>. Acesso em: 7 jun. 2024; E. Hayden, "J. K. Rowling Chats with Jon Stewart about Welfare and Why America Needs 'a Monarch'". *Hollywood Reporter*, 16 out. 2012. Disponível em: <https://www.hollywoodreporter.com/tv/tv-news/jk-rowling-chats-jon-stewart-casual-vacancy-379302/>. Acesso em: 7 jun. 2024; D. McKenzie,

"Identifying and Spurring High-Growth Entrepreneurship: Experimental Evidence from a Business Plan Competition". *American Economic Review*, v. 107, 2017, pp. 2278-307; B. Watson, "A B. C. Research Project Gave Homeless People $7,500 Each — the Results Were 'Beautifully Surprising'". *CBC*, 7 out. 2020. Disponível em: <https://www.cbc.ca/news/canada/british-columbia/new-leaf-project-results-1.5752714>. Acesso em: 7 jun. 2024; S. Sigal, "Finland Gave People Free Money. It Didn't Help Them Get Jobs — but Does That Matter?". *Vox*, 9 fev. 2019. Disponível em: <https://www.vox.com/future-perfect/2019/2/9/18217566/finland-basic-income>. Acesso em: 7 jun. 2024.

7. AUDITORIAS DE ATRITO E A ARTE DA SIMPLIFICAÇÃO [pp. 127-45]

1. R. Dalton e N. Dalton, "How to Escape a Maze — According to Science". *Conversation*, 26 jan. 2017. Disponível em: <https://theconversation.com/how-to-escape-a-maze-according-to-maths-71582>. Acesso em: 10 jun. 2024; N. Geiling, "The Winding History of the Maze". *Smithsonian Magazine*, 31 jul. 2014. Disponível em: <https://www.smithsonianmag.com/travel/winding-history-maze-180951998/>. Acesso em: 10 jun. 2024.
2. R. Eveleth, "There Are 37.2 Trillion Cells in Your Body", *Smithsonian Magazine*, 24 out. 2013. Disponível em: <https://www.smithsonianmag.com/smart-news/there-are-372-trillion-cells-in-your-body-4941473/>.
3. R. Eveleth, "There Are 37.2 Trillion Cells in Your Body". *Smithsonian Magazine*, 24 out. 2013. Disponível em: <https://www.smithsonianmag.com/smart-news/there-are-372-trillion-cells-in-your-body-4941473/>. Acesso em: 10 jun. 2024.
4. "The Real Dr. House". *Discover*, 19 jul. 2007. Disponível em: <https://www.discovermagazine.com/environment/the-real-dr-house>. Acesso em: 10 jun. 2024. Sobre simplicidade e aprender a pensar, ver A. L. Alter, "Popular Science". *Point*, 12 jun. 2014. Disponível em: <https://thepointmag.com/criticism/popular-science/>. Acesso em: 10 jun. 2024; D. Ponka e M. Kirlew, "Top 10 Differential Diagnoses in Family Medicine: Cough". *Canadian Family Physician*, v. 53, 2007, pp. 690-1.
5. C. Lamar, "The 22 Rules of Storytelling, According to Pixar". *Gizmodo*, 8 jun. 2012. Disponível em: <https://gizmodo.com/the-22-rules-of-storytelling-according-to-pixar-5916970>. Acesso em: 10 jun. 2024; K. Miyamoto, "10 Screenplay Structures That Screenwriters Can Use". *Screencraft*, 16 jan. 2018. Disponível em: <https://screencraft.org/2018/01/16/10-screenplay-structures-that-screenwriters-can-use/>. Acesso em: 10 jun. 2024.
6. H. Hale, "But... Therefore... ", YouTube, 2 mar. 2018. Disponível em: <https://www.youtube.com/watch?v=j9jEg9uiLOU>. Acesso em: 10 jun. 2024.
7. L. Klotz, *Subtract: The Untapped Science of Less*. Nova York: Flatiron Books, 2021. Ver também L. Klotz, "Subtract: Why Getting to Less Can Mean Thinking More". *Behavioral Scientist*, 12 abr. 2021. Disponível em: <https://behavioralscientist.org/subtract-why-getting-to-less-can-mean-thinking-more/>. Acesso em: 10 jun. 2024; G. S. Adams et al., "People Systematically Overlook Subtractive Changes". *Nature*, v. 592, 2021, pp. 258-61.
8. Disponível em: <https://twitter.com/lawnrocket>. Acesso em: 10 jun. 2024.
9. P. Hansen, "Embrace the Shake". TED, s. d. Disponível em: <https://www.ted.com/talks/phil_hansen_embrace_the_shake>. Acesso em: 10 jun. 2024. Ver também o site de Hansen: <https://www.philinthecircle.com/>.

10. J. S. Chen e P. Garg, "Dancing with the Stars: Benefits of a Star Employee's Temporary Absence for Organizational Performance". *Strategic Management Journal*, v. 39, 2018, pp. 1239-67.

11. T. Vanderbilt, "The Pandemic Gives Us a Chance to Change How We Get Around". *Wired*, 2 dez. 2020. Disponível em: <https://www.wired.com/story/cities-micro-mobility/>. Acesso em: 10 jun. 2024; S. Larcom, F. Rauch e T. Willems, "The Benefits of Forced Experimentation: Striking Evidence from the London Underground Network". *Quarterly Journal of Economics*, v. 132, 2017, pp. 1969-2018.

12. Ver, por exemplo, T. Popomaronis, "Warren Buffett Loves Teaching This '20-Slot' Rule at Business Schools — and It's Not Just about Getting Rich". *CNBC*, 28 maio 2020. Disponível em: <https://www.cnbc.com/2020/05/28/billionaire-warren-buffett-teaches-this-20-slot-rule-to-getting-rich-at-business-schools.html>. Acesso em: 10 jun. 2024; E. Kaplan, "Why Warren Buffett's '20-Slot Rule' Will Make You Insanely Successful and Wealthy". *Inc.*, 22 jul. 2016. Disponível em: <https://www.inc.com/elle-kaplan/why-warren-buffett-s-20-slot-rule-will-make-you-insanely-wealthy-and-successful.html>. Acesso em: 10 jun. 2024; P. W. Kunhardt (dir.), *Becoming Warren Buffett* (vídeo on-line). HBO, 2017; M. Housel, *The Psychology of Money*. Londres: Harriman House, 2021. [Ed. bras.: *Psicologia financeira*. Rio de Janeiro: HarperCollins, 2021.]

13. N. Siegal, "Black Is Still the Only Color for Pierre Soulages". *New York Times*, 29 nov. 2019. Disponível em: <https://www.nytimes.com/2019/11/29/arts/design/pierre-soulages-louvre.html>. Acesso em: 10 jun. 2024. Mais amplamente sobre como restringir inspira a inovação, ver O. A. Acar, M. Tarakci e D. van Knippenberg, "Why Constraints Are Good for Innovation". *Harvard Business Review*, 22 nov. 2019. Disponível em: <https://hbr.org/2019/11/why-constraints-are-good-for-innovation>. Acesso em: 10 jun. 2024.

8. RECOMBINAÇÕES E GUINADAS [pp. 146-64]

1. Essa seção sobre Bob Dylan se baseia muito em D. Garner, "Remember Odetta, Whose Powerful Voice Met a Powerful Moment". *New York Times*, 24 ago. 2020. Disponível em: <https://www.nytimes.com/2020/08/24/books/review-odetta-biography-ian-zack-one-grain-of-sand-matthew-frye-jacobson.html>. Acesso em: 11 jun. 2024; e K. Ferguson, "Everything Is a Remix, Part 1 (2021)". YouTube, 7 set. 2021. Disponível em: <https://www.youtube.com/watch?v=MZ2GuvUWaP8>. Acesso em: 11 jun. 2024. Desde 2010, os vídeos de Ferguson no YouTube catalogam em que medida a cultura moderna, em particular a música, faz empréstimos do passado. C. Heylin, *Bob Dylan: Behind the Shades, the Biography — Take Two*. Londres: Penguin, 2001; S. P. Farrell, "Last Word: Odetta". *New York Times*, 2 dez. 2008. Disponível em: <https://www.nytimes.com/video/arts/music/1194832844841/last-word-odetta.html>. Acesso em: 11 jun. 2024; A. Billet, "Charleston, Juneteenth and 'No More Auction Block for Me'". *Red Wedge*, 19 jun. 2015. Disponível em: <http://www.redwedgemagazine.com/atonal-notes/charleston-juneteenth-and-no-more-auction-block-for-me>. Acesso em: 11 jun. 2024; M. Haddon, "Matrices of 'Love and Theft': Joan Baez Imitates Bob Dylan". *Twentieth Century Music*, v. 18, 2021, pp. 249-79.

2. A. S. Brown e D. R. Murphy, "Cryptomnesia: Delineating Inadvertent Plagiarism". *Journal of Experimental Psychology: Learning, Memory, and Cognition*, v. 15, 1989, pp. 432-42; J. Preston e D. M. Wegner, "The Eureka Error: Inadvertent Plagiarism by Misattributions of Effort". *Journal of Personality and Social Psychology*, v. 92, 2007, pp. 575-84.

3. D. Grohl (dir.), *From Cradle to Stage*. Live Nation Productions, 2021.

4. Ver, por exemplo, D. Pogue, "Brilliant Ideas That Found a Welcome". *New York Times*, 28 dez. 2006. Disponível em: <https://www.nytimes.com/2006/12/28/technology/28pogue.html>. Acesso em: 11 jun. 2024; K. Terrell, "AARP Study: Americans 50 and Older Would Be World's Third-Largest Economy". AARP, 19 dez. 2019. Disponível em: <https://www.aarp.org/politics-society/advocacy/info-2019/older-americans-economic-impact-growth.html>. Acesso em: 11 jun. 2024; R. Booth, "Young Adults Have Less to Spend on Non-essentials, Study Says". *Guardian*, 19 jun. 2019. Disponível em: <https://www.theguardian.com/inequality/2019/jun/20/young-adults-have-less-to-spend-on-non-essentials-study-says>. Acesso em: 11 jun. 2024; L. Gardiner, "Life as a Millennial Is Far Less Extravagant Than You Might Think". Resolution Foundation, 20 jun. 2019. Disponível em: <https://www.resolutionfoundation.org/comment/life-as-a-millennial-is-far-less-extravagant-than-you-might-think/>. Acesso em: 11 jun. 2024; L. Judge, "Young People Are No Longer Footloose and Fancy Free — and Rent Rises Are to Blame". Resolution Foundation, 6 jun. 2019. Disponível em: <https://www.resolutionfoundation.org/comment/young-people-are-no-longer-footloose-and-fancy-free-and-rent-rises-are-to-blame/>. Acesso em: 11 jun. 2024; C. Ford, "Arlene Harris". YouTube, 10 out. 2011. Disponível em: <https://www.youtube.com/watch?v=tKyYLfKGxI4>. Acesso em: 11 jun. 2024.

5. Ruggie, <https://ruggie.co/>.

6. Descrição do pós-play da TechCrunch: R. Lawler, "Netflix Launches Post-Play, So You Never Have to Interrupt TV or Movie Marathons". TechCrunch, 15 ago. 2012. Disponível em: <https://techcrunch.com/2012/08/15/netflix-post-play/>. Acesso em: 11 jun. 2024.

7. A. L. Alter, *Irresistible: The Rise of Addictive Technology and the Business of Keeping Us Hooked*. Nova York: Penguin, 2017. [Ed. bras.: *Irresistível*. Rio de Janeiro: Objetiva, 2018.]

8. Sobre dar uma guinada dessas nos negócios, ver P. K. Chintagunta, "Let Your Customers Tell You When to Pivot". *Chicago Booth Review*, 20 jan. 2020. Disponível em: <https://www.chicagobooth.edu/review/let-your-customers-tell-you-when-pivot>. Acesso em: 11 jun. 2024; S. J. Anderson, P. K. Chintagunta e N. Vilcassim, "Connections across Markets: Stimulating Business Model Innovation and Examining the Impact on Firm Sales in Uganda". Working paper, 2021.

9. Ver, por exemplo, "How to Hold a Golf Club: The Proper Grip". *Golf*, 25 abr. 2019. Disponível em: <https://golf.com/instruction/how-to-hold-a-golf-club-the-proper-golf-grip/>. Acesso em: 11 jun. 2024.

10. Ver, por exemplo, M. Reynolds, "Viagra Can Teach Us a Lot about Treating Rare Diseases". *Wired UK*, 7 out. 2021. Disponível em: <https://www.wired.co.uk/article/healx-rare-diseases>. Acesso em: 11 jun. 2024. A história da origem do Viagra não é incomum na indústria farmacêutica. Entre outros exemplos, um ensaio clínico recente descobriu que um medicamento para artrite chamado Ilaris era um remédio efetivo para cardiopatia. Em 2008, os pesquisadores descobriram que um medicamento para glaucoma, usado para tratar pressão alta no olho, também engrossava os cílios. Ele foi comercializado como Latisse, tendo os mesmos componentes básicos aprovados para dois usos muito diferentes. O tratamento de calvície Propecia tem uma história similar: o medicamento foi usado para tratar anormalidades na próstata e os pacientes notaram que o cabelo crescia mais grosso e forte após o uso. Em cada um desses casos, foi preciso alguém como Brown para perceber e adotar a ideia de que o medicamento poderia ter um uso além do imaginado. Ver K. E. Foley, "Viagra's Famously Surprising Origin Story Is Actually a Pretty Common Way to Find New

Drugs". *Quartz*, 10 set. 2017. Disponível em: <https://qz.com/1070732/viagras-famously-surprising-origin-story-is-actually-a-pretty-common-way-to-find-new-drugs/>. Acesso em: 11 jun. 2024.

11. "William Wrigley Dies at 70". *New York Times*, 27 jan. 1932. Disponível em: <https://www.nytimes.com/1932/01/27/archives/william-wrigley-dies-at-age-of-70-chicagoan-who-made-millions-from.html>. Acesso em: 11 jun. 2024.

12. B. Bracken, "TV, or Not TV: The Story of Our Bike Box". Inside VanMoof, 5 ago. 2019. Disponível em: <https://www.vanmoof.com/blog/en/tv-bike-box>. Acesso em: 11 jun. 2024; J. Prisco, "This Box Protects Your $3,000 Bike during Shipping". *CNN Business*, 3 out. 2017. Disponível em: <https://money.cnn.com/2017/10/03/smallbusiness/vanmoof-bike-box-tv/index.html>. Acesso em: 11 jun. 2024.

13. Para saber mais sobre essa ideia, ver o excelente livro de Adam Grant, *Think Again*. Nova York: Viking, 2021. [Ed. bras.: *Pense de novo*. Rio de Janeiro: Sextante, 2021.]

14. Y. J. Kim e C.-B Zhong, "Ideas Rise from Chaos: Information Structure and Creativity". *Organizational Behavior and Human Decision Processes*, v. 138, 2017, pp. 15-27. Ver também H. A. Simon, *The Architecture of Complexity*. Cambridge, EUA: MIT Press, 1962.

15. R. Beato, "What Makes This Song Great? — Ep. 105 Seal". YouTube, 8 jun. 2021. Disponível em: <https://www.youtube.com/watch?v=Hhgoli8klLA>. Acesso em: 11 jun. 2024.

16. R. Beato, "The Sting Interview". YouTube, 18 nov. 2021. Disponível em: <https://www.youtube.com/watch?v=efRQh2vspVc>. Acesso em: 11 jun. 2024.

9. DIVERSIDADE E COLABORAÇÃO COLETIVA [pp. 165-82]

1. Ver G. Soda, P. V. Mannucci e R. S. Burt, "Networks, Creativity, and Time: Staying Creative through Brokerage and Network Rejuvenation". *Academy of Management Journal*, v. 64, 2021, pp. 1164-90; J. Surowiecki, *Wisdom of Crowds*. Nova York: Anchor Books, 2004; R. S. Burt, "Structural Holes and Good Ideas". *American Journal of Sociology*, v. 110, 2004, pp. 349-99.

2. H. Rao, R. Sutton e A. Webb, "Innovation Lessons from Pixar: An Interview with Oscar-Winning Director Brad Bird". *McKinsey Quarterly*, 1 abr. 2008. Disponível em: <https://www.mckinsey.com/business-functions/strategy-and-corporate-finance/our-insights/innovation-lessons-from-pixar-an-interview-with-oscar-winning-director-brad-bird>. Acesso em: 11 jun. 2024. Para um estudo de caso focado em um grupo de músicos, ver M. Hill, B. Hill e R. Walsh, "Conflict in Collaborative Musical Composition: A Case Study". *Psychology of Music*, v. 46, 2018, pp. 192-207.

3. D. E. Levari, D. T. Gilbert e T. D. Wilson, "Tips from the Top: Do the Best Performers Really Give the Best Advice?". *Psychological Science*, v. 29, 2022, pp. 504-20.

4. H. Shirado e N. A. Christakis, "Locally Noisy Autonomous Agents Improve Global Human Coordination in Network Experiments". *Nature*, 545, 2017, pp. 370-4.

5. Ver, por exemplo, G. Jackson, "The Female Problem: How Male Bias in Medical Trials Ruined Women's Health". *Guardian*, 13 nov. 2019. Disponível em: <https://www.theguardian.com/lifeandstyle/2019/nov/13/the-female-problem-male-bias-in-medical-trials>. Acesso em: 11 jun. 2024; N. Dusenbery, *Doing Harm*. Nova York: HarperOne, 2017; H. Etzkowitz, C. Kemelgor e B. Uzzi, *Athena Unbound: The Advancement of Women in Science and Technology*. Cambridge, ING: Cambridge University Press, 2000; Y. Ma et al., "Women Who Win Prizes Get Less Money

and Prestige". *Nature*, v. 565, 2019, pp. 287-8; A. W. Woolley et al., "Evidence for a Collective Intelligence Factor in the Performance of Groups". *Science*, v. 330, 2010, pp. 686-8; A. W. Woolley et al., "The Effects of Team Strategic Orientation on Team Process and Information Search". *Organizational Behavior and Human Decision Processes*, v. 122, 2013, pp. 114-26; L. M. Ataman et al., "Quantifying the Growth of Oncofertility". *Biology of Reproduction*, v. 99, 2018, pp. 263-5; Y. Yang et al., "Gender Diverse Teams Produce More Innovative and Influential Ideas in Medical Research". Working paper, 2022.

6. S. Turban, D. Wu e L. Zhang, "Research: When Gender Diversity Makes Firms More Productive". *Harvard Business Review*, 11 fev. 2019. Disponível em: <https://hbr.org/2019/02/research-when-gender-diversity-makes-firms-more-productive>. Acesso em: 12 jun. 2024; L. Zhang, "An Institutional Approach to Gender Diversity and Firm Performance". *Organization Science*, v. 31, 2020, pp. 439-57; S. Hoogendoorn, H. Oosterbeek e M. van Praag, "The Impact of Gender Diversity on the Performance of Business Teams: Evidence from a Field Experiment". *Management Science*, v. 59, 2013, pp. 1514-28.

7. J. Flack e C. Massey, "All Stars: Is a Great Team More Than the Sum of Its Players?". *Aeon*, 27 nov. 2020. Disponível em: <https://aeon.co/essays/what-complexity-science-says-about-what-makes-a-winning-team>. Acesso em: 12 jun. 2024; M. Lewis, "The No-Stats All-Star". *New York Times Magazine*, 13 fev. 2009. Disponível em: <https://www.nytimes.com/2009/02/15/magazine/15Battier-t.html>. Acesso em: 12 jun. 2024; D. Myers, "About Box Plus/Minus". Basketball Reference, fev. 2020. Disponível em: <https://www.basketball-reference.com/about/bpm2.html>. Acesso em: 12 jun. 2024.

8. Ver, por exemplo, J. Sulik, B. Bahrami e O. Deroy, "The Diversity Gap: When Diversity Matters for Knowledge". *Perspectives on Psychological Science*, v. 17, 2022, pp. 752-67; M. Basadur e M. Head, "Team Performance and Satisfaction: A Link to Cognitive Style within a Process Framework". *Journal of Creative Behavior*, v. 35, 2001, pp. 227-48; S. T. Bell et al., "Getting Specific about Demographic Diversity Variable and Team Performance Relationships: A Meta-Analysis". *Journal of Management*, v. 37, 2011, pp. 709-43; C. A. Bowers, J. A. Pharmer e E. Salas, "When Member Homogeneity Is Needed in Work Teams: A Meta-Analysis". *Small Group Research*, v. 31, 2000, pp. 305-27; A. Cooke e T. Kemeny, "Cities, Immigrant Diversity, and Complex Problem Solving". *Research Policy*, v. 46, 2017, pp. 1175-85; A. D. Galinsky et al., "Maximizing the Gains and Minimizing the Pains of Diversity: A Policy Perspective". *Perspectives on Psychological Science*, v. 10, 2015, pp. 742-8; I. J. Hoever et al., "Fostering Team Creativity: Perspective Taking as Key to Unlocking Diversity's Potential". *Journal of Applied Psychology*, v. 97, 2012, pp. 982-96; A. K.-Y. Leung e C. Chiu, "Multicultural Experience, Idea Receptiveness, and Creativity". *Journal of Cross-Cultural Psychology*, v. 41, 2010, pp. 723-41; E. Mannix e M. A. Neale, "What Differences Make a Difference? The Promise and Reality of Diverse Teams in Organizations". *Psychological Science in the Public Interest*, v. 6, 2005, pp. 31-55; A. L. Mello e J. R. Rentsch, "Cognitive Diversity in Teams: A Multidisciplinary Review". *Small Group Research*, v. 46, 2015, pp. 623-58; S. E. Page, "Where Diversity Comes From and Why It Matters?". *European Journal of Social Psychology*, v. 44, 2014, pp. 267-79; P. Parrotta, D. Pozzoli e M. Pytlikova, "The Nexus between Labor Diversity and Firm's Innovation". *Journal of Population Economics*, v. 27, 2014, pp. 303-64; P. B. Paulus, K. I. van der Zee e J. Kenworthy, "Cultural Diversity and Team Creativity". Em V. P. Glaveanu (org.), *The Palgrave Handbook of Creativity and Culture Research*. Londres: Springer, 2016, pp. 57-76; J. T. Polzer, L. P.

Milton e W. B. Swarm, "Capitalizing on Diversity: Interpersonal Congruence in Small Work Groups". *Administrative Science Quarterly*, v. 47, 2002, pp. 296-324; G. K. Stahl et al., "Unraveling the Effects of Cultural Diversity in Teams: A Meta-Analysis of Research on Multicultural Work Groups". *Journal of International Business Studies*, v. 41, 2010, pp. 690-709; H. Van Dijk, M. L. Van Engen e D. Van Knippenberg, "Defying Conventional Wisdom: A Meta-Analytical Examination of the Differences between Demographic and Job-Related Diversity Relationships with Performance". *Organizational Behavior and Human Decision Processes*, v. 119, 2012, pp. 38-53; J. Wang et al., "Team Creativity/Innovation in Culturally Diverse Teams: A Meta-Analysis". *Journal of Organizational Behavior*, v. 40, 2019, pp. 693-708; K. Y. Williams e C. A. O'Reilly, "Demography and Diversity in Organizations: A Review of 40 Years of Research". *Research in Organizational Behavior*, v. 20, 1998, pp. 77-140. Vale observar também que os imigrantes estão super-representados como empreendedores nos Estados Unidos. Imigrantes compõem mais de 25% do total de fundadores de empresas no país, a despeito de constituírem apenas 15% da população. Há, em outras palavras, 66% mais fundadores imigrantes do que poderíamos esperar com base na população de imigrantes nos Estados Unidos. (Quase 40% dos grupos de fundadores incluem um imigrante.) Extraído de S. P. Kerr e W. R. Kerr, "Immigrant Entrepreneurship". Harvard Business School Working Paper 17-011, jun. 2016. Disponível em: <https://www.hbs.edu/ris/Publication%20Files/17-011_da2c1cf4-a999-4159-ab95-457c783e3fff.pdf>. Acesso em: 12 jun. 2024. Um segundo artigo sugere que no mínimo 30% de toda inovação nos Estados Unidos desde 1974 veio de imigrantes (o dobro de sua parcela na população). Se substituíssemos cada imigrante no país por uma pessoa nativa, os Estados Unidos teriam uma produção inovadora 13% menor: S. Bernstein et al., "The Contribution of High-Skilled Immigrants to Innovation in the United States". Stanford Graduate School of Business Working Paper, 11 jul. 2019. Disponível em: <https://www.gsb.stanford.edu/faculty-research/working-papers/contribution-high-skilled-immigrants-innovation-united-states>. Acesso em: 12 jun. 2024.

9. J. Kerber, "In the Wild West of Online Medicine, Crowd Sourcing Is the Next Frontier". *Peninsula Press*, 6 jan. 2020. Disponível em: <https://peninsulapress.com/2020/01/06/in-the-wild-west-of-online-medicine-crowdsourcing-is-the-next-frontier/>. Acesso em: 12 jun. 2024; A. N. Meyer, C. A. Longhurst e H. Singh, "Crowdsourcing Diagnosis for Patients with Undiagnosed Illnesses: An Evaluation of CrowdMed". *Journal of Medical Internet Research*, v. 18, 2016, e12. De um modo geral, essa seção foi inspirada pela coluna "Diagnosis" de Lisa Sanders no *New York Times* e seu programa *Diagnosis* na Netflix.

10. K. Sanchez, "Parkinson's Meds Are Hard to Grab, So TikTok Users Crowdsource a Solution". *Verge*, 23 jan. 2021. Disponível em: <https://www.theverge.com/2021/1/23/22244673/parkinsons-tiktok-crowdsourced-pill-bottle>. Acesso em: 12 jun. 2024. Ver o vídeo original em J. Choi, @jcfoxninja, "Hey Pharma Companies". TikTok, 27 dez. 2020. Disponível em: <https://www.tiktok.com/@jcfoxninja/video/6911148251982925061?is_from_webapp=1&sender_device=pc&web_id7051421448719713798>. Acesso em: 12 jun. 2024.

11. M. Slater et al., "An Experimental Study of a Virtual Reality Counselling Paradigm Using Embodied Self-Dialogue". *Scientific Reports*, v. 9, 2019, 10903; M. Slater, "An Experimental Study of a Virtual Reality Counselling Paradigm Using Embodied Self-Dialogue". YouTube, 9 ago. 2021. Disponível em: <https://www.youtube.com/watch?v=GJ6cAVxQOwo>. Acesso em: 12 jun. 2024.

12. E. Vul e H. Pashler, "Measuring the Crowd Within: Probabilistic Representations within Individuals". *Psychological Science*, v. 19, 2008, pp. 645-7. Ver também S. M. Herzog e R. Hertwig,

"The Wisdom of Many in One Mind: Improving Individual Judgments with Dialectical Bootstrapping". *Psychological Science*, v. 20, 2009, pp. 231-7; S. M. Herzog e R. Hertwig, "Think Twice and Then: Combining or Choosing in Dialectical Bootstrapping?". *Journal of Experimental Psychology: Learning, Memory, and Cognition*, v. 40, 2014, pp. 218-32; S. M. Herzog e R. Hertwig, "Harnessing the Wisdom of the Inner Crowd". *Trends in Cognitive Sciences*, v. 18, 2014, pp. 504-6; P. Van de Calseyde e E. Efendić, "Taking a Disagreeing Perspective Improves the Accuracy of People's Quantitative Estimates". *Psychological Science*, v. 33, 2022, pp. 971-83; R. P. Larrick e J. B. Soll, "Intuitions about Combining Opinions: Misappreciation of the Averaging Principle". *Management Science*, v. 52, 2006, pp. 111-27; J. M. Berg, "When Silver Is Gold: Forecasting the Potential Creativity of Initial Ideas". *Organizational Behavior and Human Decision Processes*, v. 154, 2019, pp. 96-117.

10. EXPERIMENTAÇÃO [pp. 185-201]

1. Um livro fascinante sobre dotes naturais no esporte é: D. Epstein, *The Sports Gene: Inside the Science of Extraordinary Athletic Talent*. Nova York: Portfolio, 2013. Ver também C. Bellefonds, "Why Michael Phelps Has the Perfect Body for Swimming". Biography.com, 14 maio 2020. Disponível em: <https://www.biography.com/news/michael-phelp-perfect-body-swimming>. Acesso em: 13 jun. 2024.

2. Grande parte da informação sobre Dave Berkoff vem de uma conversa que tivemos no início de 2021. Ver também S. Eschenbach, "David Berkoff". A for Athlete, s. d. Disponível em: <https://aforathlete.fandom.com/wiki/David_Berkoff>. Acesso em: 13 jun. 2024; "FINA Swimming Rules". FINA, 21 set. 2017. Disponível em: <https://www.fina.org/swimming/rules>. Acesso em: 13 jun. 2024; R. Hughes, "1987 NCAA Swimming Championships, 100 Yard Backstroke (Austin, TX), Berkoff Blastoff". YouTube, 9 nov. 2015. Disponível em: <https://www.youtube.com/watch?v=F-OPR_yoOEM>. Acesso em: 13 jun. 2024; F. Litsky, "Swimming; Fastest Backstroker Loses a Revolution". *New York Times*, 31 mar. 1989. Disponível em: <https://www.nytimes.com/1989/03/31/sports/swimming-fastest-backstroker-loses-a-revolution.html>. Acesso em: 13 jun. 2024; WestNyackTwins, "1988 Olympic Games — Swimming — Men's 100 Meter Backstroke — Daichi Suzuki JPN". YouTube, 8 jul. 2016. Disponível em: <https://www.youtube.com/watch?v=R-DSrQQaggQ>. Acesso em: 13 jun. 2024.

3. L. Lawrence, "Champions Come in All Shapes and Sizes — David Berkoff". Laurie Lawrence, *Stuff the Silver, We Are Going for Gold*, 11 fev. 2020. Disponível em: <https://laurielawrence.com.au/podcasts/champions-come-in-all-shapes-and-sizes-david-berkoff/>. Acesso em: 13 jun. 2024.

4. C. Coram, *Boyd: The Fighter Pilot Who Changed the Art of War*. Nova York: Little, Brown, 2003.

5. E. Asimov, "Steven Spurrier, Who Upended Wine World with a Tasting, Dies at 79". *New York Times*, 31 mar. 2021. Disponível em: <https://www.nytimes.com/2021/03/16/dining/steven-spurrier-dead.html>. Acesso em: 13 jun. 2024; M. Godoy, "The Judgment of Paris: The Blind Taste Test That Decanted the Wine World". *All Things Considered*, NPR, 24 maio 2016. Disponível em: <https://www.npr.org/sections/thesalt/2016/05/24/479163882/the-judgment-of-paris-the-blind-taste-test-that-decanted-the-wine-world>. Acesso em: 13 jun. 2024.

6. Ver, por exemplo, K. Sawyer, "200 Years Ago — the 12-Hour Day, the 6-Day Week". *Washington Post*, 25 dez. 1977. Disponível em: <https://www.washingtonpost.com/archive/

politics/1977/12/25/200-years-ago-the-12-hour-day-the-6-day-week/8a0f3c78-b7a0-4db4-ac33-00649519d1eb/>. Acesso em: 13 jun. 2024; E. A. Roy, "Work Four Days, Get Paid for Five: New Zealand Company's New Shorter Week". *Guardian*, 8 fev. 2018. Disponível em: <https://www.theguardian.com/world/2018/feb/09/work-four-days-get-paid-for-five-new-zealand-companys-new-shorter-week>. Acesso em: 13 jun. 2024; R. Stock, "Perpetual Guardian's Four-Day Work Week Trail Going Well". *Stuff*, 31 mar. 2018. Disponível em: <https://www.stuff.co.nz/business/102741507/perpetual-guardians-fourday-working-week-trial-going-well>. Acesso em: 13 jun. 2024; J. Yeung, "A New Zealand Company Tried a Four-Day Work Week. It Was a 'Resounding Success'". *CNN Money*, 19 jul. 2018. Disponível em: <https://money.cnn.com/2018/07/19/news/economy/new-zealand-four-day-work-week-perpetual-guardian/index.html>. Acesso em: 13 jun. 2024; E. A. Roy, "Work Less, Get More: New Zealand Firm's Four-Day Week an 'Unmitigated Success'". *Guardian*, 18 jul. 2018. Disponível em: <https://www.theguardian.com/world/2018/jul/19/work-less-get-more-new-zealand-firms-four-day-week-an-unmitigated-success>. Acesso em: 13 jun. 2024; C. Graham-McLay, "A Four-Day Workweek? A Test Run Shows a Surprising Result". *New York Times*, 19 jul. 2018. Disponível em: <https://www.nytimes.com/2018/07/19/world/asia/four-day-workweek-new-zealand.html>. Acesso em: 13 jun. 2024; 4 Day Week Global, disponível em: <https://www.4dayweek.com/>. Acesso em: 13 jun. 2024; N. Kobie, "What Really Happened in Iceland's Four-Day Week Trial?". *Wired UK*, 7 dez. 2021. Disponível em: <https://www.wired.co.uk/article/iceland-four-day-work-week>. Acesso em: 13 jun. 2024.

7. Sobre curiosidade, ver L. P. Hagtvedt et al., "Curiosity Made the Cat More Creative: Specific Curiosity as a Driver of Creativity". *Organizational Behavior and Human Decision Processes*, v. 150, 2019, pp. 1-13; G. Loewenstein, "The Psychology of Curiosity: A Review and Reinterpretation". *Psychological Bulletin*, v. 116, 1994, pp. 75-98; C. D. Speilberger e L. M. Starr, "Curiosity and Exploratory Behavior". Em H. F. O. Neil Jr. e M. Drillings (orgs.), *Motivation: Theory and Research*. Hillsdale: Lawrence Erlbaum, 1994, pp. 221-43. Também discuto o instinto humano de ser curioso em meu livro *Irresistível* (Rio de Janeiro: Objetiva, 2018), cap. 9, sobre *cliff-hangers* e a lacuna da curiosidade.

8. A maior parte da informação dessa seção vem de minha entrevista com Deutsch. Ver também o blog dele (*Medium*, <https://medium.com/@maxdeutsch>) e os posts sobre dominar novas habilidades (<https://medium.com/@maxdeutsch/m2m-day-1-completing-12-ridiculously-hard-challenges-in-12-months-9843700c741f>).

9. Visualização de dados de pontuação da NBA: API via <data.world@sportsvizsunday>, projetado por Ryan Soares; K. Goldsberry, "How Mapping Shots in the NBA Changed It Forever". FiveThirtyEight, 2 maio 2019. Disponível em: <https://fivethirtyeight.com/features/how-mapping-shots-in-the-nba-changed-it-forever/>. Acesso em: 13 jun. 2024.

11. EXPLORAR E APROVEITAR [pp. 202-18]

1. L. Liu et al., "Hot Streaks in Artistic, Cultural, and Scientific Careers". *Nature*, v. 559, 2018, pp. 396-9.

2. Y. Yin et al., "Quantifying the Dynamics of Failure across Science, Startups, and Security". *Nature*, v. 575, 2019, pp. 190-7. Para um trabalho relacionado a esse, ver R. Sinatra et al., "Quantifying the Evolution of Individual Scientific Impact". *Science*, v. 354, 2016, pp. 596-604.

3. L. Liu et al., "Understanding the Onset of Hot Streaks across Artistic, Cultural, and Scientific Careers". *Nature Communications*, v. 12, 2021, pp. 1-10. Ver também Z.-L. He e P.-K. Wong, "Exploration vs. Exploitation: An Empirical Test of the Ambidexterity Hypothesis". *Organization Science*, v. 15, 2004, pp. 481-94; C. Bidmon, S. Boe-Lillegraven e R. Koch, "Now, Switch! Individuals' Responses to Imposed Switches between Exploration and Exploitation". *Long Range Planning*, v. 53, 2001, pp. 1019-28.

4. Ver, por exemplo, D. Farley, "The Truth about Italy's White Truffles". *BBC* , 9 jan. 2018. Disponível em: <https://www.bbc.com/travel/article/20180108-the-truth-about-italys-white-truffles>. Acesso em: 13 jun. 2024; B. Wilson, "The Best Truffle Hunters in Italy". *Forbes*, 9 jan. 2017. Disponível em: <https://www.forbes.com/sites/breannawilson/2017/01/19/the-best-truffle-hunters-in-italy-a-morning-hunt-with-the-family-who-found-a-330000-white-truffle/>. Acesso em: 13 jun. 2024.

5. R. Koch, *The 80/20 Principle: The Secret to Achieving More with Less*. Sydney: Currency, 1999. [Ed. bras.: *O princípio 80/20*. Minas Gerais: Gutenberg, 2015.]

6. L. Crampton, "Serendipity: The Role of Chance in Scientific Discoveries". *Owlcation*, 23 abr. 2021. Disponível em: <https://owlcation.com/stem/Serendipity-The-Role-of-Chance-in-Making-Scientific-Discoveries>. Acesso em: 13 jun. 2024; L. McKay-Peet e E. G. Toms, "Investigating Serendipity: How It Unfolds and What May Influence It". *Journal of the Association of Information Science and Technology*, v. 66, 2015, pp. 1463-76; W. B. Cannon, "The Role of Chance in Discovery". *Scientific Monthly*, v. 50, 1940, pp. 304-9.

7. W. Gratzer, *Eurekas and Euphorias: The Oxford Book of Scientific Anecdotes*. Oxford: Oxford University Press, 2004.

8. S. L. Gable, E. A. Hopper e J. W. Schooler, "When the Muses Strike: Creative Ideas of Physicists and Writers Routinely Occur during Mind Wandering". *Psychological Science*, v. 30, 2019, pp. 396-404. Ver também K. Christoff et al., "Mind-Wandering as Spontaneous Thought: A Dynamic Framework". *Nature Reviews Neuroscience*, v. 17, 2016, pp. 718-31; J. E. Davidson, "The Suddenness of Insight". Em R. J. Sternberg e J. E. Davidson (orgs.), *The Nature of Insight*. Cambridge, EUA: MIT Press, 1995, pp. 125-55. Sobre os benefícios e custos da divagação, ver também M. A. Killingsworth e D. T. Gilbert, "A Wandering Mind Is an Unhappy Mind". *Science*, v. 330, 2010, p. 932; E. J. Masicampo e R. F. Baumeister, "Consider It Done! Plan Making Can Eliminate the Cognitive Effects of Unfulfilled Goals". *Journal of Personality and Social Psychology*, v. 101, 2011, pp. 667-83; J. Smallwood e J. W. Schooler, "The Science of Mind Wandering: Empirically Navigating the Stream of Consciousness". *Annual Review of Psychology*, v. 66, 2015, pp. 487-518; B. Baird et al., "Inspired by Distraction: Mind Wandering Facilitates Creative Incubation". *Psychological Science*, v. 23, 2012, pp. 1117-22; C. M. Zedelius e J. W. Schooler, "Mind Wandering 'Ahas' versus Mindful Reasoning: Alternative Routes to Creative Solutions". *Frontiers in Psychology*, v. 6, 2015, p. 834; C. M. Zedelius e J. W. Schooler, "The Richness of Inner Experience: Relating Styles of Daydreaming to Creative Processes". *Frontiers in Psychology*, v. 6, 2016, p. 2063; P. T. Palhares, D. Branco e O. F. Gonçalves, "Mind Wandering and Musical Creativity in Jazz Improvisation". *Psychology of Music*, v. 50, 2022, pp. 1212-24; D. Breslin, "Off-Task Social Breaks and Group Creativity". *Journal of Creative Behavior*, v. 53, 2019, pp. 496-507; M. S. Franklin et al., "The Silver Lining of a Mind in the Clouds: Interesting Musings Are Associated with Positive Mood While Mind-Wandering". *Frontiers in Psychology*, v. 4, 2013, p. 583; J. Rummel et al., "The Role of Attention for Insight Problem Solving: Effects of Mindless and Mindful Incubation Periods". *Journal of Cognitive Psychology*, v. 33, 2021, pp. 757-69.

9. Ver, por exemplo, A. Livanova, *Landau: A Great Physicist and Teacher*. Nova York: Pergamon Press, 1980; P. Ratner, "Landau Genius Scale Ranking of the Smartest Physicists Ever". Big Think, 28 set. 2020. Disponível em: <https://bigthink.com/hard-science/landau-genius-scale-ranking-of-the-smartest-physicists-ever/>. Acesso em: 14 jun. 2024.

10. Y. Wang, B. F. Jones e D. Wang, "Early-Career Setbacks and Future Career Impact". *Nature Communications*, v. 10, 2019, pp. 1-10; J. Li et al., "Nobel Laureates Are Almost the Same as Us". *Nature Reviews: Physics*, v. 1, 2019, pp. 301-3. Sobre fazer o tipo de perguntas corretas ao avaliar a compreensão, ver A. L. Alter, D. M. Oppenheimer e J. C. Zemla, "Missing the Trees for the Forest: A Construal Level Account of the Illusion of Explanatory Depth". *Journal of Personality and Social Psychology*, v. 99, 2010, pp. 436-51; W. J. McGuire, "Inducing Resistance to Persuasion: Some Contemporary Approaches". Em L. Berkowitz (org.), *Advances in Experimental Social Psychology*. v. 1. Nova York: Academic Press, 1964, pp. 191-229; G. Bush, P. Luu e M. I. Posner, "Cognitive and Emotional Influences in Anterior Cingulate Cortex". *Trends in Cognitive Sciences*, v. 4, 2000, pp. 215-22.

12. AÇÃO ACIMA DE TUDO [pp. 219-32]

1. "Paul Simon on His Writing Process for 'Bridge over Troubled Water'". *The Dick Cavett Show*, YouTube, 27 jan. 2020. Disponível em: <https://www.youtube.com/watch?v=qFt0cP-klQI>. Acesso em: 14 jun. 2024; "Paul Simon Deconstructs 'Mrs. Robinson'". *The Dick Cavett Show*, YouTube, 3 fev. 2020. Disponível em: <https://www.youtube.com/watch?v=sDqIsuIpVy4>. Acesso em: 14 jun. 2024.

2. A cognição corporificada, como o fenômeno é conhecido, é controversa nos círculos científicos. Alguns efeitos demonstrados em artigos sobre o assunto foram difíceis de reproduzir, e outros parecem pura invenção. Mesmo assim, há bastante evidência da ideia geral de que nossas ações e nossa postura corporal têm o poder de moldar como pensamos e sentimos. Ver, por exemplo, P. M. Niedenthal, "Embodying Emotion". *Science*, v. 316, 2007, pp. 1002-5; N. A. Coles et al., "Fact or Artifact? Demand Characteristics and Participants' Beliefs Can Moderate, but Do Not Fully Account for, the Effects of Facial Feedback on Emotional Experience". *Journal of Personality and Social Psychology*, 2022, no prelo; E. W. Carr, A. Kever e P. Winkielman, "Embodiment of Emotion and Its Situated Nature". Em A. Newen, L. De Bruin e S. Gallagher (orgs.), *The Oxford Handbook of 4E Cognition*. 4. ed. Oxford, ING: Oxford University Press, 2018, pp. 528-52; P. Winkielman, P. M. Niedenthal e L. Oberman, "The Embodied Emotional Mind". Em G. R. Semin e E. R. Smith (orgs.), *Embodied Grounding*. Cambridge, ING: Cambridge University Press, 2008, pp. 263-88; G. K. Wells e R. E. Petty, "The Effects of Head Movements on Persuasion: Compatibility and Incompatibility of Responses". *Basic and Applied Social Psychology*, v. 1, 1980, pp. 219-30; S. E. Duclos et al., "Emotion-Specific Effects of Facial Expressions and Postures on Emotional Experience". *Journal of Personality and Social Psychology*, v. 57, 1989, pp. 100-8.

3. A. S. Wellsjo, "Simple Actions, Complex Habits: Lessons from Hospital Hand Hygiene". Working paper, Berkeley: University of California, 2022. Disponível em: <https://www.alexwellsjo.com/>. Acesso em: 14 jun. 2024.

4. C. J. Bryan et al., "Motivating Voter Turnout by Invoking the Self". *Proceedings of the National Academy of Sciences*, v. 108, 2011, pp. 12653-56; C. J. Bryan, A. Master e G. M. Walton,

"'Helping' versus 'Being a Helper': Invoking the Self to Increase Helping in Young Children". *Child Development*, v. 85, 2014, pp. 1836-42; R. K. Mallett e K. J. Melchiori, "Creating a Water-Saver Self-Identity Reduces Water Use in Residence Halls". *Journal of Environmental Psychology*, v. 47, 2016, pp. 223-29; S. Franssens et al., "Nudging Commuters to Increase Public Transport Use: A Field Experiment in Rotterdam". *Frontiers in Psychology*, v. 12, 2021, 633865. Disponível em: <https://doi.org/10.3389/fpsyg.2021.633865>. Acesso em: 14 jun. 2024.

5. Ver, por exemplo, T. Brach, "The Sacred Pause". *Psychology Today*, 4 dez. 2014. Disponível em: <https://www.psychologytoday.com/us/blog/finding-true-refuge/201412/the-sacred-pause>. Acesso em: 14 jun. 2024; T. Brach, *Radical Acceptance: Embracing Your Life with the Heart of a Buddha*. Nova York: Random House, 2004. Discuti esse tema de maneira mais profunda no cap. 5.

6. Sobre os benefícios e as desvantagens da programação e de mensurar como vivemos nossa vida de forma geral, ver G. N. Tonietto e S. A. Malkoc, "The Calendar Mindset: Scheduling Takes the Fun Out and Puts the Work In". *Journal of Marketing Research*, v. 53, 2016, pp. 922-36; S. Devoe e J. Pfeffer, "Time Is Tight: How Higher Economic Value of Time Increases Feelings of Time Pressure". *Journal of Applied Psychology*, v. 96, 2011, pp. 665-76; S. Bellezza, N. Paharia e A. Keinan, "Conspicuous Consumption of Time: When Busyness and Lack of Leisure Time Become a Status Symbol". *Journal of Consumer Research*, v. 44, 2016, pp. 118-38; J. Etkin, "The Hidden Cost of Personal Quantification". *Journal of Consumer Research*, v. 42, 2016, pp. 967-84.

7. Sobre os benefícios do movimento para o raciocínio fluido e criativo e para estudos que descrevem a relação entre caminhada e empreendedorismo, ver L. Zimmerman e A. Chakravarti, "Not Just for Your Health Alone: Regular Exercisers' Decision-Making in Unrelated Domains". *Journal of Experimental Psychology: Applied*, 2022, no prelo; C. Chen et al., "Regular Vigorous-Intensity Physical Activity and Walking Are Associated with Divergent but Not Convergent Thinking in Japanese Young Adults". *Brain Sciences*, v. 11, 2021, p. 1046; K. Aga et al., "The Effect of Acute Aerobic Exercise on Divergent and Convergent Thinking and Its Influence by Mood". *Brain Sciences*, v. 11, 2021, p. 546; A. Bollimbala, P. S. James e S. Ganguli, "Impact of Physical Activity on an Individual's Creativity: A Day-Level Analysis". *American Journal of Psychology*, v. 134, 2021, pp. 93-105; S. Imaizumi, U. Tagami e Y. Yang, "Fluid Movements Enhance Creative Fluency: A Replication of Slepian and Ambady (2012)". *PLOS One*, v. 15, 2020, e0236825; M. L. Slepian e N. Ambady, "Fluid Movement and Creativity". *Journal of Experimental Psychology: General*, v. 141, 2012, pp. 625-29; K. J. Main et al., "Change It Up: Inactivity and Repetitive Activity Reduce Creative Thinking". *Journal of Creative Behavior*, v. 54, 2020, pp. 395-406; B. Bereitschaft, "Are Walkable Places Tech Incubators? Evidence from Nebraska's 'Silicon Prairie'". *Regional Studies, Regional Science*, v. 6, 2019, pp. 339-56; E. Labonte-LeMoyne et al., "The Delayed Effect of Treadmill Desk Usage on Recall and Attention". *Computers in Human Behavior*, v. 46, 2015, pp. 1-5; A. P. Knight e M. Baer, "Get Up, Stand Up: The Effects of a Non-sedentary Workspace on Information Elaboration and Group Performance". *Social Psychological and Personality Science*, v. 5, 2014, pp. 910-7; S. Hamidi e A. Zandiatashbar, "Does Urban Form Matter for Innovation Productivity? A National Multi-level Study of the Association between Neighborhood Innovation Capacity and Urban Sprawl". *Urban Studies*, v. 56, 2018, pp. 1-19.

8. J.-C. Goulet-Pelletier, P. Gaudreau e D. Cousineau, "Is Perfectionism a Killer of Creative Thinking? A Test of the Model of Excellencism and Perfectionism". *British Journal of Psychology*, v. 113, 2022, pp. 176-207.

9. E. Klein, "Wilco's Jeff Tweedy Wants You to Be Bad at Something. For Your Own Good". *New York Times*, 2 jul. 2021. Disponível em: <https://www.nytimes.com/2021/07/02/opinion/ezra-klein-podcast-jeff-tweedy.html>. Acesso em: 14 jun. 2024; J. Tweedy, *How to Write One Song*. Nova York: Dutton, 2020.

10. R. E. Jung et al., "Quantity Yields Quality When It Comes to Creativity: A Brain and Behavioral Test of the Equal-Odds Rule". *Frontiers in Psychology*, v. 6, 2015, p. 864.

11. Sobre os benefícios de aprender fazendo e a experiência de Hamilton Naki, ver J. Clark e G. White, "Experiential Learning: A Definitive Edge in the Job Market". *American Journal of Business Education*, v. 3, 2010, pp. 115-8; R. Loo, "A Meta-Analytic Examination of Kolb's Learning Style Preferences among Business Majors". *Journal of Education for Business*, v. 77, 2002, pp. 252-6; R. DuFour et al., *Learning by Doing: A Handbook for Professional Learning Communities at Work*. 3. ed. Bloomington: Solution Tree, 2016; M. Wines, "Accounts of South African's Career Now Seen as Overstated". *New York Times*, 27 ago. 2005. Disponível em: <https://www.nytimes.com/2005/08/27/world/africa/accounts-of-south-africans-career-now-seen-as-overstated.html>. Acesso em: 14 jun. 2024; J. Abrahams, "Special Assignment: The Hamilton Naki Story". *SABC News*, 2 jun. 2009. Disponível em: <https://web.archive.org/web/20110723010408/http://www.sabcnews.co.za/SABCnews/SABCnews/Documents/SpecialAssignment/HEART-SCRIPT.pdf>. Acesso em: 14 jun. 2024; C. Logan, *Celebrity Surgeon: Christiaan Barnard, a Life*. Johannesburg: Jonathan Ball, 2003.

Índice remissivo

4 Day Week Global, 193

aborígenes australianos, 64
ação, 218-32; autoimagem e, 222; breves ímpetos, 224; hábitos e, 221-2; movimento, 225-6; quantidade e qualidade, 229
aceitação radical, 85-6
acidentes, 210
Administração Federal de Aviação, 68
adoçantes, 211
advogado do diabo, 179-80
Aerial Attack Study [Estudo de ataques aéreos] (Boyd), 189
aerofobia, 120
África do Sul, 229-31
Agassi, Andre, 96-7, 101, 106-7
agendamento, 223-4
agrupamento, 28
agrupamento das opções [*narrow bracketing*], 28
a-ha, 41-3, 56
Airbnb, 13-4, 16, 18
algoritmos, 129-32, 138-9
Alldridge, Brian, 177-8
alunos, 121-2
Amazon, 14-6, 18, 26, 49, 56, 150, 177

ambidestreza, 206
ameaças, 108; desafios vs., 84-6
amizades, 48
análise de custo-benefício, 45
ansiedade, 87-91, 94-5, 107-8, 110, 114, 124; elogios e, 121-2; inoculação contra adversidades, 116-8, 120; pausa e, 97-101; renda básica universal e, 122-4
apartheid, 229-31
apoio, 122
Apple, 16, 49, 150-1
aprendizagem, 111-2, 122, 229, 232; memorização, 29-30, 195, 225-6
aprisionamento físico, 77
apropriação, 148
áreas acadêmicas, 172
armadilha de dedos chinesa, 90
armadilha de pseudointeligibilidade, 63
armadilha mental, 77
armadilhas, 57-73; comportamento de manada e, 57-62; falha de comunicação, 63-4; problemas pequenos e, 63-8, 72-3; problemas remotos e, 69-73
arte e artistas, 50, 58-9; *color field*, 58-9; escolha de cores e, 144; impressionismo, 59, 144; pontilhismo, 139-41; sofrimento e, 227; técnica

de gotejamento de Pollock, 204; *ver também* música e músicos
aspartame, 211
Associação Médica Americana, 68
Astaire, Fred, 16
Astor, Caroline, 109
atenção plena, 40; tratamento de dependência baseado na, 101-3, 106-7
atletas, 38-9, 97; Agassi, 96-7, 101, 106-7; Bannister, 231-2; Battier, 173-5; Berkoff, 182, 185-91, 194, 200; estrelas, 142; foco e, 114; jogos de pré-temporada e, 114-5; lesões e, 142; Messi, 93-7, 101, 106-7; Mickelson, 114; treinadores abusivos e, 121
atomização, 89-90
atrito, 22, 32, 39-40, 45, 73, 104, 108, 119, 124, 163, 167; abordagem descontraída para, 110-2; auditorias de, 132-4, 158; perfeição e, 89
auditoria de vida, 32-4
autoauditoria, 179
autocrítica, 227-9
autoestima e amor-próprio, 90-2, 122
autoimagem e ação, 222
automação, 144
autorretratos, 195

Bach, Johann Sebastian, 32
bairros, 127
Bannister, Roger, 231-2
Banzé no Oeste, 100
Barnard, Christiaan, 230
Barnes, Andrew, 193-4
Barrett, Bo, 192
basquete, 114-5, 199-200; astros do, 141-2; Battier no, 173-5; eficiência de pontuação, 199-200; treinadores, 121-2
Battier, Shane, 173-5
BBC, 166-7
Beato, Rick, 162-3
Beaty, Roger, 46-7
Becker, Boris, 96-7, 107
Bellow, Saul, 17
Bemer, Bob, 69-73

Bergler, Edmund, 18
Berkoff, Dave, 182, 185-91, 194, 200
Bernal, Joe, 186, 190
Bezos, Jeff, 12, 15, 150
bicicletas: de equilíbrio, 137; explicando como funcionam, 118-9; VanMoof, 159-60; voadoras, 198-9
Billboard, 41
binge-watching, 153
biologia animal, 60
Bird, Brad, 169-70
Blecharczyk, Nathan, 13
Blockbuster, 49
boas fases, 202-5, 209
Bohr, Niels, 215
Bolte, Rosemarie, 128
Bolte, Thomas, 128-32, 134
Bonezzi, Andrea, 26
Books.com, 49
Borg, Malcolm, 109
bots, 171
bots de ruído, 171
Boyd, John, 188-91
Brach, Tara, 85-6, 98-101, 223
brainstorming, 62
Branson, Richard, 53
Brewer, Judson, 101-4, 107
"Bridge Over Troubled Waters", 219-20
Brin, Sergey, 49
Brooks, Garth, 34
Brown, David, 154-8, 160, 163
Brown, Derren, 195
Browne, Jackson, 147
Buffett, Warren, 143
bug do milênio e, 69-72
buscadores, 49, 150, 209

Calacanis, Jason, 54
Calmettes, Guillaume, 39-40
câmaras de eco, 172-3
caminhar, 225-6; dirigir e, 66
Carlier, Ties, 159-60
Carlsen, Magnus, 196-7

carreiras, 20; boa fase, 202-5, 209; dos ganhadores do prêmio Nobel, 216; sorte e habilidade, 50-2
cartazes de filmes, 61-2
Carter, Ron, 78
Casablanca, 50-1, 53
casamento, 64-5
casos extraconjugais, 33-4
Catmull, Ed, 169
Cavett, Dick, 219-20, 222
ceder, 90-1
celulares, 112-3, 150-1
cérebro, 165, 223, 226
Chesky, Brian, 13-4
chiclete, 157-8, 160
chocolate, 134
Choi, Jimmy, 177-8
Christie, Agatha, 51-3
ciclamato, 211
ciclistas, 39
ciência e cientistas, 36, 50-1; físicos, 213, 215-6; gênios e, 47; serendipidade e, 210-2; subsídios governamentais e, 217
Close, Chuck, 16-7
Coats, Emma, 135-6, 138
colaboração coletiva [*crowdsourcing*], 164, 176-8
Coleman, George, 78
Coleridge, Samuel Taylor, 18
coleta de dados, 191
Collinson, Phil, 166
colonoscopias, 68
color field, artistas de, 58-9
Colúmbia Britânica, 123
comediantes, 44, 100
Comer animais (Foer), 91-2
comida, 134
complacência, 169
complexidade, 127, 131-2, 135, 138; *ver também* simplificação
comportamento de manada não intencional, 57-62
compra de carro, 87-8
computadores, 150, 209; bug do milênio e, 69-72

conhecimento, 160-1
contar histórias, 34-5, 135-9
Cooper, Martin, 151
corrida, 89-90; Bannister e, 231-2; identidade e, 231-2; maratonas, 28, 32-3, 37-40
Costello, Elvis, 149
Courtois, Christophe, 61-2
criatividade, 43-6, 52, 145, 175; bloqueios, 146; brainstorming e, 62; caminhada e, 225-6; comportamento de manada e, 57-62; conhecimento e, 160; curiosidade e, 195; devaneio e, 214; diário e, 152-3; distinção ideal e, 57, 61-2; em empreendedores, 52; ilusão do precipício criativo e, 43-4, 53, 56; não redundância e, 167-9, 171; originalidade e *ver* originalidade; ovelha negra, 170; perfeccionismo e, 88-9; persistência e, 43-5, 53; prisma de *insight* e percepções de prisma de produção de, 46
criptomnésia, 148-9
crise da meia-idade, 32-4
CrowdMed, 176-8
Crum, Alia, 122
curiosidade, 195-9; conexão de ideias e, 198-9; listas e, 198; navegação e, 198; perguntas e, 197
Curtiz, Michael, 50, 53

dança, 226
dano neurológico, 139-42
Davidai, Shai, 11-2
Davis, Miles, 78-81, 83-6
Day-Lewis, Daniel, 12
"deixar pra lá", 90
Depressão, Grande, 193
desacelerando, 48-9, 98
desafios, 111, 114; ameaças vs., 84-6; inoculação contra adversidades e, 115-8, 120
descobertas, 210
desentendimentos, 64
desinibição, 229
desistir, 87
Deutsch, Max, 195-7, 200
diário, 152-3

dieta, 30-1
diferenças, buscando, 211
Dirac, Paul, 215
direito, 129-31, 134-5
dirigir e caminhar, 66
disfunção erétil, 156, 160
Disney, 135
Disney, Walt, 16
distinção ideal, 57, 61-2
diversidade, 164, 171-5, 178, 201; gênero, 172-3
diversificação de interesses, 48
diversificando, 48-9
Doctor Who, 166-8, 170
doença cardíaca, 172
Dugatkin, Lee, 80-1, 86
Dylan, Bob, 146-9, 152, 154, 160

Early, Ken, 96
Ebbinghaus, Hermann, 29-30, 40
Edison, Thomas, 43, 217-8
educação, 121-2, 135, 229-30
efeito de posição serial, 46-7
efeito platô, 29-31, 40
Einstein, Albert, 110-2, 215
El Capitan, 104-6
Ellison, Ralph, 17
elogios, 121-2
embalagens, 159-60
emoções, 73, 90, 112
empreendedores, 49, 163, 173, 197; criatividade e, 52; idade, 47, 150-1; originalidade e, 149-50; risco e, 122-3
empresas de capital de risco, 47
equilíbrio entre vida pessoal e profissional, 193
equipes de pesquisa, 172-3
Erdős, Paul, 51
escalada, 104-7
escalar sem cordas, 104-7
Escola de Armas de Caça, 188
escolas, 121-2, 229
escrita e escritores, 213, 223-4; bloqueio criativo e, 17-8, 226

especialização, 160-4, 171
espécies, evolução das, 60-1
esquecimento, 29
estagnação, 18-22; cem maneiras de se libertar, 233-45; no meio, 27-9, 31, 39-40; pesquisa do autor sobre, 18-21; progresso e, 36, 114; verdadeira vs. a sensação de estagnação, 146
estresse, 122; como benéfico, 122; renda básica universal e, 122-4
estrutura, 223
estrutura de informação hierárquica, 160-1
Estudo de Intervenção de Múltiplos Fatores de Risco (MRFIT), 172
Estudo de Saúde dos Médicos, 172
Estudo Longitudinal sobre Envelhecimento, Baltimore, 172
Everest, monte, 232
evolução, 60
evolução convergente, 60
excelência, 89
exercício, 30
experimentação, 181-2, 185-201; como processo divergente, 201; *ver também* curiosidade
experimento no elevador, 103-4
experimento no metrô, 103-4
explorar e aproveitar, 202-7; alternando entre, 205-6; como parceiras, 207; distinções entre, 205-6; quase conseguir e, 218
expressionistas, 59

Facebook, 16, 49, 54-5, 61
faculdade, 205-7
falha de comunicação, 63-4
falha(s), 85-8, 90, 104, 110-1, 121, 216-8, 232; falhando direito, 113; foco em, 113-4; medo de, 120; quase conseguir, 217-8; respostas para, 113; sequências de, 216-7; taxa de sucesso de, 111-2
"Falhar e voar" (Gilbert), 113
familiaridade, 167
Family Guy, 166
Federer, Roger, 12
feedback, 218

Feiler, Bruce, 34-7, 40
felicidade, 221
fermento em pó, 157, 160
Feynman, Richard, 82, 215
filhos, nomes de, 57-9, 62
filosofia, 36
filosofia oriental, 90
finanças, 68-9; investimentos, 143, 209; poupança para aposentadoria, 72
físicos, 213, 215-6
Fit20, 30
Fitzgerald, F. Scott, 82
foco, 113-4, 214, 226
Foer, Jonathan Safran, 91-2
Forbes, 109
Forbes, Malcolm, 109
Forbes 400, lista, 109-10
Força Aérea dos Estados Unidos, 189
força histérica, 77, 79
Foundations for Social Change, 123
frascos de comprimidos, 177-8
Fray, Matthew, 64-5
free solo, 104-6
Freud, Sigmund, 18, 179-80
Friendster, 49
fumar, 101-3, 107
Fundação Michael J. Fox para Pesquisa de Parkinson, 178
fundadores, 47
Furuholmen, Magne, 41-3
futebol, 93-6
Futurama, 166

Gâmbia, 194
Game of Thrones, 17
Garfunkel, Art, 219
Gates, Bill, 47, 196
Gebbia, Joe, 13-4
gênios, 32, 47-8, 51
gênios criativos, 32; sorte e habilidade nas carreiras de, 51-2
Gilbert, Jack, 113-4
Gilovich, Tom, 11-2

go, 116
Goethe, Johann Wolfgang von, 32
golfe, 114, 153-4
goma de mascar, 157-8, 160
Google, 16, 49, 56, 132, 150
Grande Depressão, 193
granularidade, 89
Gratzer, Walter, 211
GreatCall, 151
greve dos transportes, 142-3
Grohl, Dave, 149-50
grupos homogêneos, 172
Guardiola, Pep, 95
Guerra nas estrelas, 10, 136, 168
Guggenheim, Peggy, 204
guinada, 154-8, 160

habilidade, 50-1
hábitos, 165, 168, 171, 175, 221-2
habituação, 30-1
haicai, 144
Half Dome, 105
Hancock, Herbie, 78-86
Hansen, Phil, 139-41
Harket, Morten, 41-2
Harper, Graeme, 166
Harris, Arlene, 150-2, 154, 163
Harris, Josh, 53-6
Hawthorne, efeito, 194
Heinlein, Robert, 50
Heisenberg, Werner, 215
Hello Fears [Alô, Medos], movimento, 116
Hershfield, Hal, 32
Hewitt, Paul, 89
Heyman, Jared, 175-6
higienização das mãos, 221-2
Hillary, Edmund, 231-2
Hillier, Bill, 127, 129
Hipstamatic, 49
histórias de vida, 35
hobbies, 48
homem invisível, O (Ellison), 17
Honnold, Alex, 104-7

hormônios, 65
Horvitz, William, 109
Hoschedé, Alice, 18
hospitais, higienização das mãos, 221-2
Houston Rockets, 173-5
Hovland, Carl, 25
Hull, Clark, 22, 25-6, 29, 32, 40
Hutchinson, Alex, 39

IBM, 49, 69
Ícaro, 113
idades terminadas em nove, 33-4
ideias, 212-4, 225; conexão de, 198-9; devaneio e, 212-4; quantidade e qualidade de, 229; ruins, tendo, 228-9
identidade, 222
idioma, 63-4
ignorância pluralista, 19-20
Igreja mórmon, 69
IKEA, 133
ilusão de profundidade explanatória, 118-9
imaginação, 43
impaciência, 54-6
implementação, 201
impressionistas, 59, 144
incerteza, 205-6
incompetentes de fora, 170
Incríveis, Os, 135, 170
Incrível Hulk, 77
Índice de Apreciação do Público Britânico, 166
inércia, 206
informações, 229; estrutura hierárquica de, 160-1
inoculação: de adversidades, 115-8, 120; por oposição, 228-9
inovação, 150, 175, 226; caminhada e, 225; diversidade e, 172-3
inspiração, 213
Instagram, 49, 56, 59
inteligência artificial, 171
inteligibilidade, 127-9, 131-2; armadilha da pseudointeligibilidade, 63
Interestelar, 50

internet, 53-5
inventores, 47
iPad, 150
Iridium, 112-3
irregularidade, 208-9, 216
Irresistível (Alter), 152

Jackson, Michael, 51
Jackson, Peter, 203-4
James, LeBron, 174
James, William, 25
Jaques, Elliott, 32
Jitterbug, 151-2
Jobs, Steve, 47, 144, 169, 224-5
Jogos Olímpicos, 182, 186-7, 190-1, 201
Jones, Danyell, 176
Jordan, Michael, 174
Jornada nas Estrelas: A nova geração, 166
jornadas do cliente, 132-3
Julgamento de Paris, 191
julgamentos, 63-4
juventude, 47

Katrina, furacão, 58
Kawasaki, Guy, 91
Kennedy, John F., 82, 166
Khan, Del, 231
Khosla, Vinod, 47
Kirby, Jack, 77
Kirsch, Ralph, 231
Klein, Ezra, 227-8
Klein, Yves, 59
Klotz, Leidy, 137-8
Koch, Richard, 209
Krasner, Lee, 204
Kubrick, Stanley, 51-2

Landau, Liev, 215-6
Landy, John, 231
Lao Tse,
Larson, Brie, 9-14, 16, 18
Lasseter, John, 19
Lawrence, Laurie, 185

Lawrenceville School, 82-3
lebistes, 80-1, 86-7
Lee, Harper, 17
Lego, 137-8, 161
Lewis, Michael, 173
liberdade, 109
Life Is in the Transitions [A vida está nas transições] (Feiler), 35
lifequakes, 34-7, 39-40
Little, Cleavon, 100
Londres: bairros de, 127; metrô em, 142
Lucas, Brian, 43-6, 56
Lynch, David, 147

mal de Parkinson, 177-8
mamografias, 68
Mantel, Hilary, 226
manutenção de aeronaves, 66-8
manutenção preventiva, 66-8, 73
Maradona, Diego, 94
maratonas, 28, 32-3, 37-40
marcadores de auditoria, 45
Marcha Internacional dos Vivos, 118
Martin, George R. R., 17
Match.com, 49
maximizando, 86-8
McLaughlin, John, 79, 81-3, 86
medicamentos para o coração, 154-6, 160
medicina: diagnóstica, 127-9, 131-2, 134, 175-6; mulheres na, 172-3
medos, 116-20, 206; *ver também* ansiedade
meio: memorização e, 29-30; paralisia no, 27-9, 31, 39-40
Mellencamp, John, 147
memórias com seis palavras, 144
memorização, 29-30, 195, 225-6
Memphis Grizzlies, 175
mentalidade de "continuar tentando", 210
mente: divagando, 165, 213-4; preparada, 210-1
Merton, Robert, 210, 212
Messi, Lionel, 93-7, 101, 106-7
Michelangelo, 32, 139
Mickelson, Phil, 114

microprogramação, 224-5
Microsoft, 150, 209; trabalhadores do Japão, 194
Milgram, Stanley, 103-4
miopia, 31, 55
mito do progresso, 36
Miyamoto, Ken, 136
momentos heureca, 46, 212-3
Monet, Claude, 18, 59, 144
Monstros S. A., 135
Month to Master (M2M), projeto, 195-7, 200
Monthly, 197
moralidade, 91-2
Morrison, Toni, 82
motivação, 111, 223
Motorola, 112
movimento, 225-6
Mozart, Wolfgang Amadeus, 110-2
MTV, 42
mulheres, medicina e, 172-3
multidão interna, 178-82
mundo dos negócios, 173
Munger, Charlie, 143
música e músicos, 48, 50-1, 162-3, 214; Davis, 78-81, 83-6; de jazz, 214; Simon, 100, 219-22; "Take On Me", 41-3, 56; Tweedy, 227-9, 232
Musk, Elon, 53
MySpace, 49, 54

Naki, Hamilton, 229-32
não, dizer, 205-6
narrativa, 34-5, 135-9
Nash, John, 82
natação, 185-91, 201, 203
Nathan-Turner, John, 166
navegação vs. pesquisa, 198
navios no mar, rastreamento de, 177
NBA, 121, 173-4, 200
NCAA, 187
negociações, 99-100
Netflix, 16, 49; recurso pós-play ativado, 152-3
New Leaf, programa, 123

New York Times, 148, 157-8, 188, 196, 227
New York Times Magazine, 173
Newton, Isaac, 210-1, 215-6
Nichols, Mike, 219
Nicklaus, Jack, 154
nicotina, 101-3, 107
Nigéria, 123
Nirvana, 149-50
níveis de desempenho, 170-1, 216-7
Nobel, prêmio, 47-8, 215-6
Nolan, Christopher, 50
nomes de filhos, 57-9, 62
Nordgren, Loran, 43-5, 56
Norgay, Tenzing, 232
normas sociais, 103
novidade e não redundância, 167-71, 205

Oates, Joyce Carol, 82
Obama, Barack, 144
objetivos, 39-40, 91; atenção plena e, 40; dividindo nas partes componentes, 28-9, 39-40, 89-90; efeito gradiente e, 26-7, 29-31, 40; perfeccionismo e, 88-9
observando, 189-91
Odetta, 147-9
OODA (*observar, orientar-se, decidir e agir*), 189-91
oportunidades, 205
organização, 131-2
orientação, 189-91
origem, A, 50
originalidade, 146-50, 163; diário e, 152-3; recombinação e, 150-4
Oscar, 168-70, 203
Osterloh, Ian, 155
ousadia, 80-1, 86-7
ovelha negra, 169-71
Oxford English Dictionary, The, 210

paciência, 54-6
padrões, 90-2, 144, 146, 200; baixando de forma estratégica os, 227-9
Page, Larry, 49

pandemia de covid-19, 35, 39, 193, 195
Parker, Trey, 137
pássaros, 38-9, 60, 199
passatempos, 48
pausas, 93-107; pausas sagradas, 98-101, 223; tratamento de dependência baseado na atenção plena, 101-3, 106-7
pensamento amplo, 213, 226
pensamento divergente, 226
perfeccionismo, 88-9, 112-3
perguntas, fazendo, 197, 211-2
Perpetual Guardian, 193-4
persistência, 43-5, 50-3, 56
personalidade, 87, 111-2
perturbações, 36-7, 40
pesquisa vs. navegação, 198
Pfizer, 155-7
Picasso, Pablo, 18
piloto automático, 165
pilotos, 98-9, 101; de caças, 188-9; de teste, 98, 101
piores cenários, 85-6
Pixar, 135, 138, 168-70
plágio, 148
Plateau Effect, The [O efeito platô] (Sullivan e Thompson), 31
Player, Gary, 154
plus-minus, métrica, 174
poesia, 144
Poler, Michelle, 116-9
Pollock, Jackson, 204
Polyansky, Igor, 187
pontilhismo, 139-41
pontos intermediários, 45
pós-play, 152-3
poupar para aposentadoria, 72
prazos, 88
precocidade, 47
preconceitos, 178, 180-1
Primeira Guerra Mundial, 158
Primeira noite de um homem, A, 219
princípio de Pareto (regra oitenta-vinte), 209
Princípios de psicologia, Os (James), 25

prisma de produção, 46
prisma do *insight*, 46
Procurando Nemo, 135
produção cinematográfica, 50-1; narrativas, 135-9
produtividade, 110-1; condições de trabalho e, 193-4
progresso, 92, 110-1; estagnação e, 36, 114; mito do, 36
Pseudo Programs, 54-5

quantidade e qualidade, 229
quebra-cabeças, 170-1, 226
Questionário de Habilidade Intelectual, 83-5
Questlove, 149

raciocínio restrito, 214-5, 226
RAIN (reconhecer, permitir, investigar, observar), 101-3
Ratatouille, 170
ratos em labirintos, 25-6
Raz, Guy, 104
recombinação, 150-4
redes sem redundância, 167-8
redes sociais, 54
regra de impacto aleatório, 51-3
regra dos vinte espaços, 143
regra oitenta-vinte, 209
Reino Unido, 194
relacionamentos, 64-5, 68
relaxar, 90
religião, 36
relojoaria, 160-1
renda básica universal (RBU), 122-4
resiliência, 114-9
resiliência emocional, 114-7
restrições, impondo, 88, 139-45, 223-4
resultados "bons o bastante", 91
reveses, 31, 35, 52, 108, 110, 113-4, 118-9; inoculação contra adversidades e, 115
revolução, 92-3
riqueza, 109
risco, 104-5, 114, 121; empreendedor, 122-3

Rodrigo, Olivia, 149
Ronaldo, Cristiano, 93
Rose, Dan, 14
rotular, 131-2
Rowling, J. K., 123

sabão, 156-7, 160
sabedoria da "multidão interna", 178-80
Sabella, Alejandro, 94
Saffo, Paul, 70
salas de aula, 121
Samsung, 151
Sanderson, Antony, 178
satisficing, 86-8, 91
Schlatter, James, 211
Schrödinger, Erwin, 215
Schwartz, Barry, 86-7
Scully, Robert, 128
Seal, 162-3
SEALs (fuzileiros navais), 122
Self, Chandler, 37-8, 40
semana de trabalho, 192-4
semelhanças, buscando, 211
Senhor dos Anéis, O, trilogia, 203
serendipidade, 195, 210-2
setores censitários, 225
Seurat, Georges, 141
shopping center, 133
Shoulberg, Dick, 190
Signac, Paul, 141
significado, 32-4
silêncio, 99-102
Silvia, Paul, 47
sim, dizendo, 205
Simon, Herb, 86, 160-1
Simon, Paul, 100, 219-22
simplificação, 127-45; auditorias de atrito, 132-4; automação, 144; restrições, 88, 139-44
Simpsons, Os, 166
sistema de checagem ABC, 67-9, 73
sistema legal, 63-4
Slate, 16
smartphones, 112-3, 150-1

Smith, Andrew, 54
Smith, Erik, 37
Snead, Sam, 154, 158, 160
sofrimento, 227
sol é para todos, O (Lee), 17
solicitações, 205
sorrir, 221
sorte, 49-51, 210, 212
Soulages, Pierre, 143-4
South Park, 137, 166
Spurrier, Steven, 191-2, 194
start-ups, 47, 110, 149, 216; setores censitários e, 225; *ver também* empreendedores
Stewart, Jon, 123
Sting, 162-3
Stone, Matt, 137
Streep, Meryl, 12
sucesso, 86-7, 110, 113-4, 122, 216-7; definições de, 86, 88, 110; proporção de fracasso para, 111-2; visualização, 85
suicídio, 33
Sullivan, Bob, 31
Sun Microsystems, 47
Suzuki, Daichi, 187

"Take On Me", 41-3, 56
talento, 93, 188-9, 215
tapetinho-alarme, 152-3
taxas de juros, 71
taxonomia, 131
Telemundo, 117
teleoantecipação, 38-9
tempo: liberdade e, 109; restrições de, 88
tênis, 96-7
terapeuta, tornando-se seu próprio, 179-80
terapia de exposição, 118-20
testes, 83-6
Thiel, Peter, 47; bolsa de estudos, 47
Thompson, Hugh, 31
Thompson, Tony, 149
TikTok, 177-8
Time, 70, 158, 191
tomada de decisão, 86-8, 90, 114, 223

Toy Story, 135, 168
Toy Story 2, 168
tradutores, 63
transplantes de coração, 230
transplantes de fígado, 230-1
tratamento de dependência, 101-3, 107
treinadores, 121
trufas, 207-10
Tweedy, Jeff, 227-9, 232
Twitter, 54-5, 138

Uenuma, Francine, 70
Ulmer, Hans-Volkhart, 38-9
Uncle Tupelo, 227
Universidade Cornell, 12
Universidade da Cidade do Cabo, 229-31
Universidade da Colúmbia Britânica, 123
Universidade Harvard, 185-6
Universidade Monstros, 135
Universidade Princeton, 82-4, 207
Up: Altas aventuras, 135

Vá, coloque um vigia (Lee), 17
Valente, 135
Valverde, Ernesto, 95
VanMoof, 159
ventos contrários e favoráveis, 11-2
Viagra, 155-6
Vida de inseto, 168
vingador do futuro, O, 168
vinho, 191-2, 194
visão de curto prazo vs. visão de longo prazo, 31-2, 71-2
voar, medo de, 119-20

Wadlow, Robert, 65-7
Wall Street Journal, 16, 196
We Live in Public (filme), 56
We Live in Public [Vivemos em público] (instalação artística), 54
Wikipedia, 176
Wilco, 227
Wilder, Gene, 100

Wilke, Jeff, 15
Williams, Serena, 12
Willians, Tony, 78
Winiarski, Warren, 192
Wireless Hall of Fame, 150
Wolfe, Tom, 98
World Values Survey, 33
Wright, irmãos, 198, 200

Wrigley, William, Jr., 156-8, 160, 163

xadrez, 196-7

Yeager, Chuck, 98-101
YouTube, 49, 54-5, 61, 98

Zuckerberg, Mark, 12, 47, 54-5

ESTA OBRA FOI COMPOSTA PELA ABREU'S SYSTEM EM INES LIGHT
E IMPRESSA EM OFSETE PELA GRÁFICA BARTIRA SOBRE PAPEL PÓLEN NATURAL
DA SUZANO S.A. PARA A EDITORA SCHWARCZ EM OUTUBRO DE 2024

A marca FSC® é a garantia de que a madeira utilizada na fabricação do papel deste livro provém de florestas que foram gerenciadas de maneira ambientalmente correta, socialmente justa e economicamente viável, além de outras fontes de origem controlada.